Der bhv Co@ch

Netzwerktechnik

Carsten Harnisch

# Der bhv Co@ch Netzwerktechnik

bhv

verlag moderne industrie Buch AG & Co. KG,
Landsberg
Königswinterer Straße 418
D–53227 Bonn
Telefax: +49 228 970 24 21
www.vmi-Buch.de

3., überarbeitete Auflage

ISBN 3-8266-9389-2

07 06 05
10 9 8 7 6 5 4 3 2 1

Printed in Italy

# Inhaltsverzeichnis

# Einleitung

Die Entwicklung der ersten Kommunikationsnetze hat unseren privaten Alltag und unsere Arbeitswelt entscheidend geprägt. Wir bewegen uns inmitten einer Welt der Netzwerktechnik, die unsere Kommunikationsgesellschaft überhaupt erst ermöglichte. Stete Weiterentwicklungen mit kurzen Innovationszyklen gestalten das Thema Netzwerktechnik immer komplexer. Insbesondere die rasante Entwicklung des Internets und der ihm zugrunde liegenden Technologien erweitert und bereichert die Netzwerktechnik um eine neue Dimension. So wird es für Anwender und Entscheidungsträger ständig schwieriger, diesen Themenkomplex zu überschauen. Der vorliegende Titel soll Ihnen helfen, einen Überblick zu erlangen und Ihnen das nötige Basiswissen zur Netzwerktechnik vermitteln.

# Über dieses Produkt

Dieses Produkt ist eine Schulungsunterlage. Der zu vermittelnde, der Natur der Sache entsprechend theoretische Stoff ist in aufeinander aufbauende Module gegliedert, die jeweils mit einem Übungsblock enden. Dabei kann der Trainer, der den Unterricht leitet, die Übungen gegebenenfalls durch theoretische und praxisorientierte Erläuterungen ergänzen. Der auf schrittweises Lernen ausgerichtete Aufbau der Unterlage ermöglicht allerdings auch den Einsatz im Selbststudium.

## Zielgruppe

Das Produkt richtet sich an Schulungsteilnehmer, die in die Welt der Netzwerktechnik von Grund auf einsteigen möchten und keine oder nur minimale Vorkenntnisse mitbringen. Allerdings erfordert dieses stark theoretisch ausgelegte Thema ein Interesse an technischen Fragestellungen. Die Teilnehmerinnen und Teilnehmer sollen in die Lage versetzt werden, nach Durcharbeiten des Stoffes weiterführende, komplexere Literatur zu verstehen. Das Produkt ist darüber hinaus auch als Nachschlagewerk für den versierten Netzwerktechnikerkreis geeignet. Für den Schulungsleiter bildet das vorliegende Skript die Basis, um den Teilnehmerinnen und Teilnehmern grundlegende und weiterführende Themen der Netzwerktechnik zu vermitteln. Diese Schulungsunterlage ist so konzipiert, dass sie bis zu fünf Tagen Unterricht à 8 Unterrichtsstunden abdeckt. Die zeitliche Gestaltung eines Kurses mit dem Co@ch als Grundlage kann aufgrund der zahlreichen Übungsbeispiele den unterschiedlichsten Bedürfnissen angepasst werden.

## Aufbau

Damit Sie sich gut zurechtfinden, sind alle Module einheitlich aufgebaut:

- Am Anfang eines jeden Moduls werden Sie in einer Einleitung mit dem folgenden Stoff vertraut gemacht.
- Anschließend werden die Lernziele des Moduls formuliert.
- In einzelnen Unterkapiteln wird Ihnen dann die erforderliche Theorie vermittelt.
- Am Ende jeder Lerneinheit erfolgt eine Zusammenfassung des vermittelten Stoffs. Anschließend finden Sie Übungen, mit deren Hilfe Sie das im aktuellen Modul erworbene Wissen kontrollieren und vertiefen können. Die Lösungen finden Sie im Anhang des Co@ches.
- Das Produkt schließt mit einem kleinen Lexikon (Glossar) der neu eingeführten Begriffe. In den Modulen sind diese Begriffe *kursiv* gedruckt, wenn sie zum ersten Mal erwähnt werden.

# Modul 1

# Einführung in die Netzwerktechnik

Dieses Modul führt in das Thema der Netzwerktechnik ein. Es wird Ihnen ein Überblick vermittelt, der insbesondere auf die Beantwortung der Frage zielt, warum sich Vernetzung lohnt. Zudem möchten wir Ihnen einen kurzen Einblick in die historische Entwicklung der Datenverarbeitung (DV) mit Schwerpunkt auf die Geschichte der Vernetzung geben. Nicht zuletzt gilt es, grundlegende Begriffe der DV wie Daten, Kommunikation und Dezentralisierung einzuordnen und kennen zu lernen, um sie im Rahmen des Themas Netzwerktechnik sicher anwenden zu können.

**Lernen Sie**

- welche Vorteile ein Netzverbund bietet
- was unter einem Netzwerk als Verfügbarkeitsverbund zu verstehen ist
- wie ein Netz als Funktionsverbund funktioniert
- was ein Lastverbund ist
- wie ein Netzwerk als Leistungsverbund eingesetzt werden kann
- wie sich die Vernetzung historisch entwickelt hat
- die Begriffe *Information*, *Daten*, *Kommunikation* und *Daten-* und *Informationsverarbeitung* einzuordnen
- welche Unterschiede zwischen einem zentralen und einem dezentralen Konzept bestehen
- die Vor- und Nachteile der Dezentralisierung zu beurteilen
- die Ansprüche an ein Netzwerk aus den unterschiedlichen Blickwinkeln von Benutzern, Verwaltern und Betreibern kennen

## 1.1 Der Netzverbund

Ein Netzverbund ermöglicht die gemeinsame Nutzung folgender Komponenten:

- Datenbestände
- Peripheriegeräte
- Programme
- Kommunikationssysteme (z. B. E-Mail)
- Datenverteilungssysteme

Insbesondere der gemeinsame Datenzugriff bringt große Vorteile. So können zum Beispiel Mitarbeiter eines Unternehmens, die räumlich voneinander getrennt sind, an ein und derselben Datei arbeiten. Ein vorbereitetes Dokument kann von einer anderen Person weiterverarbeitet und fertig gestellt, wichtiges Zahlenmaterial kurzfristig zur Verfügung gestellt werden und vieles mehr.

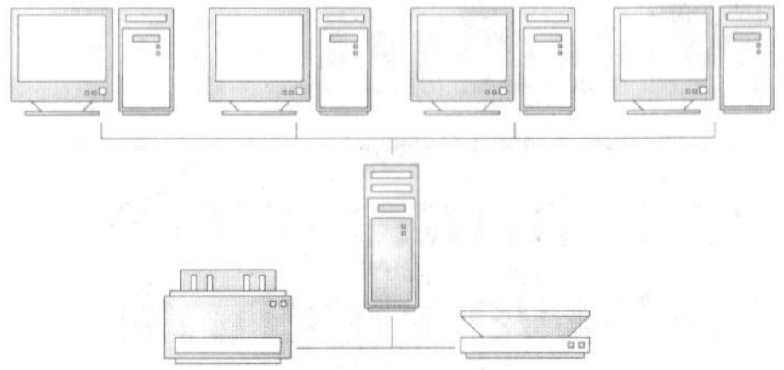

Netzverbund mit Peripheriegeräten

Die mehrfache Nutzung einzelner Peripheriegeräte bringt vor allem Kostenvorteile mit sich. Hierbei spielt die intelligente Zuordnung der Geräte nach Auslastung und räumlicher Anordnung eine besondere Rolle.

Auch der gemeinsame Zugriff auf Programme im Netz wirkt sich kostengünstig aus: Fast alle Softwareentwickler bieten günstigere Multi-User-Lizenzen an. Zusätzlich verbessert der Einsatz geeigneter Software die firmeninterne Kommunikation. So ermöglichen elektronische Post (E-Mail) und Groupware eine gemeinsame Terminplanung, kurzfristige Infos und vieles mehr.

Datenverteilungssysteme erlauben die Verteilung von Software auf eine größere Anzahl von Arbeitsplätze. Im Zuge recht kurzer Innovationsschritte und Updates kann so ein kostengünstiger Weg für den Support realisiert werden.

## Das Netz als Verfügbarkeitsverbund

Bei redundanter, über das Mindestmaß hinausgehender Auslegung kann beim Ausfall einer Komponente auf eine entsprechende oder zumindest ähnliche Komponente ausgewichen werden.

## Das Netz als Funktionsverbund

Von den Arbeitsplätzen aus kann, wie schon oben erläutert, auf Peripheriegeräte oder auf die Dienste verschiedener „Spezialrechner" zugegriffen werden, etwa Datenbankserver, Kommunikationsserver, CD-ROM-Laufwerke oder Internetzugang.

## Das Netz als Lastverbund

Im Idealfall ist ein Netz so eingerichtet, dass die Belastung möglichst gleichmäßig zwischen gleichwertigen Komponenten aufgeteilt wird, damit die Verarbeitungsgeschwindigkeit für den einzelnen Benutzer möglichst hoch gehalten wird.

## Das Netz als Leistungsverbund

Aufgaben, die einen extrem hohen Rechenaufwand erfordern, können auf mehreren Rechnern parallel bearbeitet werden, sofern sie in Teilprobleme zerlegbar sind; dadurch summiert sich die Leistungsfähigkeit einzelner Rechner.

**Hinweis**

In reinen PC-Netzen ist ein Leistungsverbund in der Regel nicht oder nur sehr schwer zu realisieren. UNIX als ein konzeptionell auf den Multi-Benutzerbetrieb ausgelegtes Betriebssystem bietet hier wesentlich mehr Möglichkeiten. Das Betriebssystems Microsoft Windows bietet allerdings durch die Trennung in Server- und Arbeitsstationsversion ähnliche Möglichkeiten, entwickelt sich aber erst gerade in Richtung eines Multi-Benutzersystems.

# 1.2 Die kurze Geschichte der Datenverarbeitung

Die Geschichte der DV beginnt im letzten Drittel des zwanzigsten Jahrhunderts. Obwohl diese Zeitspanne in der DV-Evolution gleichsam eine halbe Ewigkeit darstellt, tauchen viele der „alten" Begriffe auch heute noch auf.

## Die 60er Jahre

Typisch für die Zeit der 60er Jahre waren u. a. folgende Umstände:

- Isolierte Großrechnerlösungen.
- Die Kommunikation mit dem Rechner erfolgte zunächst über Lochkartenleser anhand elektrischer oder photoelektrischer Abtastung, später dann über einfache Terminals mittels eines so genannten offline-orientierten Stapelbetriebs (Batchbetrieb), d. h., die Programme zur Einspeisung in den Großrechner wurden vorab erstellt und anschließend komplett über gestapelte Lochkarten in den Leser eingegeben.

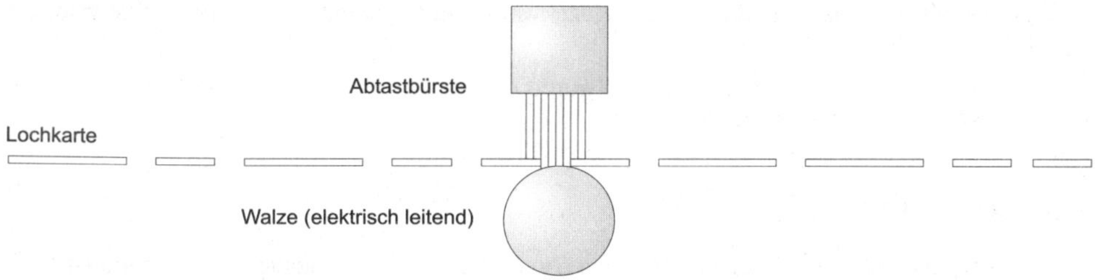


Lochkartenleser mit elektrischem Abtaster

- Nicht funktionsfähige Programme „spuckte" der Rechner mit einer schlichten Fehlermeldung wieder aus, die Fehlersuche musste anhand der Lochkarte durchgeführt werden. Bei einer Weiterentwicklung des Stapelbetriebs, dem Fernstapelbetrieb (remote access), befand sich der Kartenleser nicht mehr zwangsläufig im Rechnerraum, der Rechner konnte nun aus räumlicher Distanz mit Lochkarten gespeist werden.
- Der Zugang zum Rechner erfolgte nur über Fachpersonal wie Programmierer, Operatoren und Systemspezialisten.
- Der Einsatz erster Prozessrechner zur Steuerung und Überwachung von Produktionsprozessen und ähnlichen Realzeitproblemen. Bei den überwachten Prozessen handelte es sich in der Regel um solche, die ohnehin kaum menschliches Eingreifen erforderten und auf einfache Weise voll automatisiert werden konnten.

## Die 70er Jahre

Die 70er Jahre zeichneten sich besonders durch folgende Punkte aus:

- Der Zugang zum Rechner vereinfachte sich durch die Verbreitung von Bildschirmterminals und die Einführung von Timesharing-Systemen, d.h., den einzelnen Anwendern wurden bestimmte Zeiten für einen direkten Zugriff auf den Großrechner zugeteilt. Damit konnten mehrere Anwender gleichzeitig online im System arbeiten, es entstand der so genannte *Dialogbetrieb.*
- Eine größere Anzahl von Anwendern arbeitete direkt am System.

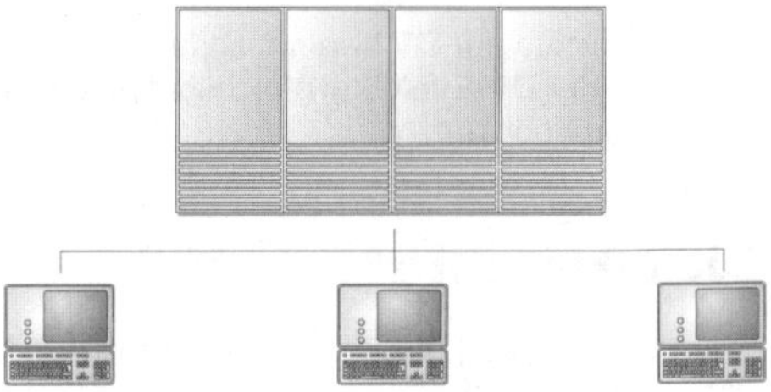

Großrechner mit angeschlossenen Bildschirmterminals

- Arbeitsplatz und Zentralrechner wurden immer häufiger voneinander getrennt.
- Hersteller im DV-Bereich erweiterten ihr Produktspektrum um Komponenten zur Datenkommunikation.
- Erste herstellerspezifische (proprietäre) Netzwerke (IBM, DEC-Digital Equipment Corporation, Siemens) kamen auf den Markt. Diese Netze waren zentral orientiert und zueinander inkompatibel.
- Aufbau der ersten Paketnetze; dadurch wurde der Austausch von kleinen Datenmengen über größere Strecken erschwinglich.

## Die 80er Jahre

Mit dem Ende der 80er Jahre zog der PC in die DV-Welt ein und revolutionierte die gesamte elektronische Datenverarbeitung. Daneben waren die 80er Jahre insbesondere geprägt durch:

- Groß-DV mit Orientierung auf IBM als fast einzigem Anbieter. Eingeschränkte Flexibilität und Innovation waren die Folge.
- Mit dem Aufschwung des PCs standen viele Softwarelösungen an einem Rechner zur Verfügung.
- Der Einsatz von Groß-DV und PCs entwickelte sich in vielen Firmen parallel.
- Das Aufkommen von Einzelplatz-PCs brachte neue Probleme wie verstreute Datenbestände, inkompetente Handhabung, unterschiedliche Software usw. mit sich.
- Ende der 80er Jahre begann die PC-Vernetzung.

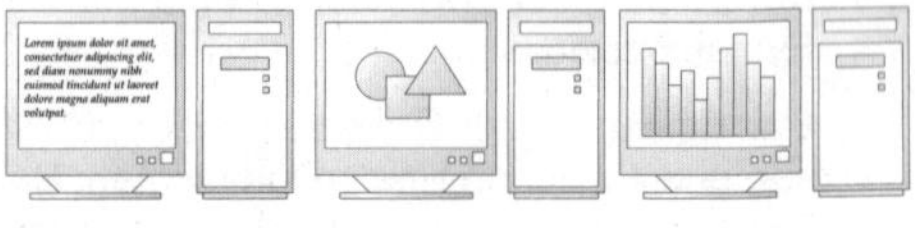

Einzelplatz-Rechner mit unterschiedlichen Applikationen

## Die 90er Jahre

Die Entwicklung in den 90er Jahren stand zunächst unter den Hauptschlagworten *heterogene Vernetzung* und *Standards.* Unter heterogener Vernetzung versteht man die Vernetzung von Computern mit verschiedenartigen Betriebssystemen. Man setzt sie von der homogenen Vernetzung ab, bei der die Computer auf demselben Betriebssystem basieren oder dieselben Netzwerkprotokolle verwenden.

- Die Bestrebung, alle vorhandenen Betriebssysteme miteinander zu vernetzen. Diese heterogene Vernetzung erwies sich als problematisch, da viele Systeme dafür nicht vorgesehen waren.
- Die Entwicklung von Standards zur Datenkommunikation, um die Vernetzung einheitlich gestalten zu können. Viele „Standards“ waren jedoch noch herstellerspezifisch, allgemeine Standards kaum implementiert bzw. ausgereift.
- Leistungsmäßig haben die PCs der 90er längst die ersten Großrechner überholt. Insbesondere in der Softwaretechnik macht sich ein Hang zum „Fat-Client“ breit. Der PC kann Aufgaben übernehmen, die zuvor nur auf teuren zentralen Großrechnern bereitstanden.
- Zum Ende der 90er beginnt der Internet-Boom. Das Netzwerkprotokoll TCP/IP erlebt eine Blütezeit und verdrängt in kurzer Zeit fast sämtliche anderen Protokolle im LAN-Bereich.
- Vernetzungen von Systemen werden immer häufiger unter globalen Gesichtspunkten bewertet, wodurch Anforderungen an universale Vernetzungsstandards entstehen. Der Boom des Internets hat die eingesetzten Techniken in ihrer Entwicklung stark beeinflusst (Intranet, Extranet etc.)
- Integrative Vernetzungstechniken insbesondere in öffentlichen Netzen bieten neue Möglichkeiten für die Übertragung von Sprach- und Datendiensten.
- Ein sehr großer Teil der Anwendungsentwicklung ist eng mit der Entwicklung des Internets verbunden. Sei es, dass Anwendungen im Internet bereitgestellt werden (transaktionsorientierte Websites), Anwendungen das Internet zum Datenaustausch nutzen (Peer-To-Peer-Ansätze wie etwa Napster) oder Internetanbindungen Support oder Hilfestellungen bieten.

## Die ersten Jahre des 20. Jahrhunderts

Die Leitschnur ist hier ganz eindeutig die Orientierung an Internet-Technologien. Auch wenn sich die diesbezügliche Entwicklung mit dem Platzen der dotcom-Blase deutlich verlangsamt hat, so ist die Entwicklung hier im Wesentlichen bestimmt durch:

- den weiteren Ausbau von IP-basierten Netzen und die Erhöhung der Bandbreiten. Die Erhöhung der Übertragungsgeschwindigkeit bezieht sich sowohl auf die Nutzung im LAN (GigaBit Ethernet) als auch auf die weite Verbreitung von ADSL/SDSL
- eine grundsätzliche Orientierung an Internet-Technologien wie HTML bzw. XML für den Aufbau von Softwaresystemen.

## Die Zukunft

Für die zukünftigen Entwicklungen können hier lediglich Vermutungen angestellt werden, allerdings lassen sie sich aus den aktuellen Tendenzen ableiten:

- Mit steigenden Bandbreiten und kostengünstigen Vernetzungsansätzen werden öffentliche Netze in Zukunft auf der Basis von TCP/IP alle Dienste einheitlich bereitstellen. Neben reinen Datendiensten wird dies auch Sprach- und Bildkommunikation beinhalten.
- Kabellose Kommunikations- und Vernetzungformen werden eine ortsungebundene Vernetzung ermöglichen (UMTS, Wireless LAN, Wireless Local Loop). Neben stationären Systemen werden zunehmend mobile Endgeräte Teilaufgaben übernehmen; als Bremse werden hier wohl eher die Gebührenstrukturen als die technischen Möglichkeiten wirken.

- Technologien zum Aufbau von verteilten Systemen werden zu integralen Bestandteilen neuer Systeme werden. Hierbei werden Peer-To-Peer-Ansätze und standardisierte Techniken zur Nutzung zentraler Dienste (z. B. Webservices) besondere Leistungsschübe zulassen.

# 1.3 DV-Grundbegriffe

An dieser Stelle sollen einige ganz wesentliche Begriffe der DV definiert werden:

- **Information**
  *Information* ist die zweckgebundene Kenntnis bestimmter Sachverhalte.
- **Daten**
  *Daten* sind an einen Datenträger gebundene, kodierte Informationen. Sie liegen normalerweise in Form von Zeichen/Zeichenkombinationen vor, z. B. im ASCII-Code.
- **Kommunikation**
  Als *Kommunikation* wird der Austausch von Informationen (in Form von Daten) zwischen den Einheiten eines arbeitsteiligen Systems bezeichnet.
- **Daten- und Informationsverarbeitung**
  Die *Daten-* bzw. *Informationsverarbeitung* beschreibt die zielgerechte Verknüpfung von Teilinformationen sowie deren Aufbereitung und damit Darstellung von Informationen.

# 1.4 Zentrales/Dezentrales Konzept

Im Laufe der Geschichte hat die DV einige ganz wesentliche Veränderungen durchlaufen. Die wohl wichtigste ist der Weg aus der zentral organisierten Großrechnerwelt in die dezentrale Struktur von PC-Netzen. Mit *Downsizing* wird dabei der Übergang vom Großrechner zum PC bezeichnet, die heutzutage übliche Einbindung des Großrechners in eine Client-Server-Architektur wird *Rightsizing* genannt.

## Zentrales Konzept

Rechen-, Speicher- und Verwaltungsleistung liegen auf einem System; als Arbeitsplatz dient lediglich ein „dummes", d. h. nicht mit eigener „Intelligenz" ausgestattetes Terminal zur Ein- und Ausgabe.

Die gewünschten Anforderungen in einem zentralen Konzept können nur in großen Schritten realisiert werden, dadurch werden nicht genutzte Reserven erzeugt. Durch die hohen Investitionskosten besteht erst wesentlich später die Möglichkeit, auf Innovationen zu reagieren.

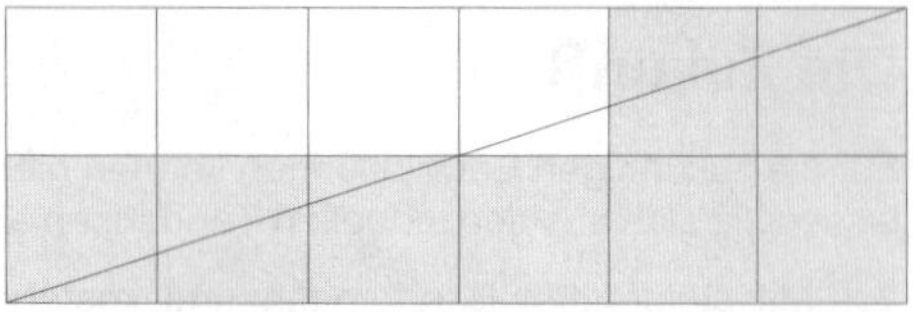

Verhältnis zwischen Rechenleistung und Einsatz von Großrechnern

## Dezentrales Konzept

Rechen- und Speicherleistung verteilen sich auf verschiedene Systeme. Seit der Einführung der ersten PCs geht der Trend zur Dezentralisierung.

Ein PC-Netzwerk bietet im Gegensatz zur Großrechner-Lösung die Möglichkeit, feiner zu skalieren. Die Menge an nicht genutzten Reserven ist somit wesentlich kleiner. Durch geringere Investitionskosten kann das Gesamtsystem schneller an veränderte Anforderungen und/oder Innovationen angepasst werden.

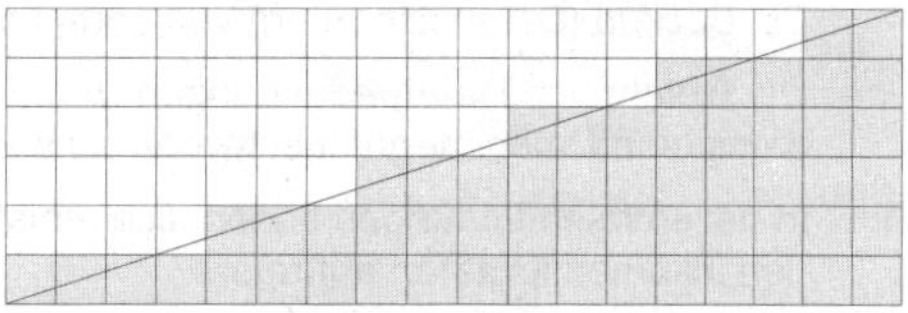

Verhältnis zwischen Rechenleistung und Einsatz von mehreren PCs

### Das dezentrale zentrale Internetkonzept

Betrachten Sie die Internetanwendungen der letzten Zeit, so sehen Sie hier beide Konzepte miteinander vereint. Zum einen entstanden zentrale Konzepte mit einem Webserver, der die Internetbrowser-Clients mit Daten versorgt. Zum anderen haben sich hier interessante Ansätze mit zentralen Servern und dezentral untereinander kommunizierenden Clients entwickelt.

Das Konzept, mit zentralen Anwendungen weltweit eine sehr heterogene Landschaft von Clients zu versorgen, scheiterte an der Versionsflut unterschiedlicher Browserversionen, die die Programmierung von Internetanwendungen zu einem wahren Horrorszenario werden ließ.

# 1.5 Vor-/Nachteile der Dezentralisierung

Betrachten Sie kurz die Vor- und Nachteile der Dezentralisierung im Vergleich zu einer zentralen Lösung:

## Vorteile

- Dezentrale Systeme sind bis zu einem gewissen Grad fehlertolerant, während beim zentralen System der Ausfall der zentralen Komponente sämtliche Arbeitsplätze lahm legt.
- Arbeitsplätze sind individueller gestaltbar. Es können verschiedene Betriebssysteme genutzt, unterschiedliche lokale Anwendungsprogramme aufgespielt, der Desktop persönlich gestaltet werden.
- Aufgrund anfallender Hardware-Kosten sind PC-Netze häufig billiger als vergleichbare Großrechner-Terminal-Lösungen.
- Dezentrale Systeme, bestehend aus mehreren kleinen Systemen, sind besser an den steigenden DV-Bedarf anzupassen als Großrechner.
- Dezentrale Systeme können modular aus Komponenten verschiedener Hersteller aufgebaut sein. Damit sind sie sehr flexibel in Bezug auf die gewünschte Funktionalität. Zentrale Systeme kommen meist von einem Hersteller.

## Nachteile und Probleme

- Die Software-Verwaltung ist aufwändiger, da die Software über das Netz verstreut liegt. Bei notwendigen Software-Upgrades müssen beispielsweise Netz- und/oder Einzelstationen separat auf ihren Bestand hingeprüft werden.
- Datensicherheit ist in dezentralen Systemen schwerer zu gewährleisten. Da die Arbeitsplätze, im Gegensatz zu „dummen“ Terminals, meistens mit lokalen Diskettenlaufwerken ausgestattet sind, besteht die Möglichkeit, Daten unerlaubt zu kopieren.

- Ein Backup (Datensicherung) von verteilten Datenbeständen ist aufwändiger.
- Die Gefahr von Datenredundanzen (= mehrfach vorhandenen Datenbeständen) ist größer und damit eine Datenintegrität schwerer zu wahren.
- In dezentralen Lösungen finden sich meistens Komponenten verschiedener Hersteller, es können Inkompatibilitäten auftreten.
- Der Support ist wesentlich schlechter, da sich jeder Hersteller auf den Standpunkt stellt, sein Produkt könne nicht die Ursache von Fehlern sein.
- Der Hersteller kann sein Produkt nicht für alle Einsatzfälle und Kombinationen mit fremder Hard- und Software testen.
- Der Systemverwalter muss ein sehr breit gefächertes Wissen haben.
- Individuell konfigurierte Arbeitsplätze bringen einen höheren Verwaltungs- und Wartungsaufwand mit sich. Zudem hat der Benutzer eines intelligenten Arbeitsplatzrechners wesentlich mehr Möglichkeiten, sein System durch Experimentieren oder Bedienungsfehler zu stören als der Anwender am einfachen Terminal.
- Die Kommunikation der Benutzer untereinander wird durch unterschiedliche Arbeitsplätze mit unterschiedlicher Hardware, Software und Betriebssystemen erschwert. Unter Kommunikation werden hier z.B. der Erfahrungsaustausch, die gegenseitige Hilfe und die Übernahme bei Urlaubsvertretung verstanden.
- Anwender müssen mehr lernen, es entsteht ein größerer Schulungsbedarf. Die Bedienerführung bei Softwareprodukten verschiedener Hersteller ist noch immer sehr unterschiedlich. Diese Anforderung an Flexibilität und Lernwillen der Benutzer kann eine Abwehrhaltung und somit Akzeptanzprobleme aufbauen.

## 1.6 Ansprüche an ein Netzwerk

Betrachten Sie nun die einzelnen Ansprüche an ein Netzwerk und eine dezentrale Umgebung aus der Sicht der unterschiedlichen involvierten Personen und Personenkreise:

### Der Benutzer erwartet

- eine einfache, einheitliche Bedienerführung, um im täglichen Arbeitsablauf nicht ständig durch Handhabungsschwierigkeiten unterbrochen zu werden. Darüber hinaus will der Benutzer erst gar nicht mit der Problematik Netz konfrontiert werden. Der Idealfall bei einer Netzanbindung sieht demnach so aus, dass der Benutzer den Unterschied zwischen lokalen und Netzressourcen überhaupt nicht bemerkt (Transparenz).
- eine akzeptable, nach Möglichkeit sogar eine verbesserte Zugriffsgeschwindigkeit.
- einen jederzeit verfügbaren Zugriff auf alle wichtigen Netzwerkressourcen.
- einen reibungslosen Support durch den Netzwerkverwalter.
- eine Vereinfachung von Arbeitsabläufen.

### Der Netzadministrator (Netzverwalter) erwartet

- eine einfache Einrichtung und damit Verwaltung.
- die Möglichkeit zur leichten Anpassung an zukünftige Anforderungen.
- Übersichtlichkeit des Netzes.

- Sicherheit und Stabilität. Die Gefahr von Datenverlusten durch äußere Einflüsse wie Blitzschlag, Schwankungen oder Ausfall der Spannungsversorgung muss so weit wie möglich reduziert werden. Bedienungsfehler der Benutzer durch Experimentieren, Sabotage u. Ä. dürfen das System nicht gefährden. Außerdem soll der Datenschutz gewährleistet sein.
- von den Benutzern: einen verantwortlichen Umgang mit dem System.
- von den Herstellern: guten Support.

### Der Betreiber erwartet

- Wirtschaftlichkeit.

## Zusammenfassung

- ✔ In diesem Modul haben Sie ein Netzwerk unter den Gesichtspunkten Verfügbarkeits-, Funktions-, Last- und Leistungsverbund kennen gelernt.
- ✔ Nach einem kurzen Abriss der DV-Geschichte können Sie nun auch historisch den Weg von Großrechner-basierten, zentralistischen Lösungen hin zu flexiblen PC-Netzen nachvollziehen.
- ✔ Neben einer Reihe von Nachteilen haben Sie erfahren, dass dezentrale Systeme eine Menge Vorteile bieten und die Ansprüche an ein Netzwerk je nach Blickwinkel sehr unterschiedlich sein können.
- ✔ Insbesondere gilt hier festzuhalten, dass ein dezentrales System dem Verwalter gerade durch die flexible und heterogene Anlage viel Arbeit machen kann. Durch eine strukturierte Planung und effiziente Werkzeuge muss dieser Problemstellung entgegengearbeitet werden.

## Übungen

1. Welche Komponenten können in einem Netzverbund gemeinsam genutzt werden? Zählen Sie drei Komponenten auf.
2. Ein Verfügbarkeitsverbund ist derart ausgelegt, dass beim Ausfall einer Komponente auf eine entsprechende oder zumindest ähnliche Komponente ausgewichen wird. Ist diese Aussage richtig?
3. In einem Netzwerk als optimal ausgelegtem Funktionsverbund können folgende Peripheriegeräte oder Dienste angesprochen werden: Drucker, Telefon, Tastatur, Datenbankserver, CD-ROM-Laufwerk, Bildschirm, Kommunikationsserver. Wählen Sie die korrekten Elemente aus.
4. Im Idealfall ist ein Netz so eingerichtet, dass die Belastung gleichmäßig zwischen gleichwertigen Komponenten aufgeteilt wird, damit die Verarbeitungsgeschwindigkeit für den einzelnen Benutzer möglichst gering bleibt. Ist diese Aussage richtig?

# Übungen

**5.** Ein Netzwerk als Leistungsverbund verteilt Aufgaben, die extrem hohen Rechenaufwand erfordern und in Teilprobleme zerlegbar sind, auf mehrere Rechner zur parallelen Verarbeitung. Stimmt das?

**6.** Was stellt die folgende Abbildung dar?

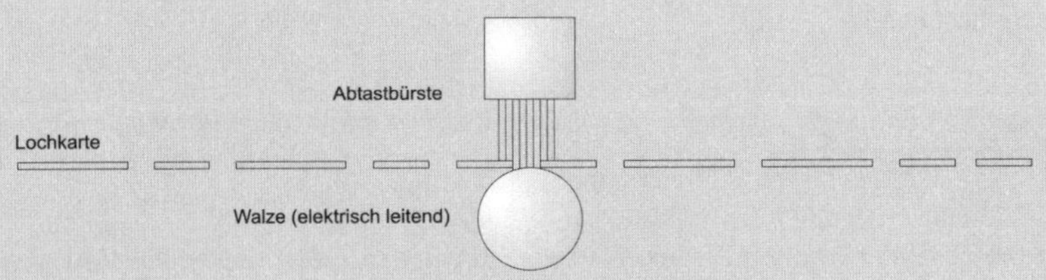


**7.** In den 70er Jahren vereinfachte sich der direkte Zugriff durch den Benutzer auf den Großrechner mit Hilfe von ______________________? Bitte vervollständigen Sie den Satz.

**8.** Das Aufkommen von Einzelplatz-PCs in den 80er Jahren brachte neue Probleme mit sich. Nennen Sie zwei.

**9.** Welche Hauptschlagworte bestimmten die DV der 90er Jahre?

**10.** Was verstehen Sie unter dem Begriff *Information*?

**11.** War die Großrechnerwelt in ihren Anfängen zentral oder dezentral organisiert?

**12.** In einem zentralen DV-Konzept liegen Rechen- und Speicherleistung auf demselben System. Ist diese Aussage richtig?

**13.** Führen Sie drei Vorteile eines dezentralen Konzepts auf.

**14.** Warum ist die Datensicherheit in einem dezentralen System schwerer zu gewährleisten?

**15.** Was verstehen Sie unter *Datenredundanzen*?

**16.** Wozu kann der Einsatz von Komponenten unterschiedlicher Hersteller in einem dezentralen System führen?

**17.** Was erwartet ein Benutzer von dem Umgang mit einem Netzwerk? Nennen Sie drei Punkte in Stichworten.

**18.** Das ideale dezentrale Konzept zeichnet sich aus Sicht des Netzwerkverwalters durch Stabilität, Anpassungsfähigkeit, Sicherheit, Unübersichtlichkeit und Erweiterbarkeit aus. Welcher Begriff trifft nicht zu?

**19.** Ein Netzbetreiber verlangt von einem dezentralen System vor allem eins: ______________________. Bitte ergänzen Sie das fehlende Wort.

Die Lösungen zu diesen Aufgaben finden Sie im Anhang des Co@ches.

# Modul 2

# Datenverarbeitungskonzepte

**Lernen Sie**

- wie lokale Netze (LANs) aufgebaut sind
- die Aufgaben in einem LAN und einem WAN kennen
- zwischen WAN und MAN zu unterscheiden
- das Serverkonzept zu begreifen
- das Peer-to-Peer-Konzept zu verstehen
- das Client-Server-Prinzip kennen
- das Fileserver-Konzept davon abzusetzen
- was unter einem Druckserver zu verstehen ist
- wann ein Anwendungsserver eingesetzt wird
- die Funktionsweise eines Kommunikationsservers zu verstehen

In den zentral organisierten Systemen der ersten Jahre waren die Funktionen eines DV-Systems auf Komponenten wie etwa den Großrechner konzentriert. Im Zuge der Entwicklung hin zu dezentralen Strukturen galt es, die Verantwortlichkeiten für bestimmte Aufgaben auf die einzelnen Komponenten des Verbunds aufzuteilen. Hier entstand die Unterscheidung in *Dienstanbieter* (*Server*) und *Dienstnutzer* (*Client*).

Die ersten einfachen Netzwerke bestanden lediglich aus wenigen Systemen und waren auf eine begrenzte räumliche Ausdehnung beschränkt. Das so genannte *LAN* (*Local Area Network*) war entstanden. Die zunehmende Größe von Netzwerken bedeutete eine weitere räumliche Ausdehnung. Filialen von Firmen oder Institutionen, die unter Umständen weit auseinander lagen, sollten miteinander in Verbindung treten. Aufgrund dieser Anforderungen entwickelten sich meist öffentliche *Wide Area Networks* (*WAN*), mit denen eine Verbindungsmöglichkeit zwischen LANs geschaffen wurde.

Aus den funktionellen Ansprüchen an ein Netzwerk ergibt sich eine Reihe von Anforderungen an die technische Auslegung des entsprechenden Systems. In späteren Kapiteln werden diese Anforderungen genauer untersucht und die resultierenden Technologien vorgestellt.

Dieses Modul versetzt Sie in die Lage, die Begriffe LAN und WAN gegeneinander abzugrenzen und die unterschiedlichen Kombinationsmöglichkeiten von Servern und Clients zu verstehen.

## 2.1 LAN – Lokale Netze

Der Begriff *LAN* steht für ***L**ocal **A**rea **N**etwork*, lokales Netzwerk. Ein LAN ist ein Kommunikationsnetz zur gemeinsamen Datenverarbeitung, z.B. für die gemeinsame Nutzung von Daten, Programmen und Peripherie. Häufig baut es auf dem Serverkonzept auf, d.h., bestimmte Rechner stellen dem Netzwerk ihre Leistung/ihre Ressourcen zur Verfügung.

In kleinen Netzen ist auch das so genannte *Peer-to-Peer-Konzept* denkbar, wie Sie noch sehen werden.

Rechtlich gesehen steht ein LAN unter der Kontrolle des Benutzers. Betreiber und Benutzer sind verschiedene juristische Personen. Der Betreiber stellt die physikalischen Datenübertragungswege als Dienst zur Verfügung und ist für deren Wartung zuständig. Der Benutzer dagegen kann diese Dienste gegen eine Nutzungsgebühr in Anspruch nehmen. Das LAN steht rechtlich unter der Kontrolle des Benutzers, d.h., der Benutzer des Netzes ist auch gleichzeitig der Betreiber. Der Vorteil besteht darin, dass der Benutzer Struktur, Merkmale und Eigenschaften des physikalischen Netzes selbst bestimmen kann, allerdings ist er dann auch für die Wartung des Netzes verantwortlich. Sie werden beim WAN gleich sehen, dass dies auch anders sein kann.

Räumlich gesehen beschränkt sich ein LAN auf Privat- oder Firmengelände bzw. auf die angemieteten Räumlichkeiten.

Nachfolgend sehen Sie vorab eine grafische Übersicht der beiden Hauptrealisierungen von LANs: die Aufteilung in kabelbasierte und drahtlose LANs.

Im weiteren Verlauf dieses Co@ches werden Sie die einzelnen Hauptstränge zur Charakterisierung von Netzwerken, die Sie in diesen zwei Abbildungen wiederfinden, in verschiedenen Modulen kennen lernen. Dem Thema Standards bzw. Standardisierungsorganisationen sind das Modul 3 als Einführung und die Module 7, 8, 10 und 11 als Vertiefung gewidmet. Auf Netzwerktopologien und ihre spezifischen Ausformungen treffen Sie in Modul 4. Den Übertragungsmedien ist das Modul 6 zugedacht. Eine detaillierte Beschreibung verschiedener Zugriffsverfahren erfolgt in Modul 7. So können Sie nach der Lektüre der jeweiligen Module auf die nachfolgenden Grafiken mit einem erweiterten Verständnis erneut zurückblicken.

Kabelbasierte LANs in der Übersicht

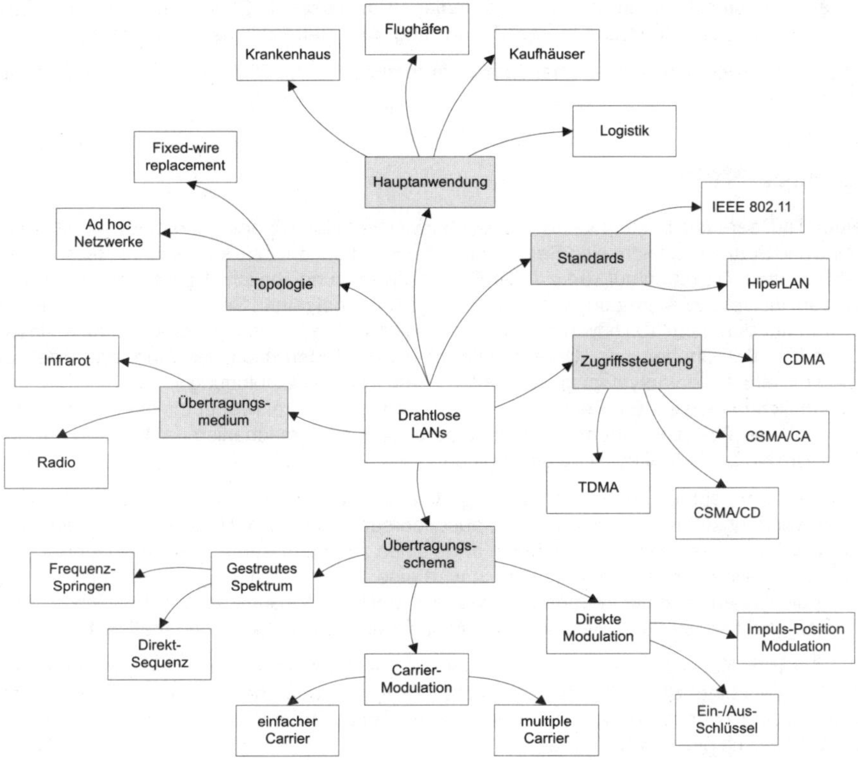


Drahtlose LANs in der Übersicht

## LAN-Komponenten

Ein lokales Netz besteht aus:

- dem Server, z.B. *File* oder *Application Server* (auch *Datei-* oder *Anwendungsserver* genannt)
- der Arbeitsstation oder *Workstation* (Server und Arbeitsstation sind bei Peer-to-Peer-Netzen nicht getrennt.)
- Verkabelung bzw. Übertragungstechnik (Hierzu zählen im weitesten Sinne des Wortes sowohl die Hardware wie Netzwerkkarten, Ringleitungsverteiler usw. als auch die verwendeten Protokolle wie z.B. das Ethernet-Protokoll; außerdem natürlich die reine Verkabelung.)
- der Peripherie, nämlich den Peripheriegeräten wie Drucker, CD-ROM-Laufwerke oder Streamer.

## LAN-Technik

- Es können verschiedene Topologien eingesetzt werden, wie z.B. Bus-, Ring- oder Sternnetze. Maschennetze werden hier fast nie verwendet. Drahtlose Netze (WLAN) erlangen zunehmend Bedeutung.

- Es lassen sich verschiedene Verbindungsmedien (Koaxialkabel, Glasfaserkabel, verdrilltes Kupferkabel) und Systeme (z.B. Ethernet Token Ring, ARCNet, FDDI usw.) einsetzen.
- Auch für die Nutzung unterschiedlicher Transportprotokolle (z.B. TCP/IP, IPX/SPX usw.) ist das LAN ausgelegt.

## Peer-to-Peer-Netz

In einem Peer-To-Peer-Netz besteht keine Trennung zwischen einem Server und einer Arbeitsstation. Somit sind alle Stationen gleichzeitig Server und Arbeitsstation, d.h., sie können ihre Ressourcen wie lokale Festplatten, Diskettenlaufwerke, CD-ROM-Laufwerke und ähnliche Komponenten den anderen Benutzern im Netz zur Verfügung stellen und umgekehrt (bei reinen Serversystemen ist dies in gewissem Grad nur durch Zusatzsoftware zu bewerkstelligen). Diese Lösung bietet sich für kleinere Netzverbunde bis 10 Teilnehmer an. Unter bestimmten Umständen macht es Sinn, das Peer-to-Peer-Konzept mit einem Serversystem zu kombinieren, etwa bei der Einbindung von CD-ROM-Laufwerken oder ähnlichen Medien. Ein Peer-To-Peer-Netz ist sehr viel preiswerter als File- oder Client-Server-Lösungen, verfügt aber über sehr viel geringere Sicherheitsmechanismen. Werden nur unsensible Daten im Netz verarbeitet, ist es eine kostengünstige Alternative.

Das Peer-to-Peer-Konzept hat im Zusammenhang mit einer Reihe unterschiedlicher Internetprotokolle neue Anwendungsfelder gefunden. Dateitauschbörsen arbeiten nach diesem Konzept und kommen damit in ihren wesentlichen Funktionen ohne einen zentralen Server aus. Allein für die Initiierung und Findung eines ersten Partnersystems wird eine zentrale Instanz genutzt. Auch bei der Nutzung von VoiceOverIP wird die Verbindung zwischen den Kommunikationspartnern nach dem initialen Verbindungsaufbau direkt im Peer-to-Peer-Modus zwischen den Stationen realisiert.

Die Nutzung des P2P-Konzeptes ist immer dann sinnvoll, wenn die Struktur der Teilnehmer eher einer Vermaschung als einer Stern-Struktur entspricht. Die Verwaltung und die Kontrolle eines Peer-to-Peer-Systems sind zwar schwieriger bis nahezu unmöglich, allerdings ist es durch seine dezentrale Struktur theoretisch beliebig skalierbar.

## File- oder Client-Server

Je nachdem, wie sich Speicher- und Rechenleistung im Netz verteilt, spricht man von einem Fileserver-Konzept oder einem Client-Server-Modell.

### Das Fileserver-Konzept

Der *Fileserver* oder *Dateiserver* stellt seine Speicherkapazität im Netz mit entsprechenden Konzepten zum Festplattenzugriff, zur eventuellen Optimierung der Plattenzugriffe, zur Verwaltung der Zugriffsberechtigungen, zur Koordinierung der Zugriffe und zur Dateisperrung zur Verfügung.

Die Speicherleistung erfolgt auf einem oder mehreren Fileservern. Diese speichern die zu verarbeitenden Daten, evtl. auch die Programmdateien.

Die Rechenleistung dagegen erfolgt auf den Arbeitsplätzen. Diese müssen bei Bedarf die zu bearbeitenden Dateien und evtl. auch die Programmdateien vom Server laden, um sie dort im Hauptspeicher des Arbeitsplatzrechners verarbeiten zu können.

Hier existieren auch spezielle Systeme die lediglich Festplattenplatz im Netz bereitstellen, so genannte *Network Storage-Systeme.*

### Nachteile des Fileserver-Konzepts

- Eine komplett zu bearbeitende Datei muss zum Arbeitsplatz übertragen werden; besonders unangenehm ist dies bei einer großen Adresskartei, in der man eigentlich nur einen von 200.000 Datensätzen bearbeiten will.
- Ein Fileserver kann Datensätze nicht interpretieren. Er sieht nur Dateien und macht in deren Behandlung keinen Unterschied zwischen ausführbaren (Binär-)Dateien, ASCII-Dateien sowie strukturierten (Datenbank-)Dateien.
- Daten liegen zeitweise in mehrfacher Form vor. Es müssen deshalb Überlegungen zur Datenintegrität erfolgen: Welche Version ist aktuell? Wer darf speichern? Besteht die Gefahr des Überschreibens? Muss eine Datei auf dem Fileserver gesperrt werden usw.

### Vorteil des Fileserver-Konzeptes

- Es ist leichter zu implementieren. Die Fileserversoftware ist weniger komplex und preisgünstiger. Außerdem muss das Fileserver-Betriebssystem nicht auf jede neue Anwendung angepasst werden.

## Client-Server-Prinzip

Beim Client-Server-Modell wird im Gegensatz zum Fileserver-Konzept die Rechenleistung im Netz verteilt (die Speicherleistung eventuell auch). Beim Client-Server-Modell geht man eigentlich davon aus, dass auf einem Server ein Serversoftware-Modul, das *Back-End* läuft, welches einen großen Teil der Rechenleistung erbringt, und auf dem Arbeitsplatz ein Clientsoftware-Modul, das *Front-End*, welches normalerweise relativ wenig Rechenleistung erbringt; seine Hauptaufgabe ist es, als Schnittstelle zum Benutzer zu fungieren.

### Client-Server: Ein Beispiel

Als Beispiel soll eine Datenbank dienen. Die Aufgabe des Servers ist bei diesem Prinzip zum einen die Datenspeicherung und, im Gegensatz zum Fileserver-Prinzip, die eigentliche Datenbearbeitung, wie z.B. das Suchen von einzelnen Datensätzen. Die Datenverarbeitung erfolgt im Arbeitsspeicher des Servers und steigert so die Verarbeitungsgeschwindigkeit enorm, da die Datensätze nicht erst in den Arbeitsspeicher der Workstation gelangen müssen.

Die Workstation oder der Client dient als Benutzerschnittstelle für den Dienst des Servers und ermöglicht so (angenehme) Eingaben von Suchkriterien, (grafische) Darstellung der Ergebnisse, eventuell weitere Aufbereitung der Daten und die Möglichkeit zur Bearbeitung von Datenteilmengen, wie etwa das Editieren von Daten.

Mittlerweile wird „Client-Server" als Begriff häufig auch dann verwendet, wenn Anwendungen in mehrere miteinander kommunizierende Softwaremodule aufgeteilt werden, die auf verschiedenen Rechnern laufen, selbst wenn Module gleichwertig sind und nicht mehr die klassische Aufteilung in „Server" (= Dienstbringer) und „Client" (= jemand, der Dienste in Anspruch nimmt) erkennbar ist.

## Serverkonzept vs. Peer-to-Peer-Konzept

| (reines) Serverkonzept | Peer-to-Peer-Konzept |
|---|---|
| Ein oder mehrere Server können im Netz installiert werden. Der Server ist meist kein Arbeitsplatz (dedizierter Rechner), läuft unter einem Netzwerkbetriebssystem und stellt seine Dienste und Ressourcen dem Netz zur Verfügung. Arbeitsplätze haben lokale (private) Ressourcen, können aber die Dienste und Ressourcen des/der Server nutzen. | Nur Arbeitsplätze mit eigenen Ressourcen wie lokalen Festplatten, Druckern, Modems etc., die gegenseitig zur Verfügung gestellt werden können. |
| Meist sehr aufwändige Sicherungskonzepte für z. B. den Zugriff auf Netzwerk, Ressourcen und Daten sowie den Schutz vor Ausfall von Komponenten. | Nur relativ einfache Sicherungskonzepte. |
| Für sehr große Teilnehmerzahlen geeignet. | Teilnehmerzahl relativ klein, bis max. 10 Teilnehmer. |

Der oben stehende Vergleich stellt die beiden Konzepte im Zusammenhang mit typischen LAN-Anwendungsfeldern dar. Dazu gehört etwa die gemeinsame Nutzung von Dateien oder die Bereitstellung von Netzwerkdruckern. Andere Anwendungsfelder kehren die Eigenschaften eventuell um. Beim Einsatz z.B. von VoiceOverIP im Internetumfeld reduziert das Client-Server-Konzept die Größe des Gesamtnetzes und die dezentrale Peer-to-Peer-Struktur spielt ihre Vorteile aus.

## Druckserver

Der *Druck-* oder *Printserver* ist meist als Softwarelösung implementiert. Seine Aufgabe ist die Verwaltung von Druckaufträgen im Netz. Seine Aufgabe soll anhand eines üblichen Ablaufs beim Drucken über ein Netzwerk verdeutlicht werden. Ein Benutzer möchte ein Dokument an seinem PC aus einer Textverarbeitung heraus drucken. Er startet den Druckauftrag, auch *Print-* oder *Druckjob* genannt, wie gewohnt. Die Netzwerksoftware auf seinem Arbeitsplatz leitet diesen Druckauftrag über das Netzwerk in eine Druckerwarteschlange (*Print Queue*). Dieser Begriff lässt erkennen, dass sich mehrere Druckjobs hintereinander (deshalb Schlange) befinden können. Diese Warteschlange wird auf dem Fileserver als Datei gespeichert. Der Print Queue wiederum sind ein oder mehrere Netzwerkdrucker zugeordnet. Aufgabe des Printservers ist es jetzt, die Warteschlange abzuarbeiten, d.h., die Druckjobs aus der entsprechenden Print Queue zum zugeordneten Drucker (Printer) zu schicken, der dann endlich das Dokument ausdruckt. Die Zwischenspeicherung der Printjobs auf der Festplatte eines Fileservers hat den Vorteil, dass der Job nicht verloren geht, wenn der Netzwerkdrucker vorübergehend ausgeschaltet wird und der Druck nicht direkt erfolgen kann. Wird der Drucker wieder gestartet, leitet der Printserver den Job in der Warteschlange sofort zum aktivierten Drucker. Drucker können sowohl direkt an den Printserver angeschlossen werden, aber auch an Arbeitsstationen, so genannten *Remote Printers*, und dort mit einer speziellen Software für alle Teilnehmer im Netz zur Verfügung gestellt werden.

## Anwendungsserver

Ein *Anwendungsserver* (*Applikationsserver*) ist ein Server, auf dem Anwendungen laufen (auf reinen Fileservern können Programmdateien gespeichert sein, ausgeführt werden sie aber auf dem Arbeitsplatzrechner).

Die Funktionen des Anwendungsservers befinden sich häufig auf der gleichen Maschine wie die Funktionen des Fileservers; dann kann der Großteil der Daten dort verarbeitet werden, wo sie gespeichert sind. Ein Beispiel ist der Datenbankserver.

### Kommunikationsserver

Als *Kommunikationsserver* bezeichnet man einen Server, der Kommunikation aus LANs heraus möglich macht, z.B. Faxen im Netz (dies könnte auch als Anwendungsserver aufgefasst werden), Zugriff von Außendienstmitarbeitern über Modemstrecke auf das LAN, LAN-LAN-Kopplung über ISDN, Anwahl externer Mailboxen oder Datenbanken über Modem oder einen Gatewayrechner, der das LAN mit einem entferntem Großrechner verbindet.

Daneben ist sicherlich auch eine zentrale Internetanbindung Aufgabe des Kommunikationsservers. Neben der reinen Vermittlung der Kommunikation (z.B. WAN Interface zum Internet Provider) hat eine solche Maschine auch die Aufgabe, die Benutzer des LANs vor „Nebenwirkungen" des Internets wie Viren oder Hackern zu schützen.

Die zuvor genannten Serverfunktionen Druckserver, Anwendungsserver und Kommunikationsserver werden selten Peer-to-Peer-mäßig auf Arbeitsplätzen realisiert, sondern meistens gibt es dedizierte (keine Arbeitsstation; nur für diese Aufgabe abgestellte) Rechner mit Netzwerkbetriebssystemen, die ihre Dienste dem Netz zur Verfügung stellen. Die Arbeitsplätze nehmen diese Dienste in Anspruch, bieten aber selbst nur in seltenen Fällen Dienste an.

## 2.2 WAN – Öffentliche Netze

Die Funktion des ***W**ide **A**rea **N**etworks*, des *WANs*, ist die Übertragung von Daten über größere Entfernungen hinweg, wobei hier die Verbindungswege über öffentliche Flächen führen.

**Hinweis**

Die Datenverarbeitung findet in den angeschlossenen Einzelrechnern des LANs statt, und nicht im WAN.

Ein WAN verbindet normalerweise autonome Systeme, d.h. Systeme, die für sich allein funktionsfähig sind, z.B. Rechner und LANs.

Rechtlich gesehen steht ein WAN unter der Kontrolle des Betreibers. Dieser stellt es den Benutzern gegen Gebühr zur Verfügung.

Dem Benutzer gegenüber tritt das WAN in Form eines genau spezifizierten Teilnehmeranschlusses in Erscheinung, der nur auf bestimmte Art genutzt werden darf. Der Benutzer kann (innerhalb des zur Verfügung stehenden Angebots) zwischen Anschlussarten und zur Verfügung stehenden Diensten entscheiden; ansonsten hat er keinen Einfluss auf die Eigenschaften und die Leistungsfähigkeit des Netzes.

### Beispiele für WAN-Verbindungen

Eine Kopplung autonomer Systeme kann z.B. über öffentliche Kommunikationsnetze erfolgen. Neben direkten Verbindungen zwischen zwei Netzwerken kann hier auch die evtl. bereits bestehende Internetverbindung als Datenstrecke verwendet werden. Damit hier nicht die „ganze" Welt mitliest, werden solche Verbindungen mit leistungsfähigen Verfahren verschlüsselt. Man spricht dann von so genannten *VPNs* (***V**irtual **P**rivate **N**etwork*).

## Technik

Bei den heute angebotenen Netzen handelt es sich normalerweise um Maschennetze, die sich durch die Möglichkeit alternativer Wegewahl auszeichnen.

## Datenrate

Die Datenraten auf den WAN-Verbindungen sind wesentlich geringer als in den angeschlossenen LANs. Sie liegen meist zwischen 64 Kbit/s und 2 Mbit/s.

# 2.3 MAN

Das *MAN* oder ***M**etropolitan **A**rea **N**etwork* soll ein auf ein Stadtgebiet oder eine Region begrenztes Netz mit einer angestrebten Übertragungsgeschwindigkeit von über 100 Mbit/s sein.

Es soll ein quasi-öffentliches Netz sein, das mit LAN-Technik arbeitet. Wesentliches Merkmal ist dabei die Mehrdienstfähigkeit (z.B. gleichzeitige Übertragung von Daten und Sprache).

Die IEEE hat mit dem Code 802.2 mit einer Standardisierung auf der Basis eines DQDB-Netzes begonnen. Insbesondere das so genannte *DSL* (***D**igital **S**ubscriber **L**ine*) in den verschiedenen Ausführung konkurriert hier allerdings stark mit diesem System.

### Zugriffsgeschwindigkeiten

Die Zugriffsgeschwindigkeiten im MAN liegen zwischen 1 Mbit/s bis 100 Mbit/s.

## Gegenüberstellung von LAN und WAN

Nachfolgend werden die wichtigsten Unterschiede zwischen LAN und WAN tabellarisch gegenübergestellt.

| LAN | WAN |
|---|---|
| Funktion: Daten-, Speichermedien- und Peripherieverwaltung | Funktion: Übertragungsnetz |
| Begrenzte Teilnehmerzahl | Höhere Teilnehmerzahl |
| Entfernungen meist unter 2 km, Ausdehnung ist auf Gebäude oder Firmengelände beschränkt | Entfernungen bis zu Tausenden von Kilometern |
| Häufig Diffusionsnetz | Fast immer Teilstreckennetz |
| Hohe Bandbreiten (> 1 Mbit/s) | Typische Datenraten bis zu 100 Kbit/s |
| Verbindung kooperierender Rechner in verteilten Anwendungen | Verbindung autonomer Rechnersysteme |
| Einfachere Übertragungsprotokolle | Komplexe Übertragungsprotokolle |

| LAN | WAN |
|---|---|
| Benutzer meist gleichzeitig Betreiber | Benutzer und Betreiber meist verschiedene Personen |
| Niedrigere Bitfehlerraten: ca. 1 Fehler auf 1 Milliarde Bits | Höhere Bitfehlerraten: 1 Bit auf 10000 Bits |

## Zusammenfassung

- ✔ Sie haben in diesem Modul unterschiedliche Konzepte der Datenverarbeitung in lokalen Netzen kennen gelernt. Sicherlich ist es sinnvoll, anhand einer Problemstellung ein entsprechendes Konzept zu erarbeiten und zu realisieren.
- ✔ Nicht immer muss ein eher zentral organisiertes System nach dem Serverkonzept die beste Wahl sein. Sie sollten durchaus auch alternative Konzepte prüfen, da diese oft preiswerter und vielfach den Problemen angemessener sind.
- ✔ Hier gilt es aber auch, stets zwischen Kostenbewusstsein und dem aus einer Lösung resultierenden Verwaltungsaufwand abzuwägen.
- ✔ Zusammenfassend halten wir fest, dass das LAN zwar schnelle Kommunikationswege besitzt, aber auf einen kleineren räumlichen Bereich (meist unter 2 km) begrenzt ist. Das WAN hingegen besitzt zwar keine räumliche Eingrenzung, erzeugt aber neben einem relativ geringen Datendurchsatz wegen seiner kommerzielle Strukturen weitere Verbindungskosten. Das MAN versucht, die Vorteile der beiden Systeme zu kombinieren. Die zugrunde liegende Technologie bzw. deren Verfügbarkeit befindet sich allerdings noch in der Entwicklung.

## Übungen

1. In den zentral organisierten Systemen der ersten Jahre waren die Funktionen eines DV-Systems auf Komponenten wie etwa den ____________________ konzentriert.
2. Nennen Sie die englischen Fachbegriffe für Dienstanbieter und Dienstnutzer.
3. Wofür stehen die Abkürzungen LAN, WAN und MAN?
4. Beschränkt sich ein LAN räumlich gesehen auf Privat- bzw. Firmengelände?
5. Ein LAN steht in der Regel unter der Kontrolle des ____________________, ein WAN dagegen unter der Kontrolle des ____________________.
6. Zählen Sie die Komponenten eines LANs auf.
7. Nennen Sie drei Beispiele für Peripheriegeräte.

# Übungen

**8.** In einem ____________________-Netz gibt es keine Server, sondern nur Workstations, die sich ihre Ressourcen gegenseitig zur Verfügung stellen.

**9.** Hat sich bei Recherchen in großen Datenbanken das Client-Server-Prinzip als sehr leistungsfähig erwiesen?

**10.** Wie nennt man einen Server, der Druckvorgänge im Netzwerk steuert?

**11.** Nennen Sie drei Kommunikationsnetze für WAN-Verbindungen.

**12.** Kann ein WAN autonome Systeme verbinden?

**13.** Die typische Datenrate bei einem WAN liegt unter ____________________.

**14.** Das Kabelfernsehen ist ein Beispiel für welche Form von Netzwerk?

**15.** Existieren mehr Teilnehmer in einem LAN oder in einem WAN?

**16.** Die Datenverarbeitung findet in den angeschlossenen Einzelrechnern des ____________________ statt, und nicht im ____________________.

**17.** Wie nennt man einen Rechner, der für bestimmte Aufgaben eingesetzt wird, dabei aber nicht als Workstation zu benutzen ist?

**18.** Bei der Übertragung von Daten über ein Netz treten naturgemäß Fehler bei einzelnen Bits auf, die meist selbstständig korrigiert werden. Treten mehr Fehler im LAN oder im WAN auf?

**19.** Einen Server, der z.B. für das Faxen im Netz eingerichtet wurde, nennt man ____________________server.

**20.** Wie nennt man beim Client-Server-Prinzip die Serversoftware-Module, die

a) auf dem Server laufen?

b) auf der Arbeitsstation laufen?

Die Lösungen zu diesen Aufgaben finden Sie im Anhang des Co@ches.

# Modul 3

# Das OSI-Referenzmodell

**Lernen Sie**

- Historie und Entstehung des OSI-Referenzmodells kennen
- die Begriffe *Protokoll* und *Schnittstellen* einzuordnen
- was unter einer virtuellen Verbindung zu verstehen ist
- wie Protokollstapel arbeiten
- die transportorientierten Schichten des OSI-Modells kennen
- die anwendungsorientierten Schichten zu begreifen

In den vorangegangenen Modulen haben Sie gelernt, dass Benutzer in einem Computernetzwerk Dienste von anderen Rechnern auf ihren Arbeitsstationen nutzen. Wesentlich dafür ist die Bereitstellung entsprechender Kommunikationswege.

Die ersten Systeme waren nicht sehr flexibel, ihr Aufbau und ihr Betrieb waren fest vorgegeben. Im Zuge der Weiterentwicklung stiegen jedoch die Anforderungen an universellere Kommunikationsformen. Als Konsequenz daraus leitete sich die Notwendigkeit zur Schaffung von Standards für die Verbindung von Rechnersystemen ab.

Zu Beginn dieser Standardisierungsbestrebungen wurde mit dem *OSI-Referenzmodell* ein architektonischer Rahmen festgelegt. Dieses theoretische Modell beschreibt allgemein gültig die Kommunikation in Form eines mehrschichtigen Systems mit fest definierten Aufgabenstellungen.

Nach der Lektüre dieses Moduls werden Sie die unterschiedlichen Schichten des OSI-Modells und deren Funktionen benennen können. Das Modell dient als Grundlage für die darauf aufbauenden Erläuterungen in den folgenden Modulen.

## 3.1 Historie und Entstehung

Bei der Entwicklung der ersten Netzwerke musste oder wollte keiner der Hersteller irgendwelche Standards – außer vielleicht die eigenen – beachten. Zum einen existierten noch keine Standards, zum anderen versuchten die Produzenten, ihre eigene Lösung am Markt zu etablieren. Dadurch entwickelte sich eine größere Anzahl von herstellerspezifischen (proprietären) Lösungen, die nicht oder nur wenig miteinander kompatibel waren.

Heterogene Netze, wie sie heute eingesetzt werden, verlangen aber die Verbindung unterschiedlicher Systeme. Sie können somit nur durch die Schaffung und Einhaltung von Standards der einzelnen Hersteller realisiert werden.

Im Laufe der Zeit haben sich eine Reihe von Normierungsorganisationen der oben genannten Aufgabe angenommen. Zu diesen Organisationen zählen sowohl nationale, wie etwa die DIN und die ANSI, als auch internationale, wie etwa die ISO, die ITU (ehemals CCITT), ETSI, ECMA usw. Die meisten Organisationen erarbeiten Standards und Empfehlungen für begrenzte Bereiche. So gibt etwa die International Telecomunication Union (ITU) entsprechende Empfehlungen heraus, die primär öffentliche Netze (und damit den WAN-Bereich) betreffen.

Grundlage für eine Vielzahl von Standardisierungvorschlägen ist das von der ISO entworfene Architektur- und Referenzmodell OSI. *OSI* steht für ***O**pen **S**ystem **I**nterconnection*. Im weiteren Text sprechen wir nur kurz von OSI. Seit 1983 steht das Modell in seiner aktuellen Form zur Verfügung, die nachfolgenden Entwicklungen orientierten sich stark daran. Da es jedoch zuvor schon ältere Standards gab, stimmen nicht alle Entwicklungsergebnisse vollständig mit dem OSI-Modell überein.

# 3.2 Protokoll und Schnittstellen

Möchten zwei Menschen miteinander kommunizieren, einigen sie sich auf bestimmte Regeln – auch wenn dies meist unbewusst geschieht.

So werden sie, soweit möglich, dieselbe Sprache nutzen. Ergänzen oder ersetzen diese Menschen die verbale Kommunikation etwa durch Körpersprache, verwenden sie gleichfalls Gesten, die von der Gegenseite interpretiert werden können.

Die Einigung auf allgemein verständliche Vorschriften ist also wesentlich für eine Kommunikation. In der Netzwerktechnik wird eine solche Kommunikationsvorschrift mit dem Begriff *Protokoll* bezeichnet. Nutzen unterschiedliche Geräte dasselbe Protokoll, könnte man sagen, dass sie „dieselbe Sprache sprechen".

Um eine reibungslose Kommunikation zu ermöglichen, reicht es allerdings nicht, dieselbe Sprache zu sprechen – also dasselbe Protokoll einzusetzen. Vielmehr bedarf es weiterer Regeln zur Festlegung der Rahmenbedingungen wie Zeitpunkt, Einigung über die eingesetzte Sprache, Ablauf etc.

Sicherlich sind Ihnen aus dem Bereich der zwischenmenschlichen Kommunikation Fragen wie „Sprechen Sie Deutsch?" oder „Do you speak English?" vertraut. Letztendlich klären Sie, welches Protokoll in dem folgenden Gespräch verwendet werden soll. Die Floskeln „Wie geht es Ihnen?" bzw. „How do you do?" leiten eine Unterhaltung ein. Ebenso existieren Regeln zur Beendigung eines Gesprächs.

**Hinweis**

In der Netzwerktechnik gehören diese Signalisierungsvorschriften in die Beschreibung eines Protokolls. Weiter wird unterteilt in Signale für den Verbindungsaufbau und den Verbindungsabbau.

Neben der Einigung auf ein gemeinsames Protokoll muss ein weiterer, eher technischer Aspekt betrachtet werden. Die Kommunikation zwischen einem nicht hörenden und einem nicht sehenden Menschen stellt z.B. ein großes Problem dar – die verbale bzw. gestische Ausdrucksweise kann nicht von beiden Seiten verstanden werden. Rein physisch fehlen den Kommunikationspartnern die für ein bestimmtes Protokoll zwingend notwendigen Rezeptoren wie Augen oder Ohren.

**Hinweis**

Die technische Grundlage für die Nutzung eines Protokolls wird in der Netzwerktechnik mit dem Begriff *Interface* oder *Schnittstelle* bezeichnet.

Der Begriff wird in zwei Zusammenhängen eingesetzt: Einerseits kann eine Schnittstellendefinition eine technisch-physikalische Ausprägung haben, wie etwa die Beschreibung eines Steckers mit der dazugehörenden Buchse. Da in komplexen Systemen häufig eine Kommunikation mehrerer aufeinander aufsetzender Komponenten realisiert wird, entsteht andererseits die Notwendigkeit, diese Komponenten zu koppeln. Auch an diesen Verbindungsstellen wird dann von Schnittstellen gesprochen. Oft stellen sich diese Schnittstellen dann in Form von bestimmten Softwarefunktionen dar.

## 3.3 Zielsetzung von OSI

Die Zielsetzung von OSI besteht darin, ein offenes Kommunikationssystem zu ermöglichen. Im Gegensatz zu geschlossenen Systemen können offene aufgrund ihrer Konzeption mit Endsystemen anderer Ausprägung zusammenarbeiten. Ein offenes System besteht aus zwei Komponenten: dem realen System mit Computer, Software, Ein- und Ausgabegeräten, Terminals etc. auf der einen sowie dem Kommunikationsverhalten des Systems auf der anderen Seite. Das OSI-Modell beschreibt eben dieses Kommunikationsverhalten in seinen einzelnen Funktionen. Es definiert die Komponenten der Datenkommunikation und setzt diese zueinander in Beziehung.

Das OSI-Referenzmodell unterteilt ein System in insgesamt sieben Schichten, wobei zwei große Gruppen – die transportorientierten (1–4) und die anwendungsorientierten (5–7) Schichten – unterschieden werden. Jede Schicht ist mit spezifischen Aufgaben betraut.

| | | |
|---|---|---|
| 7 | Application Layer | Anwendungsschicht |
| 6 | Presentation Layer | Darstellungsschicht |
| 5 | Session Layer | Kommunikationsschicht |
| 4 | Transport Layer | Transportschicht |
| 3 | Network Layer | Vermittlungsschicht |
| 2 | Data Link Layer | Sicherungsschicht |
| 1 | Physical Layer | Bitübertragungsschicht |

Die Entstehung von Standards präsentiert sich heutzutage in zwei unterschiedlichen Ausprägungen. In der einen Richtung bemüht sich eine Reihe von Organisationen, in denen zum Teil auch Hersteller mitarbeiten, an Hand von Prognosen Standards für zukünftige Kommunikationsanforderungen zu entwickeln. Die Arbeit der Standardisierungsorganisationen ist allerdings oft recht träge und häufig fordert der Markt bereits eine entsprechende Lösung, bevor der Ausarbeitungsprozess abgeschlossen ist.

Der andere Weg geht direkt von einem einzelnen oder einer Gruppe von Herstellern aus. Sie bieten eine fertige Lösung an und setzen sie schließlich am Markt durch. Hier wird von einem De-facto-Standard gesprochen, der unter Umständen später in einen offiziellen Standard überführt wird. Die realisierte Lösung ist in punkto Allgemeingültigkeit vielleicht nicht optimal, da sie nur herstellerspezifische Anforderungen berücksichtigt. Oft bildet diese Variante aber die Basis für die Entstehung weiterer Innovationen.

Das OSI-Modell stellt zwar nur eine Empfehlung dar, die Entwicklung der letzten Jahre hat aber gezeigt, dass es sich nur wenige Hersteller leisten, Komponenten zu fertigen, die nicht OSI-konform arbeiten. So geben etwa Ausschreibungen der US-Regierung die Orientierung einer Lösung an OSI zwingend vor.

Wenn Sie sich die Ausprägung einer OSI-Schicht-Komponente in der Praxis ansehen, so kann diese sowohl als Hardwarelösung, Softwarelösung oder auch als eine Kombination aus beiden realisiert sein.

Generell handelt es sich bei der Schicht-1-Komponente um eine Hardwarelösung. Alle anderen Schichten werden meist auf der Softwareseite implementiert.

Es existieren allerdings auch Systeme, die höhere Schichten mit einer entsprechenden Hardware realisieren; insbesondere in Einsatzgebieten, die sehr hohe Geschwindigkeitsanforderungen voraussetzen oder mit einfach aufgebauten Protokollen arbeiten.

## 3.4 Beispiel

Bevor Sie sich intensiver mit den einzelnen Schichten auseinander setzen, sehen Sie sich ein Beispiel zur Verdeutlichung des Kerngedankens an.

Versuchen Sie, die uns allen mehr oder weniger gut bekannte Technologie des Telefonierens in unterschiedliche Kommunikationsebenen einzuteilen.

Notwendige Voraussetzung für ein Telefongespräch ist der entsprechende Verbindungsaufbau. Es werden an dieser Stelle die technischen Grundlagen desselben nicht berücksichtigt und darüber hinaus einige Vereinfachungen vorgenommen.

Die Benutzerschnittstelle, mit der Sie konfrontiert sind, ist uns allen bekannt: das Telefon. Telefonieren wir mit einer anderen Person, so sagen wir, dass wir mit „jemandem" sprechen. Wir meinen damit den Teilnehmer auf der anderen Seite.

Aus einem rein technischem Blickwinkel sprechen Sie in Wirklichkeit mit dem Telefon. Dieses wandelt die akustischen Schallwellen mit einem Mikrofon in elektrische Impulse um. Das Telefon wiederum „spricht" mit der Vermittlungseinrichtung Ihrer Telefongesellschaft. Hier „sprechen" dann die Vermittlungseinrichtungen untereinander und übertragen elektrische Impulse. Der Telefonapparat auf der anderen Seite empfängt die Impulse und setzt sie mittels eines Lautsprechers wieder in akustische Signale um.

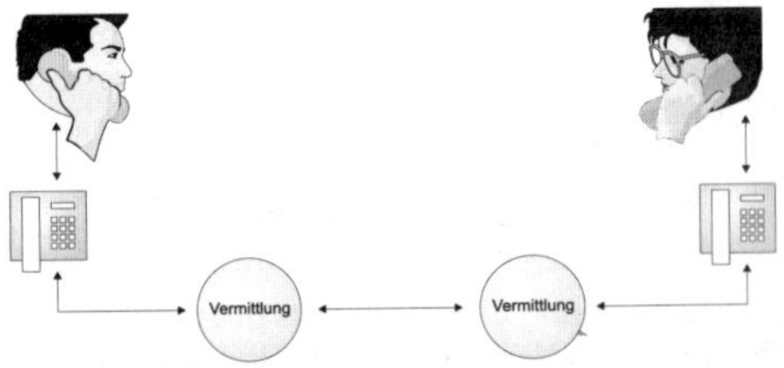

Ein Telefongespräch

In diesem Beispiel können Sie bereits mehrere Ebenen der Kommunikation ausmachen. Neben den einzelnen Gesprächspartnern sind dies die Telefone, die Vermittlungseinrichtungen und die physikalischen Verbindungen zwischen den Vermittlungseinrichtungen.

Ordnen Sie die einzelnen Elemente hierarchisch an, so liegt die physikalische Verbindung (Kabel) zwischen den Vermittlungen ganz unten; darauf setzen die Vermittlung, die Telefone und die Stimmen der beiden Gesprächspartner auf. Die einzelnen Ebenen kommunizieren lediglich mit einer darunter oder darüber liegenden Schicht, also Mensch mit Telefon, Telefon mit Vermittlung, Vermittlung über Kabel mit Vermittlung usw.

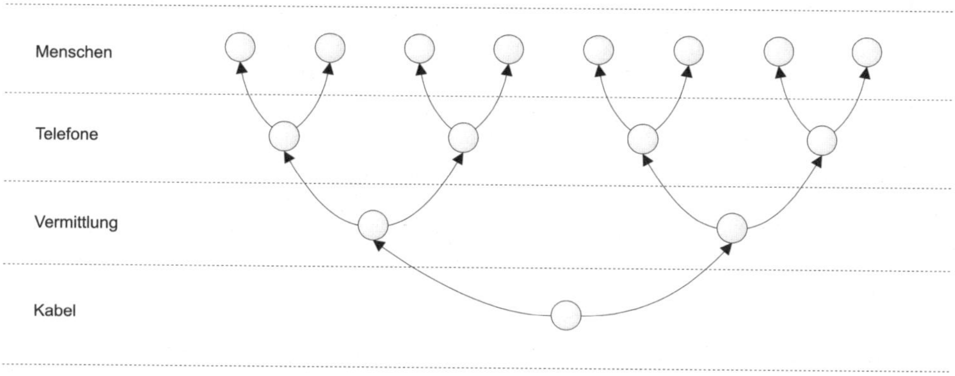


Ebenen einer Kommunikation

> **Hinweis**
> Die Berührungspunkte zwischen den einzelnen Schichten stellen jeweils Schnittstellen dar. Informationen werden stets nur zwischen zwei benachbarten Ebenen ausgetauscht.

Diese Einteilung ermöglicht den problemlosen Austausch einer Komponente, ohne die Funktionsweise des Gesamtsystems zu beeinflussen. Solange Geräte oder andere Implementierungen der Schichten schnittstellenkonform bleiben, funktioniert dieses Vorgehen.

Einer der beiden Telefonapparate aus dem Beispiel lässt sich beliebig gegen ein anderes Modell austauschen. Sogar der Austausch der Vermittlungsstellen im Zuge einer technischen Innovation, wie z. B. durch die Umstellung von analoge auf digitale Technik geschehen, beeinflusst die Kommunikation nicht. Solange die Vermittlungseinrichtung weiterhin die alten Schnittstellen bereitstellt, können auch die alten Telefone genutzt werden.

> **Hinweis**
> Es wurde an dieser Stelle eine starke Vereinfachung der Telefonverbindung dargestellt. Sicherlich ist Ihnen klar, dass ein Telefon durch ein Kabel mit der Vermittlungseinrichtung verbunden ist. Soll das System exakt erfasst werden, so muss ein Telefon als ein komplettes Kommunikationssystem betrachtet werden. Ähnliches gilt dann auch für eine Vermittlungseinrichtung. Beide Systeme implementieren intern eine Reihe von Aufgaben und nutzen dazu bestimmte Protokolle.

## 3.5 Virtuelle Verbindungen

Eine direkte Kommunikation findet bei der Aufteilung eines Systems in verschiedene Schichten also nur auf der untersten Ebene statt. Die Kommunikation zwischen zwei gleichgeordneten Schichten zweier unterschiedlicher Systeme wird als *virtuelle Verbindung* bezeichnet.

Die eigentliche Kommunikation zwischen den Gesprächspartnern wird daher auch als eine virtuelle Verbindung eingeordnet.

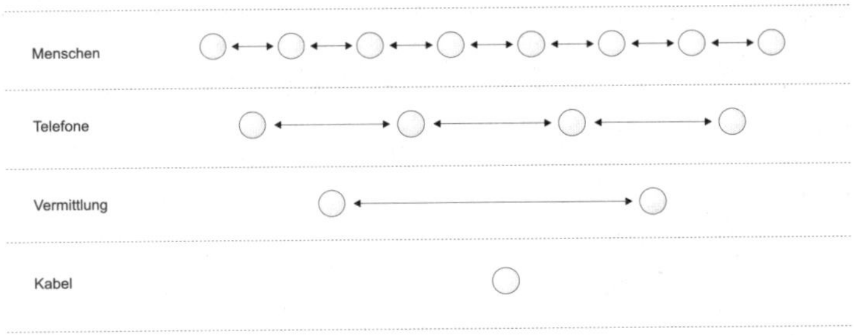


Virtuelle Verbindungen

Beachten Sie bitte, dass bereits hier die typischen Grundaufgaben der Ebenen ersichtlich sind:

- Jede Ebene definiert jeweils eine Schnittstelle zu der darüber und eine zu darunter liegenden Ebenen. Beim Telefon werden das Mikrofon und der Lautsprecher als Interface zum Benutzer festgelegt. Die Vermittlungseinrichtung gibt die Schnittstelle in Form von bestimmten Anschlusselementen, in diesem Fall die Telefondose, vor, welche von der Telefonebene zwangsläufig genutzt werden müssen.
- Jede Ebene arbeitet mit zwei Protokollen. Das Protokoll der höher liegenden Ebene wird in das Protokoll der tiefer liegenden Schicht umgesetzt.
- Jede Ebene fügt allen von darüber liegenden Schichten erhaltenen Informationen eigene Protokollinformationen hinzu und gibt diese an tiefer liegende Ebenen weiter. Auf der Gegenseite werden aus den von tiefer liegenden Ebenen erhaltenen Informationen die eigenen Protokollinformationen extrahiert und die Information ohne diese an die höher liegende Schicht weitergeleitet.

In dem Beispiel wird von der Kompatibilität der einzelnen Ebenen zueinander ausgegangen. Bezogen auf das genutzte Protokoll bedeutet dies, dass auf der jeweils gleich hohen Schicht in den beteiligten Systemen das gleiche Protokoll genutzt wird.

Es kann innerhalb eines solchen Modells aber auch mit unterschiedlichen Protokollen gearbeitet werden.

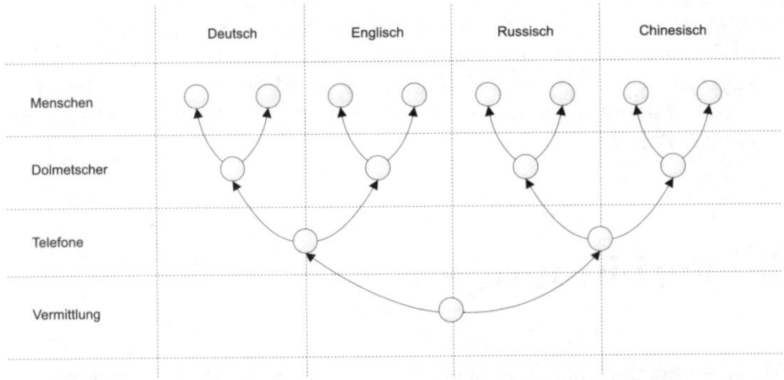


Protokolle

Durch den Einsatz einer Dolmetscherebene wird in dem oben abgebildeten Beispiel die Kommunikation von Menschen ermöglicht, die nicht die gleiche Sprache (das gleiche Protokoll) sprechen. Die Nutzung solcher Protokollübersetzer ist in der Netzwerktechnik durchaus üblich. Die möglichen Varianten werden im Modul 12 „Protokollvermittlung" genauer untersucht.

# 3.6 Protokollstapel

Betrachten Sie die zuvor erläuterten Zusammenhänge auf einer abstrakteren Ebene. Mit Hilfe des OSI-Modells wird die Kommunikation in insgesamt sieben Schichten mit unterschiedlichen Aufgaben unterteilt. Jede Schicht kommuniziert mit jeweils zwei weiteren Schichten über definierte Schnittstellen. Auf jeder der Schichten wird ein bestimmtes Protokoll eingesetzt. Diese Protokolle beschreiben eine spezielle Kommunikationsvorschrift und nutzen in der Regel Protokollinformationen. Bei der Versendung werden die von darüber liegenden Ebenen empfangenen Daten transparent weitergeleitet, nachdem ihnen eigene Protokollinformationen hinzugefügt wurden. Damit wächst die Menge der Basisdaten auf ihrem Weg durch die Schichten um Zusatzinformationen an (s. Abbildung). Die Empfangsseite verarbeitet die Protokollinformationen und entfernt sie vor der Weiterleitung an die darüber liegende Schicht. So durchwandern die Daten die sieben Schichten einmal aus der Anwendungsschicht bis in die Bitübertragungsschicht auf der Sendeseite und in umgekehrter Reihenfolge wieder zurück in Anwendungsschicht auf der Empfangsseite.

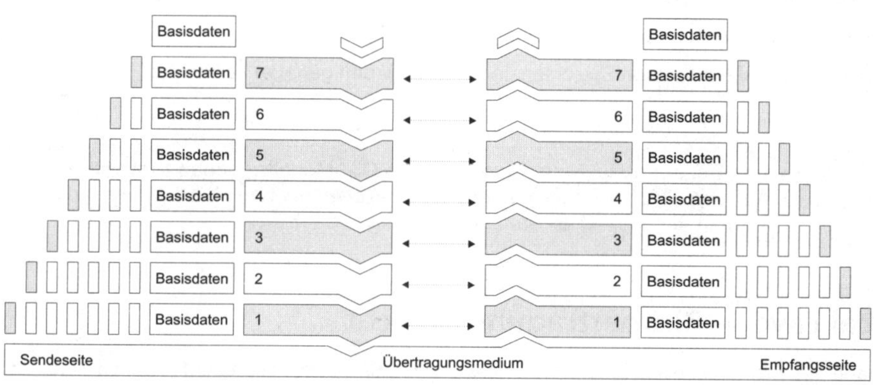


Protokollstapel

Die sich daraus ergebende Struktur wird auch *Protokollstapel* genannt. Diese schematisch vereinfacht dargestellte Struktur reagiert natürlich in der Praxis wesentlich flexibler. Ein sendendes System muss nicht den kompletten Durchlauf bis in die oberste Ebene der Empfangsstation abwarten, sondern kann, nach Abarbeitung des Sendevorgangs innerhalb einer bestimmten Schicht Daten auf dieser Ebene empfangen und nach oben weiterleiten.

**Hinweis**

Sie werden später noch sehen, dass ein logischer Sendevorgang unter Umständen physikalisch in eine Reihe von Sende- und Empfangsvorgängen mündet. Dies findet etwa dann statt, wenn eine Schicht im Protokollstapel des Empfängers einen fehlerhaft übertragenen Teil einer Gesamtinformation erneut anfordert.

Jede der Schichten

- realisiert spezifische Aufgaben,
- stellt der darüber liegenden Schicht Dienste zur Verfügung,
- nutzt selbst die Dienste der darunter liegenden Schicht.

Lediglich die Bitübertragungsschicht nimmt eine Sonderrolle ein: Ihre Aufgabe liegt im physikalischen Transport der Daten, es kommt auf dieser Ebene kein Protokoll zum Einsatz. Auch nimmt diese Schicht keine weiteren Dienste in Anspruch.

# 3.7 Transportorientierte Schichten

Im Folgenden werden Sie die Aufgaben der untersten vier OSI-Schichten kennen lernen. Sie steuern die transportorientierten Aspekte eines Kommunikationsprozesses.

Die vier Ebenen tragen folgende Bezeichnungen:

- 4 – Transport Layer (Transportschicht)
- 3 – Network Layer (Vermittlungsschicht)
- 2 – Data Link Layer (Sicherungsschicht)
- 1 – Physical Layer (Bitübertragungsschicht)

Nachfolgend werden die einzelnen Schichten und ihre Aufgaben genauer betrachtet.

**Hinweis**

Die deutschen Bezeichnungen der Schichten des OSI-Modells können teilweise irreführend sein. Auch im Hinblick auf eine intensivere Beschäftigung mit dem Themenkomplex sollten Sie sich an die englischen Namen gewöhnen.

## Physical Layer – Bitübertragungsschicht

Die Aufgabe des *Physical Layer* (*Bitübertragungsschicht/OSI-Schicht 1*) besteht in der Übertragung digitaler Zustände über einen physikalischen Übermittlungsabschnitt (z.B. Kabel). Eine Absicherung der übertragenen Daten muss nicht stattfinden. Diese Aufgabe wird an eine darüber liegende Schicht delegiert.

Diese Ebene ist die einzige, welche die physikalischen Eigenschaften eines Systems beschreibt. Innerhalb des Physical Layers werden Informationen lediglich in Form einzelner Bits dargestellt, ein Protokoll ist von daher nicht notwendig.

Betrachten Sie die Aufgaben, die von einer im System implementierten Komponente (z.B. Netzwerkkarte) erfüllt werden müssen, um die Funktionalität eines offenen Systems auf Ebene 1 zu gewährleisten:

### Darstellung eines einzelnen Bits

Je nach eingesetztem Übertragungsmedium kann die Darstellung eines Bits von logisch 0 und logisch 1 variieren.

Für dieses Problem gibt es, je nach Implementierung, unterschiedliche Lösungsansätze. Eine negative Volt-Zahl kann beispielsweise als logisch 1, eine positive als logisch 0 interpretiert werden. Denkbar ist auch die Nutzung unterschiedlicher Frequenzen in Abhängigkeit vom Zustand, oder aber definierte Signalflanken, dargestellt z.B. durch einen Spannungsabfall bzw. einen Spannungsanstieg in einer definierten Zeitspanne.

So weit nur drei Ansätze, die später näher betrachtet werden. In jedem Fall steuert die entsprechende Komponente im Physical Layer die Bitdarstellung.

Daneben gilt es, festzulegen, wie lange ein Impuls dauert, damit mehrere aufeinander folgende gleiche Zustände unterschieden werden können. Man spricht dann von dem *Takt* eines Impulses. Sie werden in den folgenden Modulen lernen, dass der Takt wesentlich vom eingesetzten Übertragungsmedium abhängig ist.

### Senderichtung und Multiplexing

Hinsichtlich der Senderichtung muss definiert werden, ob ein Medium zum Datenversand und Datenempfang zur Verfügung steht oder ob mehrere Leitungen zum Einsatz kommen.

Darüber hinaus ist die Entscheidung zu fällen, ob, und wenn ja, welche Arten des Signalmultiplexings eingesetzt werden.

### Physikalische Schnittstelle

Die Definition der notwendigen physikalischen Schnittstelle zählt gleichfalls zu den Aufgaben eines OSI-Schicht-1-Standards. Dazu gehören etwa die Pinbelegungen bei Steckern und Buchsen sowie deren physikalische Form. Daneben müssen die Funktionen der einzelnen (Steuer-)Leitungen vorgegeben werden.

Hinzu kommen Überlegungen zur Erzeugung des Übertragungstaktes. Hier existieren verschiedene Wege, z.B. über entsprechende Generatoren in jeder Sendeeinrichtung oder über die Kodierung in eine entsprechende Trägerfrequenz.

## Data Link Layer

Dem *Data Link Layer* (*Sicherungsschicht/OSI-Schicht 2*) bzw. seinen Komponenten weist das OSI-Modell zwei wesentliche Aufgaben zu: Die Absicherung der einzelnen Datenbits durch eine entsprechende Fehlererkennung und -behebung sowie die Ermöglichung einer Adressierung unterschiedlicher Netzwerkknoten.

### Framing

Zur Erfüllung seiner Aufgaben muss der Data Link Layer die Daten als eine Gruppe zusammengehöriger Einzelsignale auffassen. Daher werden die von der Schicht 1 empfangenen Daten hier zu so genannten *Datenrahmen* (*Data Frames*) zusammengefasst. Bei der Absendung an Schicht 1 wird ein Frame entsprechend in die einzelnen Bits zerlegt und in dieser Form an den Physical Layer weitergegeben. Dieser Vorgang wird als so genanntes *Framing* bezeichnet.

Viele der Schicht-2-Protokolle definieren einen Datenrahmen mit einer festen Länge, also z.B. 8 Bits oder 1.024 Bits. Solche Frames können mit einfachen Methoden bearbeitet werden, da sie über klar umrissene Grenzen verfügen und ihre Größe nicht anderweitig kodiert werden muss. Nachteilig wirkt sich jedoch aus, dass der Datenrahmen zusätzlich zu den reinen Informationen (Basisdaten/Nutzdaten) mit Protokollinformationen belastet wird. Die Menge der Protokollinformationen ist, unabhängig von der Framegröße, immer gleich groß. Somit hat ein kleinerer Datenrahmen von z.B. 8 Bit einen größeren Overhead, d.h. mehr Protokollinformationen im Verhältnis zu der belegten oder möglichen Nutzdatenmenge, als ein größerer Frame. Auf der anderen Seite ist, insbesondere bei relativ fehleranfälligen Übertragungswegen, die Gefahr des Datenverlustes und daher der Aufwand der Datenabsicherung bei größeren Datenrahmen höher.

Manche Schicht-2-Protokolle arbeiten mit variablen Framegrößen. Dabei wird der Datenrahmen mit einer *Start-* und *Endemarke* (*start* and *ending delimiter*) versehen.

| Schicht-2 Header | Schicht-3 Daten | Schicht-2 Trailer |
|---|---|---|

Feste Framegröße

| Frame START | Schicht-2 Header | Schicht-3 Daten | | Schicht-2 Trailer | Frame ENDE |
|---|---|---|---|---|---|

Variable Framegröße

## Absicherung

Zur Absicherung der einzelnen Bits nutzen die Schicht-2-Protokolle unterschiedliche Mechanismen. Der Absicherungsprozess unterteilt sich grundsätzlich in die *Fehlererkennung* und die *Fehlerkorrektur*.

## Fehlerkorrektur

Die meisten Schicht-2-Protokolle setzen zur Fehlerkorrektur ein einfaches Verfahren mit dem Namen *ARQ* (***A**utomatic **R**epeat **R**equest*) ein. Falls ein Fehler erkannt wird, sendet das Protokoll eine entsprechende Nachricht an den Sender und erhält dann den Datenrahmen erneut zugesandt. Beim Einsatz fehleranfälliger Übertragungswege kann dieses Verfahren zu einer großen Anzahl mehrfach versandter Datenrahmen führen. Der Mehraufwand steigt mit der Anzahl der Bits in einem Frame. Umgekehrt beeinflusst der Frameoverhead bei kleiner Framegröße die Effizienz.

Letztendlich muss ein vernünftiger Kompromiss bei der Wahl der Framegröße gefunden werden. Oft helfen Experimente sowie die Bestimmung und Anpassung an eine Schicht-1-Implementierung. Aufgrund dieses Zusammenhangs ist ein Schicht-2-Protokoll häufig direkt von einer bestimmten Schicht-1-Komponente abhängig. Deshalb setzen entsprechende Implementierungen beide Schichten in einen Zusammenhang und beschreiben sie parallel.

**Hinweis**

Eine andere Möglichkeit der Fehlerkorrektur liegt in der Übermittlung von Zusatzinformationen, aus denen im Fehlerfall die Grundinformationen wiederhergestellt werden können.

Manche Systeme implementieren überhaupt keine Fehlerkorrektur, sondern erkennen diese Fehler lediglich. Unter bestimmten Voraussetzungen ist dies eine durchaus sinnvolle Verfahrensweise. Bei der Übertragung von Bewegtbildern etwa hat der Verlust des Informationsgehalts eines einzelnen Bildes unter Umständen kaum Auswirkungen auf die Darstellung. Im Gegenteil: Die benötigte Zeitspanne für eine Neuanforderung hat eher ein merkliches Stocken des Bildflusses zur Folge.

Die Entscheidung zugunsten einer der Methoden hängt also im Wesentlichen vom eingesetzten Übertragungsmedium und dem Inhalt der übertragenen Daten ab.

## Fehlererkennung

Damit der Empfänger den empfangenen Frame auf evtl. Fehler überprüfen kann, generieren Schicht-2-Protokolle entsprechende Prüfsummen. Zu diesem Zweck werden zum Teil einfache Algorithmen wie die Paritätsprüfung oder andere, mathematisch komplexere Methoden eingesetzt.

Je nach Protokoll werden lediglich die eigenen Protokollinformationen oder nur die Daten oder beides gesichert. Falls auch eine Datenabsicherung läuft, sendet ein Schicht-2-Protokoll an das darunter liegende Schicht-1-Element zuerst einen Kopfsatz (*Header*), dann die Daten und schließlich einen Fußsatz (*Trailer*) mit der während der Übertragung berechneten Prüfsumme.

| Schicht-2 Header | Schicht-3 Daten | Schicht-2 Trailer inkl. Prüfsumme |
|---|---|---|

Header und Trailer mit Prüfsumme des Frames

### Empfangsbestätigung

Zu den Aufgaben eines Schicht-2-Protokolls gehört gleichfalls die Erzeugung einer Empfangsbestätigung. Die Datenrahmen werden an den Empfänger versandt und es wird auf eine entsprechende positive Bestätigung gewartet. Erst dann kann der nächste Frame generiert und verschickt werden.

Manche Protokolle benötigen auch eine negative Rückmeldung, um die Sendung wiederholen zu können. Andere gehen nach Ablauf einer definierten Zeitspanne ohne Bestätigung vom Fehlerfall aus und senden automatisch noch einmal.

### Flusskontrolle/Zugriffsteuerung

Eine so genannte *Flusskontrolle* bzw. *Flusssteuerung* ist erforderlich, wenn die Geschwindigkeit der beteiligten Endgeräte stark voneinander abweicht. Durch entsprechende Kontrollnachrichten kann ein Endgerät in einen Wartezustand versetzt werden. Sobald wieder Daten verarbeitet werden können, teilt der Empfänger dem Sender dies durch eine weitere Kontrollnachricht mit. Zwischen LAN und WAN bestehen Unterschiede in Bezug auf die Bereitstellung einer Flusskontrolle. Die relativ schnellen Übertragungssysteme in lokalen Netzen machen eine künstliche Regelung der übertragenen Datenmenge meist überflüssig.

Falls Sender und Empfänger ein einziges Übertragungsmedium nutzen und beide Seiten parallel Daten verschicken möchten, kann es sinnvoll sein, mit entsprechenden Schicht-2-Protokollen den gemeinsamen Zugriff auf das Medium zu regeln. Damit gehört auch die Zugriffsteuerung zu den Aufgaben der Schicht 2.

### Adressierung

Um in einem Netzwerk mehrere Empfänger erreichen zu können, ist eine eindeutige Identifizierung derselben unabdingbar. Innerhalb eines Schichtprotokolls werden den einzelnen Netzwerkknoten physikalische Adressen zugeordnet.

Betrachten Sie den Kopfsatz eines Schicht-2-Protokolls, so finden Sie eine so genannte *Source-* und eine *Destination-Adresse* vor, mit denen sowohl der Sender als auch der Empfänger einer Sendung auszumachen sind. Diese Adressen werden mit dem Begriff *MAC-Adressen* (***M**edia **A**ccess **C**ontrol*) bezeichnet.

Dazu finden sich noch weitere Informationen im Header, die für andere Aufgaben benötigt werden.

| Schicht-2 Header | | | Schicht-3 Daten |
|---|---|---|---|
| Source | Destination | ... | |

Schicht-2-Protokoll-Header

## Network Layer

Der *Network Layer* (*Vermittlungsschicht/OSI-Schicht 3*) ermöglicht den Austausch von Daten von Endsystem zu Endsystem über mehrere Transitsysteme. Die Hauptaufgabe dieser Schicht liegt dabei in der Wegwahl.

### Datagramm

Die aus der Schicht 4 in Empfang genommenen Datenrahmen werden in der Schicht 3 wiederum mit eigenen Protokollinformationen bestückt. Das resultierende Datenpaket wird *Datagramm* genannt.

| Schicht-3 Header | Schicht-4 Daten |
|---|---|

Schicht-3-Datenpaket-Datagram

## Routing/Wegwahl

Größere Netzwerke bestehen oft aus einer Reihe von Teilnetzen. Diese Einteilung macht Sinn, damit stark genutzte, also belastete Teile des Netzes das Gesamtnetz nicht negativ beeinflussen. Abhängig von der eingesetzten Topologie kann aber auch die Anzahl der Knoten in einem Netzwerk begrenzt sein, wodurch sich wiederum die Aufteilung in Teilnetze anbietet. Ein Weitverkehrsnetz, das mehrere LANs verbindet, besteht zwangsläufig aus mehreren Teilabschnitten.

**Hinweis**

Damit in einem solchen Verbund von Teilnetzen nicht nur Teilnehmer im eigenen Teilnetzwerk, sondern darüber hinaus auch die Anwender aus den anderen Teilabschnitten erreicht werden können, müssen die Datagramme der Schicht 3 gegebenenfalls mehrere Transitnetze durchlaufen.

Der Transport von Datagrammen von einem Netz in ein anderes und die korrekte Zustellung an den Empfänger stellt somit den Aufgabenschwerpunkt eines Schicht-3-Protokolls dar. Zu diesem Zweck werden entsprechende Protokollinformationen in den Schicht-3-Header aufgenommen.

Dazu zählt die Information über das Netzwerk und den anvisierten Knoten. Die Adresse eines Netzwerks muss, wie schon zuvor erläutert, innerhalb aller verbundenen Netze eindeutig sein. Die Adresse des Knotens wird im Network Layer funktional interpretiert. Mit anderen Worten, ein Knoten mit einer einzigen physikalischen Adresse kann mehrere logische Adressen auf der Schicht-3 besitzen.

<table>
<tr><td colspan="5">Schicht-3 Header</td><td rowspan="3">Schicht-4 Daten</td></tr>
<tr><td colspan="2">Source</td><td colspan="2">Destination</td><td rowspan="2">...</td></tr>
<tr><td>Netz</td><td>Knoten</td><td>Netz</td><td>Knoten</td></tr>
</table>

Schicht-3-Header

Ein Schicht-3-Protokoll stellt Funktionen bereit, mit deren Hilfe anhand einer logischen Netzwerk- bzw. Knotenadresse die physikalische MAC-Adresse ermittelt werden kann. Es existieren auch intelligente, sinnvolle Umkehrungen dieser Verfahrensweise, die im Modul 10 „Transportprotokolle“ detaillierter vorgestellt werden.

Anhand der Netzwerkadresse ist ein Vermittlungssystem der Schicht 3 in der Lage, eine Entscheidung hinsichtlich der Weiterleitung an ein bestimmtes Transitsystem zu treffen. In einem der nachfolgenden Module werden Sie die dazu notwendigen Schritte kennen lernen.

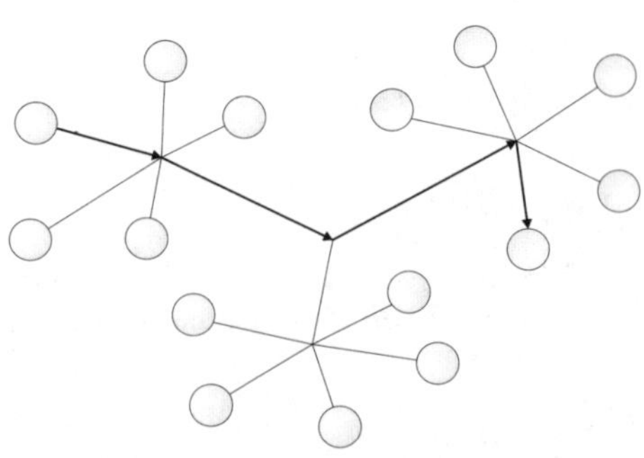

Weiterleitung von Daten durch Transitsysteme

# Transport Layer

Der *Transport Layer (Transportschicht/OSI-Schicht 4)* rundet die Aufgaben der transportorientierten Schichten des OSI-Referenzmodells ab. Ein Protokoll der Schicht 4 wandelt eine Endsystem-zu-Endsystem-Verbindung in eine Teilnehmerverbindung um. Diese Verbindungsart bezeichnet man auch als *logische Verbindung* (*logisches Multiplexing*).

## Segmentierung

Die aus der Schicht 5 empfangenen Datagramme werden in der Schicht 4 abermals mit eigenen Protokollinformationen versehen. Das entsprechende Datenpaket heißt Segment.

| Schicht-4 Header | Schicht-5 Daten |
|---|---|

Schicht-4-Datenpaket-Segment

## Verbindungsorientierung

Die OSI-Schichten 1 bis 3 arbeiten meist verbindungslos, es sei denn, die Form der Vermittlungstechnik (Leitungsvermittlung) impliziert eine Verbindung. Ein Protokoll der Schicht 4 kann einen verbindungsorientierten Dienst bereitstellen. Aus der Sicht eines Nutzers dieses Protokolls besteht eine solche Verbindung ständig. Während der gesamten Kommunikationsdauer ermöglicht sie den Datenaustausch. Real ist die Verbindung allerdings nur in dem Moment existent, in dem Daten zur Versendung bereitstehen. Sollte sich der Verbindungsaufbau verzögern, werden die anstehenden Daten entsprechend zwischengespeichert.

## Erhaltung der Sequenzreihenfolge

Ein weitere, wichtige Aufgabe ist die Gewährleistung der korrekten Reihenfolge versendeter Segmente. Es darf nicht vorkommen, dass ein Datenpaket ein anderes sozusagen überholt. In Weitverkehrsnetzen, die teilweise aufgrund von Vermaschung redundante Wege ermöglichen, besteht diese Gefahr durchaus.

Das Schicht-4-Protokoll verwaltet die Sequenzreihenfolge der Pakete, indem zu früh angekommene Datenpakete zwischengespeichert bzw. verloren gegangene Datenpakete neu angefordert werden.

## Unterstützung paralleler Prozesse

Moderne Betriebssysteme erlauben den Zugriff auf parallele Prozesse, wie den Ausdruck einer Datenbankauswertung und gleichzeitig die Bearbeitung eines Textes. Insbesondere Serversysteme bearbeiten im Auftrag mehrerer angebundener Clients viele Aufgaben parallel.

Das Schicht-4-Protokoll nimmt in diesem Rahmen die Aufgabe wahr, allen Prozessen die Chance des Zugriffs auf entsprechende Netzwerkressourcen einzuräumen. Zudem realisiert das Protokoll eine Entkopplung der Ressourcen voneinander, um z.B. eine einzige Netzwerkkarte zur gemeinsamen Nutzung zur Verfügung zu stellen.

Aber auch Systeme, die nicht direkt die Abarbeitung paralleler Prozesse unterstützen, profitieren hiervon. Soll beispielsweise eine Datei von einem Netzwerkserver in eine andere Datei auf dem gleichen Server kopiert werden, so stehen beide Dateien parallel zur Öffnung und Bearbeitung bereit.

Stünde ein entsprechendes Protokoll nicht zur Verfügung, gelte es, die Datei zuerst auf den lokalen Rechner zu kopieren, zu bearbeiten und zu schließen, um sie letztendlich zurückzukopieren.

| Schicht-4 Header | | | Schicht-5 Daten |
|---|---|---|---|
| Verbindungsnummer | Sequenznummer | ... | |

Aufbau des Schicht-4-Headers

# 3.8 Anwendungsorientierte Schichten

Den anwendungsorientierten Schichten des OSI-Referenzmodells kommt in Bezug auf die Netzwerktechnik eine eher untergeordnete Funktion zu. Oft werden diese Ebenen gemeinsam als Teile eines Anwendungsprogramms oder des Betriebssystems realisiert.

Der Vollständigkeit halber werden die Aufgaben und Funktionen der einzelnen Ebenen dargestellt, ohne jedoch an dieser Stelle in die Tiefe zu gehen. In Modul 11 „Anwendungsprotokolle" werden Sie eine Reihe von Beispielen und Standards der anwendungsorientierten Schichten kennen lernen.

## Session Layer

Der *Session Layer* (*Kommunikationsschicht/OSI-Schicht 5*) ermöglicht den Kommunikationskontakt zweier Anwendungsinstanzen. Zu den Funktionen gehört neben dem Auf- und Abbau dieser Verbindungen auch die Dialogsteuerung. So zählt etwa die Bereitstellung einer An- und Abmeldefunktion für einen Benutzer und die Verbindung mit Netzwerkressourcen zu den Aufgaben der OSI-Schicht 5.

Einem Endbenutzer kann durchaus die Gelegenheit eingeräumt werden, sich auf einer Arbeitsstation mit mehreren Sessions parallel an unterschiedliche Netzwerkserver anzubinden und dort entsprechende Dienste zu nutzen. Nach der Anbindung an die zuständigen Ressourcen ist ein Benutzer in der Lage, eine Textverarbeitung von einem Dateiserver zu starten, dort eine Datei zu öffnen, die auf einem weiteren Server liegt, und diese schließlich von einem dritten Server ausdrucken zu lassen.

Ein Protokoll dieser Schicht ergänzt die Informationen aus höheren Ebenen gleichfalls durch eigene Informationen in Form eines vorgeschalteten Headers.

## Presentation Layer

Der *Presentation Layer* (*Darstellungsschicht/OSI-Schicht 6*) setzt das System in den Stand, gemeinsame Datendarstellung (z.B. Darstellung von Zeichen, Integer, Floating-Point-Zahlen etc.) und Dateistrukturen festzulegen. Daneben ist diese Ebene für die Umwandlung in die maschinenintern verwendeten Formate zuständig.

Darüber hinaus können Funktionen wie Datenkompression oder Datenverschlüsselung von dieser Schicht wahrgenommen werden.

Wiederum wird ein Header zur Steuerung der notwendigen Aufgaben genutzt. Als Besonderheit und im Unterschied zu den anderen Schichten findet hier jedoch unter Umständen einer starke Modifikation des Datenanteils statt, beispielsweise im Zuge einer Kompression, Verschlüsselung oder Umwandlung in einen anderen Zeichensatz.

## Application Layer

Häufig trifft man auf den *Application Layer* (*Anwendungsschicht/OSI-Schicht 7*) als Bestandteil eines Anwendungsprogramms. Dann repräsentiert er den Teil der Anwendung, der für die Kommunikation mit entfernten Systemen zuständig ist.

Allgemeiner formuliert stellt eine Anwendung der OSI-Schicht 7 die Kommunikationsschnittstelle für aufsetzende Anwendungen oder den Benutzer dar. Ein Interface des Application Layers kann sehr unterschiedlich ausgeprägt sein. Es existieren einerseits direkte Benutzerschnittstellen, etwa ein Menüsystem oder eine Kommandozeile. Daneben werden Schnittstellen speziell für Anwendungsentwickler aufgebaut, in diesem Fall spricht man von einer *API* (***A**pplication **P**rogramming **I**nterface*).

## Anmerkungen

In vielen Fällen umfassen bestimmte Protokolle mehrere Schichten oder Teilschichten.

Realisiert ein einziges Protokoll mehrere OSI-Ebenen, wird für dieses Protokoll auch nur ein einziger Header erstellt. Die Generierung in den anderen betroffenen Schichten entfällt.

In der Vergangenheit wurden die ehemals herstellerspezifischen Protokolle vielfach als Vorlage für einen Standard genutzt. Aufgrund der festgelegten Schnittstellen können Geräte und Software unterschiedlicher Hersteller kombiniert werden. Es ist z. B. relativ einfach, einen PC mittels des Standardprotokolls TCP/IP mit einem Rechner der Firma SUN zu koppeln.

## Schichtabhängige Bezeichnung eines Datenpakets

Der Begriff *Datenpaket* findet allgemein Verwendung, wird jedoch, abhängig von der Schicht, unterschiedlich bezeichnet:

| | |
|---|---|
| Anwendungsorientierte Schichten : | Message |
| Transportschicht : | Segment |
| Netzwerkschicht : | Datagramm |
| Sicherungsschicht: | Frame |
| Bitübertragungsschicht : | Bits (keine Pakete!) |

# Zusammenfassung

- ✓ Sie haben gesehen, dass das OSI-Referenzmodell versucht, eine klare Aufgabenteilung der Systeme in einem offenen Kommunikationssystem festzulegen.
- ✓ Um diese Zielsetzung erfüllen zu können, wird das Kommunikationsverhalten eines Systems im OSI-Referenzmodell in sieben Schichten eingeteilt: 1. Physical Layer, 2. Data Link Layer, 3. Network Layer, 4. Transport Layer, 5. Session Layer, 6. Presentation Layer, 7. Application Layer.
- ✓ Jeder implementierten Komponente innerhalb eines Systems kommen spezifische Funktionen auf jeder Schicht des Modells zu.
- ✓ Die mit Hilfe des OSI-Modells entwickelten Protokolle und Standards ermöglichen vielfach erst den Aufbau einer heterogenen Netzwerkumgebung.

# Übungen

1. Wie nennt man ausgeschrieben das von der ISO entworfene Architektur- und Referenzmodell von 1983?

2. Zur Kommunikation ist eine Einigung auf Vorschriften unerlässlich. Wie bezeichnet man solche Kommunikationsvorschriften in der Netzwerktechnik?

3. Wie nennt man die technische Grundlage in der Netzwerktechnik für die Nutzung eines Protokolls? Bitte geben Sie sowohl den englischen als auch den deutschen Begriff an.

4. In welchen zwei Formen können diese technischen Grundlagen vorkommen?

5. Das OSI-Referenzmodell unterteilt ein System in insgesamt sieben Schichten. Zwischen welchen zwei großen Gruppen wird dabei unterschieden?

6. Bitte vervollständigen Sie die Tabelle um die deutschen Übersetzungen:

| | | |
|---|---|---|
| 7 | Application Layer | |
| 6 | Presentation Layer | |
| 5 | Session Layer | |
| 4 | Transport Layer | |
| 3 | Network Layer | |
| 2 | Data Link Layer | |
| 1 | Physical Layer | |

7. Auf welcher Schicht des OSI-Referenzmodells wird normalerweise nur Hardware benötigt?

8. Bei einem Telefongespräch kann man zwischen verschiedenen Ebenen der Kommunikation unterscheiden. Welches Element liegt dabei in der Hierarchie ganz unten?

9. Eine direkte Kommunikation findet bei dem Beispiel des Telefongesprächs nur auf der untersten Ebene statt. Die Kommunikation zwischen zwei gleichgeordneten Schichten zweier unterschiedlicher Systeme findet lediglich in einer ____________________ statt. Bitte ergänzen Sie den fehlenden Begriff.

10. Mit wie vielen weiteren Schichten kann eine Schicht des OSI-Referenzmodells kommunizieren?

11. Jede Schicht stellt der darüber liegenden Schicht Dienste zur Verfügung bzw. nutzt selbst die Dienste der darunter liegenden Schicht. Welche Schicht bildet eine Ausnahme von dieser Regel?

**12.** Die transportorientierten Ebenen des OSI-Referenzmodells werden in vier Schichten aufgeteilt. Bitte nennen Sie die zweite Schicht sowohl in ihrer englischen als auch deutschen Bezeichnung.

**13.** Die Definition von notwendigen physikalischen Schnittstellen ist Aufgabe eines OSI-1-Standards. Dazu gehören etwa die ____________________ bei Stecker und Buchsen. Bitte ergänzen Sie den fehlenden Begriff.

**14.** Wofür werden die empfangenen Daten der OSI-Schicht 1 auf der OSI-Schicht 2, dem Data Link Layer, zusammengefasst?

**15.** Unter welchen Bedingungen ist der Einsatz von kleineren Data Frames sinnvoller als der von großen Data Frames?

**16.** Wie nennt man ein einfaches Verfahren zur Fehlerkorrektur auf der OSI-Schicht 2?

**17.** In bestimmten Situationen kann es durchaus sinnvoll sein, keine Fehlerkorrektur zu implementieren. Bitte nennen Sie ein Beispiel.

**18.** Unter Zuhilfenahme welcher Methoden kann der Empfänger auf der OSI-Schicht 2 einen empfangenen Frame auf Fehler überprüfen?

**19.** Ein Schicht-2-Protokoll sendet abgesicherte Daten in folgender Reihenfolge an das darunter liegende Schicht-1-Element: Header – Trailer – Daten. Ist diese Aussage richtig?

**20.** Wann ist eine Flusskontrolle bzw. Flusssteuerung notwendig?

**21.** Zu welchem Begriff werden die so genannten *Source-* und *Destination-Adressen*, wie in der Abbildung gezeigt, zusammengefasst?

| Schicht-2 Header | | | Schicht-3 Daten |
|---|---|---|---|
| Source | Destination | ... | |

**22.** Welche zwei Hauptaufgaben kennzeichnet das Schicht-3-Protokoll des OSI-Referenzmodells?

**23.** Aus welchen Bereichen setzt sich ein Datagramm zusammen? Zeigen Sie dies bitte an einer Zeichnung.

**24.** Größere Netzwerke bestehen häufig aus mehreren Teilnetzen. Damit in einem solchen Verbund verschiedene Teilnehmer mit Teilnehmern anderer Netze kommunizieren können, werden entsprechende Protokollinformationen in den Schicht-3-Header aufgenommen. Um welche Informationen handelt es sich hierbei?

**25.** Mit Hilfe eines Protokolls wird aus einer End-zu-Endsystem-Verbindung eine Teilnehmerverbindung. Wie heißt die Schicht des OSI-Referenzmodells, auf der diese Aufgabe ausgeführt wird?

**26.** Die aus der Schicht 3 empfangenen Daten werden in der Schicht 4 mit eigenen Protokollinformationen versehen. Wie nennt man das resultierende Datenpaket?

**27.** Ein Kriterium für die Verbindungsorientierung der Schicht 4 ist die Erhaltung der Sequenzreihenfolge der versendeten Datenpakete. Welche Möglichkeit hat das Protokoll dieser Schicht, falls ein Datenpaket durch ein anderes überholt wird?

**28.** Wie ist ein Schicht-4-Header aufgebaut? Bitte zeichnen Sie eine Skizze.

**29.** Wie werden oft die anwendungsorientierten Schichten des OSI-Referenzmodells realisiert?

**30.** Wie nennt man die Schicht des OSI-Referenzmodells, die neben dem Auf- und Abbau von Verbindungen auch die Dialogsteuerung übernimmt?

**31.** Welche Funktionen werden durch den Presentation Layer, die sechste OSI-Schicht, wahrgenommen?

**32.** Wie nennt man die OSI-Schicht, die für die Kommunikation mit entfernten Systemen zuständig ist?

**33.** Wie bezeichnet man die Schnittstellen der OSI-Schicht 7, die speziell für Anwendungsentwickler aufgebaut werden?

**34.** Welchen Vorteil bietet ein Protokoll, das auf mehreren OSI-Ebenen verwendet werden kann?

**35.** Bitte nennen Sie ein Beispiel für solch ein Protokoll.

**36.** Der Begriff *Datenpaket* wird allgemein verwendet, besitzt aber in Abhängigkeit von der OSI-Schicht verschiedene Namen. Bitte nennen Sie die Namen in den folgenden Schichten : Transportschicht, Netzwerkschicht, Sicherungsschicht und Bitübertragungsschicht.

Die Lösungen zu diesen Aufgaben finden Sie im Anhang des Co@ches.

# Modul 4

## Netzwerk-topologien

Im Laufe der Zeit sind viele unterschiedliche Formen von Netzwerken entstanden. Bei der Klassifikation von Netzwerken hilft eine grobe Einteilung nach zwei speziellen Eigenschaften. Die eine leitet sich aus der Betrachtung eines Netzwerks unter physikalischen Gesichtspunkten (Verkabelung) ab, die andere aus der Untersuchung der Softwarestruktur. In diesem Modul werden Sie die erste Eigenschaft, die Netzwerktopologie, kennen lernen. Nach Bearbeitung dieses Moduls sind Sie in der Lage, mit Hilfe bestimmter, im Folgenden erläuterter Begriffe eine Klassifikation von Netzwerken hinsichtlich ihrer Topologie vorzunehmen. In späteren Modulen wird dann der zweite Begriff analysiert, der einer Systematisierung von Netzwerken dient: das Protokoll.

**Lernen Sie**

- welche Rolle Knoten und Verbindungen in einem Netzwerk spielen
- was unter einer Ringtopologie zu verstehen ist
- nach welchen Kriterien eine sternförmige Verkabelung im topologischen Ring aufgebaut ist
- die Struktur einer Sterntopologie kennen
- den Aufbau einer Bustopologie zu verstehen
- wie eine Baumtopologie strukturiert ist
- wie ein Maschennetz funktioniert
- Beispiele für drahtlose Vernetzungen kennen
- die Begriffe *Diffusions-* und *Teilstreckennetz* in dem Umfeld topologischer Netzwerkklassifikationen einzuordnen und gegeneinander abzusetzen

## 4.1 Topologie

Eine *Topologie* beschreibt den physikalischen Aufbau des Netzes, d.h. die Verbindung der Netzwerkknoten untereinander. Die Hauptkomponenten des technischen Aufbaus, wie Kabel, Stecker, Adapter und ähnliches, werden Ihnen in diesem Modul noch im Einzelnen vorgestellt.

## 4.2 Knoten und Verbindung

Betrachten Sie die Bestandteile eines Netzwerks: Bezogen auf die Topologie wird zwischen *Knoten* (*Nodes*) und *Verbindungen* (*Connections*) unterschieden.

### Netzwerkknoten

Als *Netzwerkknoten* wird ein speziell für die Vermittlung und Übertragung von Daten entwickeltes Datenverarbeitungssystem bezeichnet.

Beispiele für Knoten sind etwa:

- Arbeitsstationen
- Datenverarbeitungsanlagen
- zentrale Großrechner
- Netzwerkserver
- Gateways
- aktive Vermittlungsknoten (z.B. Repeater, Bridges, Router, Hubs)
- passive Vermittlungsknoten (z.B. Leitungs-Splitter, passive Hubs)
- Drucker mit direktem Netzwerkanschluss
- bei weniger strenger Definition: alle Geräte, die Daten senden und/ oder empfangen

Manchmal wird noch ein weiteres Element erwähnt: Endgeräte, d.h. Systeme, die in erster Linie der Datenverarbeitung dienen und damit nicht unbedingt obiger Definition für Netzwerkknoten entsprechen. Diese Systeme senden und/oder empfangen Daten, vermitteln aber keine Daten für andere Systeme. Sie müssen mit einem echten Netzwerkknoten in Verbindung stehen. Häufig ist eine strenge Unterscheidung zwischen vermittelnden Systemen und rein sendenden/empfangenden Systemen unnötig. In diesem Fall werden Endgeräte der Einfachheit halber als Netzwerkknoten dargestellt.

> **Hinweis**
> Bei einer sehr strengen Auslegung des Begriffs *Knoten* werden lediglich die Komponenten eines komplexen Systems (z.B. eines PCs) so bezeichnet, die aktiv die Verbindung zum Netzwerk herstellen. In PCs übernehmen meist Netzwerkkarten diese Aufgabe.

### Verbindung

Unter einer *Verbindung* versteht man die physikalische Verknüpfung zwischen Knoten in einem Netzwerk. Die meisten Knoten sind sicherlich über Kabel (z.B. Koaxialkabel, Glasfaserkabel, verdrillte Kupferleitung) miteinander verbunden. Daneben existieren weitere, drahtlose Verbindungsarten, wie etwa WirelessLAN, Richtfunkstrecken, Satellitenverbindungen oder die Infrarotverbindung.

## 4.3 Grundtopologien

Die im Folgenden erläuterten Grundtopologien bestimmen mit ihren spezifischen Eigenschaften den weiteren Aufbau eines Netzwerks. Ihre historische Entwicklung verlief weitestgehend parallel. Die Entscheidung für oder gegen eine bestimmte topologische Struktur hängt von verschiedenen Voraussetzungen (Kostenrahmen, Vertragspartner, Netzwerkprotokoll) ab.

# 4.4 Ring

Innerhalb der *Ringtopologie* hat jeder Knoten einen definierten Vorgänger und Nachfolger. Der Datentransport findet in einer bestimmten Richtung von Knoten zu Knoten statt.

Wichtig ist hierbei, dass das Netz sozusagen „durch“ jeden Knoten verläuft. Die zu versendenden Daten müssen im Extremfall n – 2 Knoten durchlaufen, wobei n die Anzahl der Knoten des Rings angibt.

Aus der Abbildung geht ein klarer Nachteil der reinen Ringtopologie hervor: Der Ausfall eines Knotens oder einer Verbindung legt den kompletten Ring lahm, deshalb gibt es in der Praxis verschiedene Auslegungen.

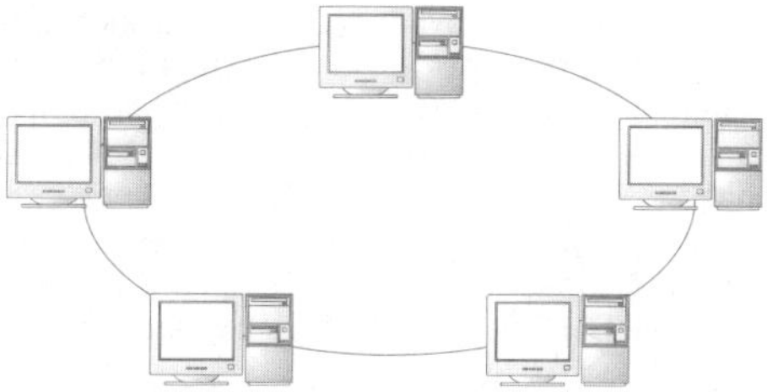

Ringtopologie

## Sternförmige Verkabelung im topologischen Ring

In der sternförmigen Verkabelung trifft man auf die wohl bekannteste Auslegung der Ringtopologie. Diese Verkabelungsform findet etwa im IBM-Token Ring Verwendung. Hier wird der Ring über eine zentrale Komponente geführt, den *Ringleitungsverteiler*, auch *MAU* (***M**edia **A**ttachment **U**nit*) genannt. Eine Logik innerhalb des Ringleitungsverteilers ermöglicht es, einen Netzwerkknoten unproblematisch in den Ring ein- bzw. aus dem Ring auszukoppeln und somit einen funktionsuntüchtigen Knoten zu übergehen. Dabei spricht eine Steuerspannung aus dem Knoten ein Relais im Ringleitungsverteiler an, um einen Knoten einzukoppeln. Bei Ausfall des Knotens, z.B. durch Abschalten, wird das Relais nicht mehr mit Strom versorgt und schaltet damit den Knoten wieder aus dem Ring.

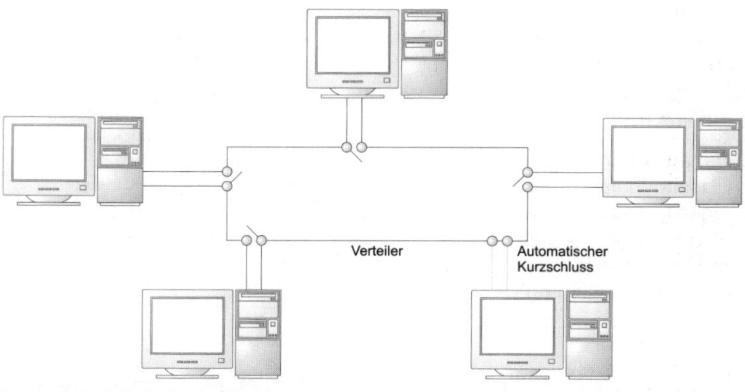


Sternverkabelung im Token Ring

**Hinweis**

Bitte beachten Sie, dass es sich bei der oben genannten Verbindungsart lediglich um eine fehlertolerante Auslegung der Ringtopologie handelt, auch wenn die sternförmige Struktur des IBM-Token Ring etwas anderes vermuten lässt. Im topologischen Sinn ist der Token Ring ein Ring.

## Doppelter Ring

Der *doppelte Ring* stellt eine weitere in der Praxis eingesetzte Abwandlung der reinen Ringtopologie dar. Zwei Ringe werden parallel verlegt, wobei lediglich einer der beiden im Normalbetrieb als Datenweg dient. Der zweite Ring kommt im Falle der Fehlfunktion einer Teilstrecke des ersten als Redundanz zum Einsatz.

Die beiden Ringe sollten räumlich getrennt voneinander verlegt werden, um die Gefahr der Beschädigung beider Strecken gleichzeitig durch bauliche Maßnahmen so gering wie möglich zu halten. Die Auslegung des Backup-Rings (Ersatzweges) mit einer geringeren Datenübertragungsrate macht unter Umständen aus Kostengründen Sinn, hängt jedoch vom Einzelfall ab.

Neben seiner Funktion als Backup-Ring ist auch eine Nutzung des Parallelweges zur Steigerung des Datendurchsatzes denkbar.

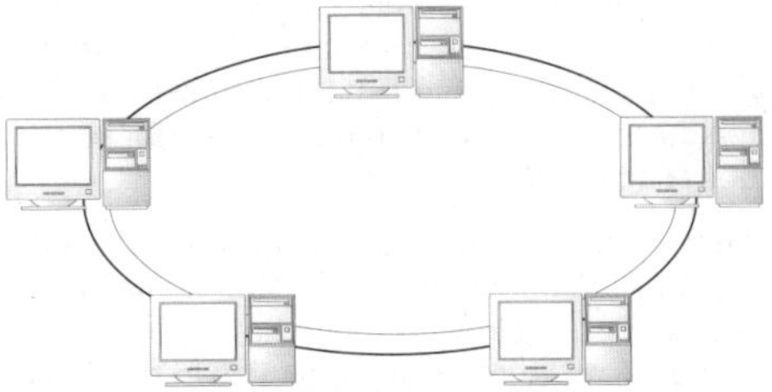

Doppelter Ring

# 4.5 Stern

Im Gegensatz zum Ring liegen die Arbeitsstationen (Knoten) in der *Sterntopologie* nicht in einer Reihe, sondern sind über einen zentralen Knoten verbunden. Als Knoten fungiert die Datenverarbeitungsanlage, etwa der zentrale Großrechner, oder aber ein reiner Vermittlungsknoten, der *Sternverteiler*.

Ein gravierender Nachteil dieser Lösung ist, dass der Ausfall des Zentralknotens die gesamte Funktionalität des Sterns unterbricht. Das Versagen anderer Knoten wirkt sich dagegen kaum auf den Gesamtablauf aus.

In Netzen mit hohem Datenaufkommen kann der zentrale Knoten zum Flaschenhals werden, denn seine Leistungsfähigkeit bestimmt die Leistung des gesamten Netzes mit. Anders als in einer Ringstruktur müssen die Daten im Stern höchstens einen Zwischenknoten durchlaufen.

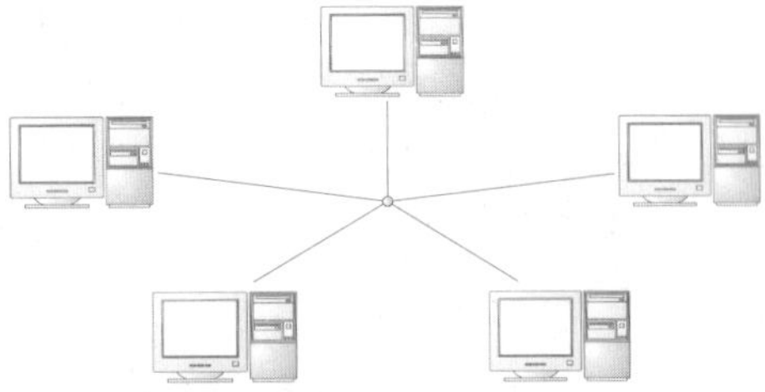

Stern

**Hinweis**

Aus diesem technischen Unterschied muss sich nicht unbedingt eine höhere Verarbeitungsgeschwindigkeit ableiten. Da die zentrale Komponente für die Weiterleitung der Daten an bestimmte Knoten zuständig ist, ergibt sich bei sehr vielen Knoten eine starke Belastung an dieses Element; in einer Ringtopologie hingegen verteilt sich diese Aufgabe gleichmäßig auf alle Knoten.

Die meisten Implementierungen (technischen Umsetzungen) eines Sterns basieren auf einfachen Verbindungswegen, d.h., sowohl für das Senden als auch für den Empfang von Daten wird das gleiche Kabel genutzt. Hierfür sprechen hauptsächlich ökonomische Gründe.

## 4.6 Bus

In einer *Bustopologie* liegen alle Knoten, über Transceiver oder Steckerverbindungen angeschlossen, an einem gemeinsamen Medium. Die Signale der einzelnen Netzwerkknoten werden auf das Zentralkabel ausgestrahlt und können von allen anderen Knoten empfangen werden.

Da die einzelnen Stationen nur an- und nicht in das System eingehängt werden, wirkt sich der Ausfall einer Station nicht negativ auf die Funktionstüchtigkeit des Gesamtnetzes aus. Allerdings sind die Knoten oft passiv, sie senden selbst keine empfangenen Signale weiter. Somit findet in einer Bus-Netzkommunikation keine Signalregenerierung statt. Der Signaltransport läuft Gefahr, auf der Gesamtstrecke des Zentralmediums einfach „auszulaufen“ und sein Ziel niemals zu erreichen.

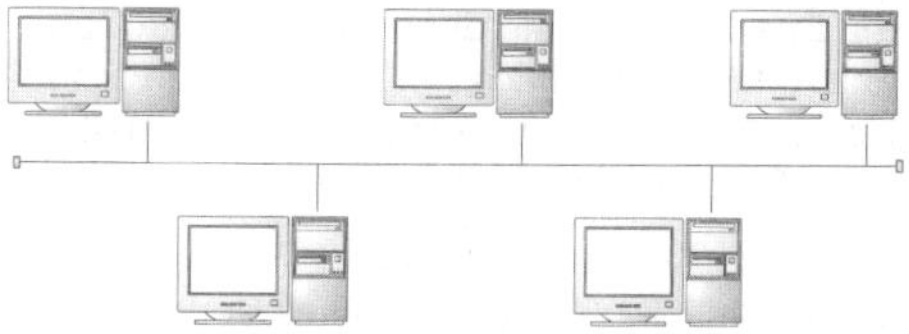

Bus

Folglich ist die maximale Buslänge – abhängig vom verwendeten Kabel – beschränkt. Alle Knoten hören ständig den Bus ab, um an sie adressierte Daten auszufiltern. Kabelfehler oder auch Unterbrechungen lassen sich in einem Busnetz nur schwerlich finden.

**Hinweis**

In einem späteren Abschnitt werden Sie lernen, dass die Buslänge daneben von anderen Faktoren, wie etwa dem eingesetzten Zugriffsverfahren abhängig ist.

All diese Faktoren sprechen gegen die Wahl einer Bustopologie, die ein hohes Risiko für Datenverluste in sich birgt.

**Hinweis**

Auf dieses Für und Wider unterschiedlicher Ansätze stoßen Sie in der Auseinandersetzung mit dem vielschichtigen Thema Netzwerktechnik immer wieder. Deshalb soll an dieser Stelle ein Grundgedanke formuliert werden, den Sie im Laufe der weiteren Lektüre stets im Hinterkopf behalten sollten: Der eine richtige Weg zum Ziel existiert nicht. Ein Netzwerk intelligent zu konzipieren, bedeutet vor allem, mögliche, voneinander abweichende Lösungen mit ihren Vor- und Nachteilen genau zu kennen und situationsbezogen gegeneinander abzuwägen. Ist die Entscheidung für einen bestimmten Weg gefallen, gilt es, die entsprechenden Risikofaktoren gezielt auszuschalten.

Der Bus findet, ebenso wie der Ring und der Stern, häufig in lokalen Netzen, so genannten *LANs* (*Local Area Network*), Verwendung. Die wahrscheinlich bekannteste Netzart, das Ethernet mit seinen Varianten Thick und Thin Ethernet, zählt zu den Bustopologien.

## Baum

Die *Baumtopologie*, im Grunde eine Erweiterung der Sterntopologie, besitzt eine hierarchische Struktur.

Großrechnernetze sind vielfach als Baum organisiert. Auf der obersten Ebene befindet sich der *Mainframe* (Großrechner). Auf der untersten Ebene finden Sie die Endgeräte wie Terminals und Drucker. Die mittlere Ebene wird mit Datenübertragungsvorrechnern oder Multiplexern (Cluster-Controllern) besetzt.

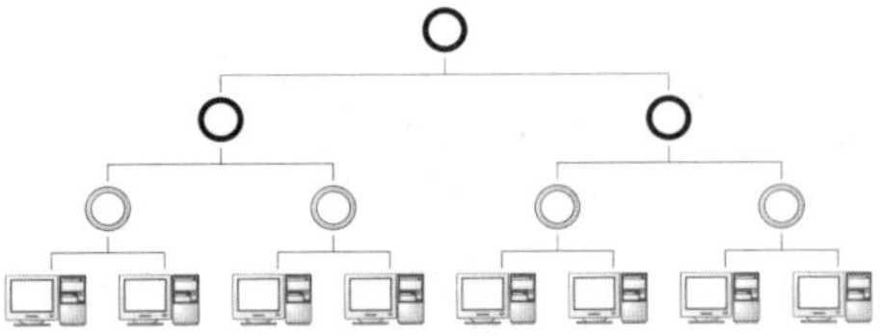

Baum

Auch das ARCNet, ein von der Firma Datapoint entwickeltes LAN, zählt zu den klassischen Baumstrukturen. Heute findet es in seiner ursprünglichen Form kaum mehr Verwendung.

Die Baumstruktur ist leicht erweiterbar und eignet sich daher besonders für komplexe Netze.

Der Ausfall bestimmter Knoten oder Verbindungen blockiert aber unter Umständen ganze Äste des Baumes.

# 4.7 Maschen

In einem *Maschennetz* sind die Knoten über Punkt-zu-Punkt-Verbindungen miteinander verbunden. Wäre jeder Knoten mit jedem anderen verknüpft, läge ein so genannter *vollständiger Graph (Verbund)* vor. Der vollständige Graph stellt jedoch nur ein theoretisches Modell dar, in der Praxis kommt er nicht vor.

Das Maschennetz ist eine typische Topologie für so genannte *Weitverkehrsnetze*, wie etwa das öffentliche Telefonnetz.

Innerhalb einer Maschentopologie erreichen Nachrichten normalerweise über eine Reihe von Zwischenknoten den Empfänger. Die Erzielung eines optimalen Datenflusses und akzeptable Laufzeiten kristallisieren sich als kritische Punkte dieses Aufbaus heraus.

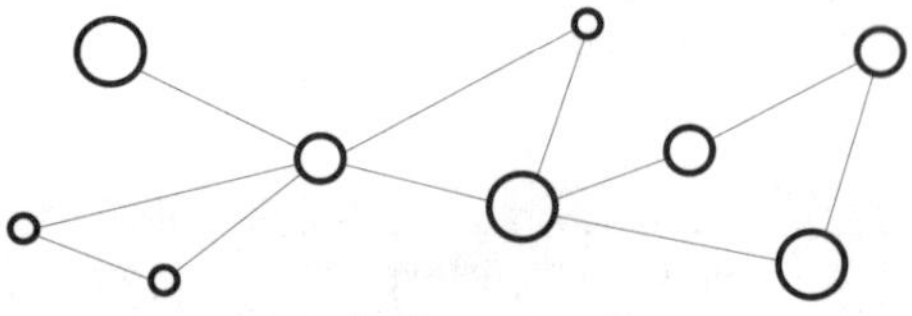

Maschennetz

Da es in Maschennetzen durchaus unterschiedliche Wege von einem Sender zu einem Empfänger geben kann, stellt die Installation besondere Anforderungen an die Wahl des Datentransportweges auf Protokollebene, um Probleme effektiv zu vermeiden.

Hinweis

Spezielle Vorkehrungen, etwa in Form von Vermittlungssoftware auf den Vermittlerknoten, müssen getroffen werden. Mehr dazu erfahren Sie im Modul 10 „Transportprotokolle".

Ein klarer Vorteil der Vermaschung ist die theoretisch beliebig erweiter- und ausdehnbare, ausgesprochen flexible Struktur. Abhängig von der Verbindungsdichte im Maschennetz stehen in der Regel beim Ausfall von Knoten oder Verbindungen alternative Wege zur Verfügung.

Vermaschung wird nicht nur auf der untersten physikalischen Ebene eingesetzt, sondern auch auf höheren Ebenen (des OSI-Modells) oder in größeren Zusammenhängen, z.B. durch die Verbindung von gegebenenfalls verschiedenen Topologien mittels Routern.

Im Folgenden sehen Sie als Beispiel für die oben angesprochene Flexibilität zwei Varianten einer Vermaschung, die auf schon bekannten anderen Grundtopologien aufbauen: den „verknüpften" Stern (Stern) und eine ringförmige Teilvermaschung (Ring).

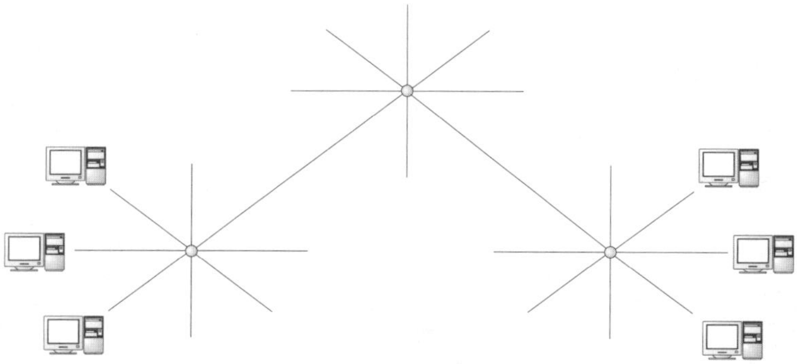

„Verknüpfte" Sterne

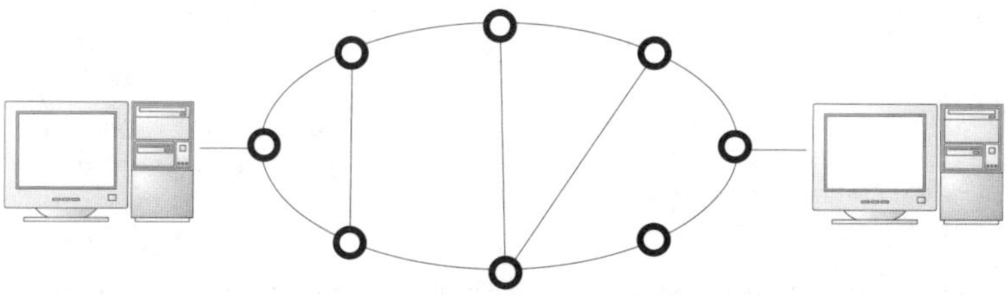

Ringförmige Teilvermaschung

Hinweis

In der Praxis gehören Netze häufig nicht nur einer Grundtopologie an, sondern sind eine Kombination mehrerer Topologien. Es ist nicht einheitlich geregelt, welche Topologien wirklich die Grundtopologien vertreten. So wird manchmal die Baumtopologie als Erweiterung der Sterntopologie aufgefasst.

# 4.8 Drahtlose Netze

In dieser topologischen Spielart stehen die Knoten sozusagen „verbindungslos“ miteinander in Verbindung. Anders ausgedrückt: Der Kommunikationsweg zwischen Knoten in drahtlosen Netzen ist körperlich nicht greifbar.

Die Funktionsweise eines solchen Netzes kann sehr unterschiedlich aussehen. Je nach Technik wird jede Sendung vom Adressaten direkt empfangen (z.B. Fernsehen oder Rundfunk) oder aber die Nachricht wird über eine Zwischenstation geleitet (z.B. Richtfunk).

Die Mobilität der Knoten oder zumindest Endgeräte spricht für den Aufbau drahtloser Netze.

Im Rahmen der Bürokommunikation stehen hier kostengünstige Systeme bereit, die insbesondere mobile Endgeräte (Notebook oder PDA) einfach in ein bestehendes Netzwerk integrieren können. Daneben stehen auch die öffentlichen drahtlosen Netze mit der bevorstehenden Einführung von UMTS vor einem Innovationssprung.

Insbesondere die drahtlosen Übertragungssysteme werden zurzeit mit Hochdruck weiterentwickelt. Hierbei existieren zwei Grundströmungen, die verschiedene Bereiche abdecken:

## Wireless LAN Systeme

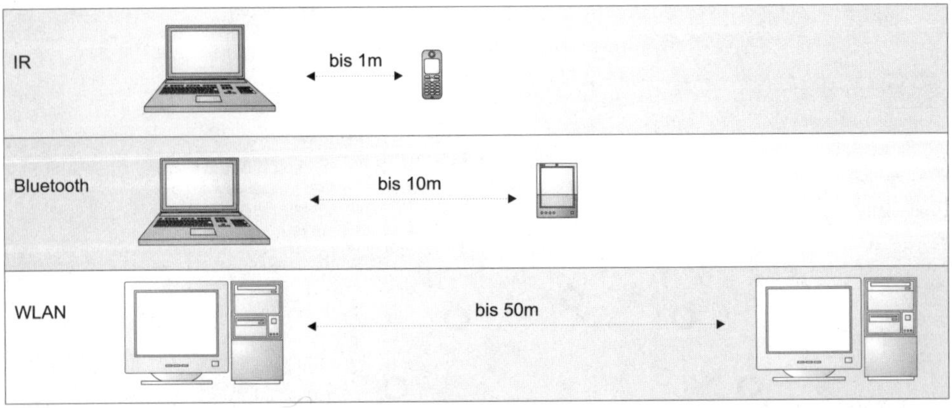


Drahtlose Übertragungssysteme als LAN-Ersatz und -Erweiterung

Die Nutzung von Infrarot zur Datenübertragung z.B. an einen Drucker oder auch die Übertragung vom Notebook zum Handy ist schon seit einiger Zeit eingeführt. Der zugehörige Standard (*IrDA*) ermöglicht die Kompatibilität zwischen Geräten unterschiedlicher Hersteller.

Nachteilig bei der Infrarotübertragung sind die kurze Reichweite von in der Regel ca. 1 m und die Probleme, die sich bei starkem Umgebungslicht ergeben. Das Übertragungssystem Bluetooth basiert auf einer Funkübertragung und wurde von Mobiltelefon-Herstellern eingeführt, um Handys mit einem PC oder anderen Geräten (z.B. Headsets) zu verbinden.

Das so genannte *Wireless LAN* tritt mittels Funkdatenübertragung zu den etablierten kabelbasierten Systemen in Konkurrenz. Die Übertragungsraten sind allerdings zurzeit noch ca. um den Faktor 10 bis 100 unter den im LAN-Bereich gewohnten Raten. Allerdings ist zu erwarten, dass die Zukunft genau diesen Systemen gehört.

## Drahtlose Netze im WAN Bereich

In den öffentlichen Netzen sind seit einiger Zeit verschiedene kabellose Übertragungsverfahren etabliert. Satellitenübertragung und Richtfunkstrecken dienen in der Regel netzinternen Zwecken, wenn man z.B. vom Satellitenfernsehen absieht.

Das GSM-Netz und in Zukunft auch das UMTS-Netz decken mit Hilfe einer zellenbasierten Struktur die Kommunikationsansprüche mobiler Anwender. Diese Netze sind die Basis für mobile Telefonie und Datenübertragung.

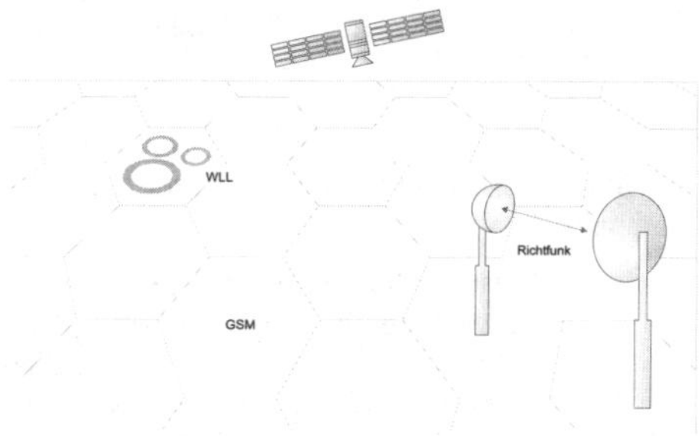

Drahtlose Netze im WAN-Bereich

Die *WLL* (***W**ireless **L**ocal **L**oop*) sind kleine Funknetze, die kleinere Zonen abdecken und hier eine Alternative für die kabelbasierte Anbindung an öffentliche WANs bieten. Einer solcher Loop kann etwa einen Häuserblock, ein Hotel oder einen Flughafen abdecken und dort Anwendern einen Zugang z.B. zu Telefonie oder Internet bieten.

# 4.9 Diffusions-/Teilstreckennetz

Die topologische Struktur eines Netzes bestimmt die Art der Datenübermittlung. Hinsichtlich der Übermittlung von Daten wird zwischen zwei Netz-Kategorien unterschieden, den *Diffusionsnetzen* und den *Teilstreckennetzen*.

## Diffusionsnetz

In einem *Diffusionsnetz* sind alle Stationen an ein gemeinsames Medium angeschlossen. Gesendete Nachrichten breiten sich daher im gesamten Netz aus. Diese Eigenschaft stand auch Pate bei der Namensgebung: Das lateinische Wort „diffusio" bedeutet Zerstreuung, Vermischung, Durchdringung.

Die passiven Knoten einer auf Diffusion aufbauenden Struktur hören das Zentralmedium ständig auf Nachrichten ab. Nur so können sie die an ihre Adresse gerichteten Daten aus dem großen Pool von Nachrichten herausfiltern.

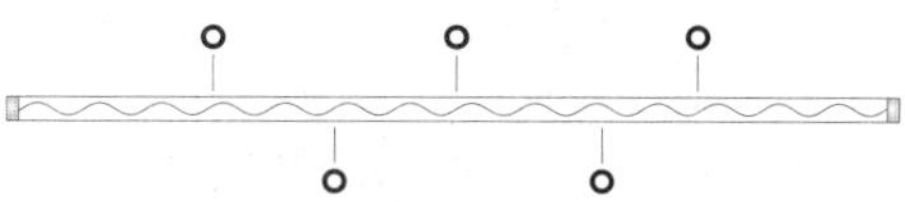
Beispiel für die Informationsübermittlung im Diffusionsnetz

Zu den Diffusionsnetzen zählen die Busnetze sowie einige drahtlose Netze (z.B. der öffentliche Rundfunk).

## Teilstreckennetz

In einem *Teilstreckennetz* gelangen die Nachrichten über eine oder mehrere Teilstrecken vom Sender zum Empfänger, es entstehen Zwischenknoten. Die einzelnen Knoten nehmen aktiv an der Weiterleitung von Daten teil. Jeder Knoten bildet den Anfang bzw. das Ende mindestens einer Teilstrecke.

Klassische Beispiele für Teilstreckennetze sind das Maschennetz und das Ringnetz. Daneben gehören auch einige drahtlose Netze wie die Mikrowellenübertragung und der Richtfunk in diese Kategorie.

Ein Sternnetz könnte in beiden Formen organisiert sein:

- Als Diffusionsnetz sendet ein aktiver oder passiver Verteiler in der Sternmitte alles, was er empfängt, aus allen anderen Anschlüssen heraus. Die komplette Nachricht wird so im Netz verbreitet.
- Als Teilstreckennetz sendet ein zentraler Knoten im Stern die Daten nur an die gewünschten Empfänger.

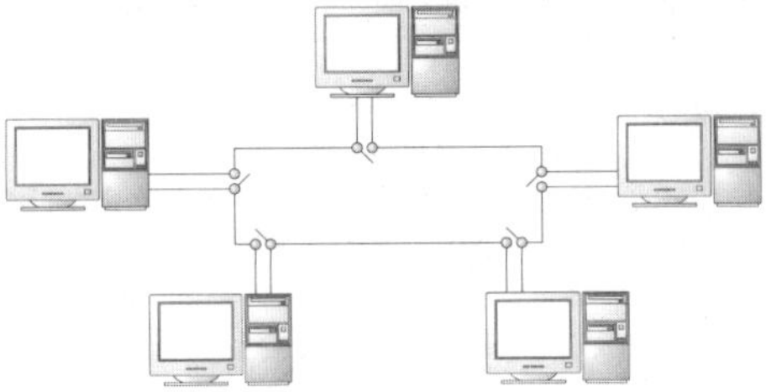

Beispiel für die Informationsübermittlung im Teilstreckennetz (Token Ring)

## Gegenüberstellung

| Diffusionsnetz | Teilstreckennetz |
|---|---|
| Passive Knoten | Aktive Knoten |
| Die Entfernung zwischen den Knoten muss begrenzt ausgelegt werden, da keine Signalregenerierung durch Zwischenknoten stattfindet; jeder Knoten erreicht jeden anderen direkt über das gemeinsam genutzte Medium. | Theoretisch beliebige Entfernung beim Einsatz einer entsprechend hohen Anzahl von Zwischenknoten. |
| Stationenzahl ist begrenzt:<br>a) physikalisch durch die maximale Ausdehnung des Zentralmediums.<br>b) auf dem gemeinsam genutzten Medium kann sich jeweils nur eine Nachricht befinden. | Stationenzahl kann begrenzt sein. So darf beispielsweise im Ringnetz, je nach Auslegung, nur ein Knoten senden. Es ist aber auch eine unbegrenzte Konzeption denkbar, z. B. im Maschennetz. Hier können mehrere Stationen gleichzeitig senden, wenn es keine gemeinsame Teilstrecke gibt oder der Zwischenknoten Pakete zwischenspeichern kann, bis die Teilstrecke erneut freigegeben wird. |

| Diffusionsnetz | Teilstreckennetz |
|---|---|
| Hauptverzögerung: Warten auf den Zugriff zum gemeinsamen Medium.<br>Bei der Leitungsvermittlung hängt die Geschwindigkeit der Datenübermittlung vom Aufbau der Leitung ab.<br>Bei anderen Vermittlungen entscheidet<br>• die Wegewahl<br>• die Möglichkeit zur Zwischenspeicherung auf Vermittlungsknoten<br>• die Signalregenerierung bzw. die Kontrolle der Datenpakete (Stichwort: Prüfsumme) auf den Vermittlungsknoten. | Verzögerung abhängig von der Vermittlungstechnik. |
| Kontrolle der Übertragung (Übertragungsfehler, Handshake) direkt zwischen dem Sender und dem Empfänger. | Kontrolle der Übertragung meist auf jeder Teilstrecke. |
| Redundanz normalerweise nicht realisierbar. | Redundanz leichter realisierbar, insbesondere beim Maschennetz. |
| Übertragungsweg kann vollständig passiv sein/ Höhere Ausfallsicherheit. | Übertragung enthält aktive Komponenten, die ausfallen können. |

## Zusammenfassung

- ✓ Sie haben in diesem Modul die verschiedenen Topologien von Netzwerken kennen gelernt: den Ring, den Bus, den Stern, den Baum, das Maschennetz und drahtlose Netze. Die Ringtopologie und der Bus sind insbesondere in lokalen Netzen anzutreffen.
- ✓ Anhand einer topologischen Klassifizierung können Fehler in Netzwerken leichter lokalisiert und behoben werden.
- ✓ Die Datenübertragungsart – wie Teilstrecke oder Diffusion – beeinflusst oft ganz wesentlich die Art des Netzwerkprotokolls, wie Sie an anderer Stelle sehen werden.

## Übungen

1. Was beschreibt eine Netzwerktopologie?
2. Welche Bestandteile eines Netzwerks werden in Bezug auf seine Topologie unterschieden?
3. Was wird als Netzwerkknoten bezeichnet?
4. Nennen Sie fünf Beispiele für Netzwerkknoten.

# Übungen

**5.** Was versteht man unter einer Verbindung in einem Netzwerk?

**6.** Welche Verbindungsarten existieren neben der üblichen Form des Kabels? Gesucht wird hier den Oberbegriff.

**7.** Die historische Entwicklung der Grundtopologien verlief weitestgehend ____________________. Bitte vervollständigen Sie den Satz.

**8.** Was stellt die folgende Abbildung dar?

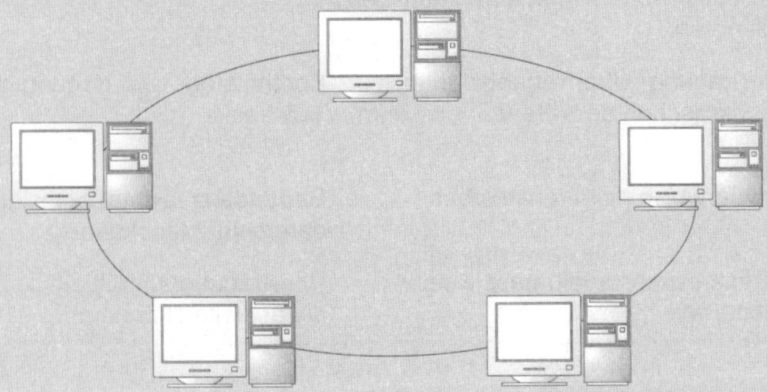

**9.** Worin besteht der wesentliche Nachteil der reinen Ringtopologie?

**10.** Wie heißt die bekannteste Variante der Ringtopologie und wo findet sie Verwendung?

**11.** Wie wird die zentrale Komponente im IBM-Token Ring genannt?

**12.** Der IBM-Token Ring ist eine ____________________ Auslegung der Ringtopologie. Bitte vervollständigen Sie den Satz.

**13.** Was stellt die folgende Grafik dar?

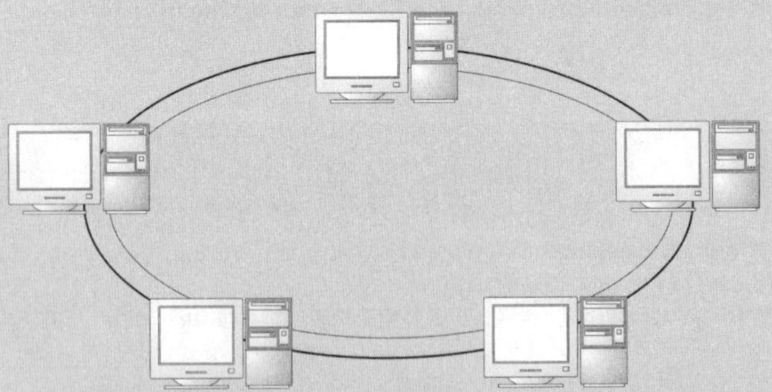

**14.** Die beiden Ringe sollten räumlich getrennt voneinander verlegt werden, um was zu vermeiden?

# Übungen

**15.** Welcher Ring wird im doppelten Ring als Datenübertragungsmedium genutzt?

**16.** Welche Einsatzmöglichkeiten bietet der zweite Ring innerhalb eines doppelten Rings?

**17.** Als Knoten innerhalb einer Sterntopologie fungieren entweder die ____________________, etwa der zentrale Großrechner, oder aber ein reiner ____________________, der Sternverteiler. Bitte ergänzen Sie den Satz.

**18.** Zeichnen Sie eine schematische Skizze des topologischen Sterns.

**19.** Nennen Sie den gravierendsten Nachteil innerhalb eines Sterns.

**20.** In Netzen mit hohem Datenaufkommen kann der zentrale Knoten zum ____________________ werden, seine Leistungsfähigkeit bestimmt die Leistung des gesamten Netzes mit. Bitte vervollständigen Sie den Satz.

**21.** Wie viele Zwischenknoten müssen die Daten im Gegensatz zur Ringstruktur im Stern höchstens durchlaufen?

**22.** Warum basieren die meisten Implementierungen (technischen Umsetzungen) eines Sterns auf einfachen Verbindungswegen?

**23.** Welche Grundtopologie entspricht folgendem Schema?

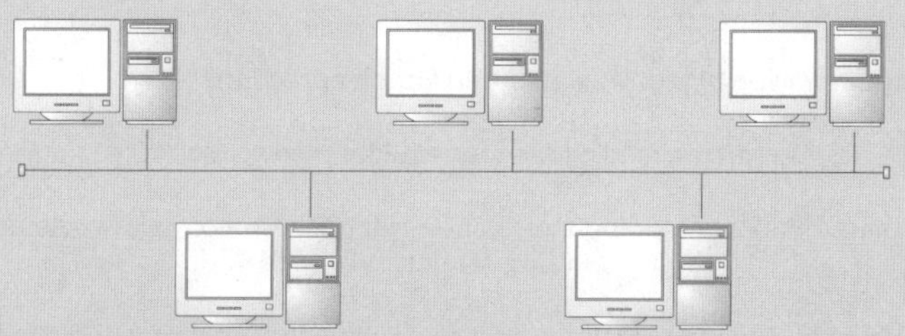

**24.** In einer ____________________ liegen alle Knoten über Transceiver oder Steckerverbindungen angeschlossen an einem gemeinsamen Medium. Bitte ergänzen Sie das fehlende Wort.

**25.** Warum findet in einem Busnetz keine Signalregenerierung statt?

**26.** Welche Topologien finden in LANs am häufigsten Verwendung?

**27.** Wie heißt die bekannteste Form der Bustopologie und welche Varianten gingen aus ihr hervor?

# Übungen

**28.** Um welche Topologie handelt es sich bei folgender Grafik?

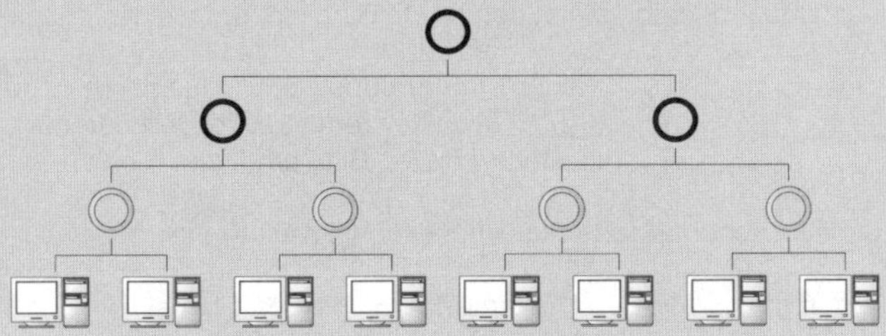

**29.** Die in der vorhergehenden Frage abgebildete Topologie, im Grunde eine Erweiterung der Sterntopologie, besitzt eine __________________ Struktur. Bitte vervollständigen Sie den Satz.

**30.** Welche Art von Netzen besitzt häufig eine Baumstruktur?

**31.** Die Baumstruktur ist nur schwer erweiterbar und eignet sich daher nicht für komplexe Netze. Stimmt diese Aussage?

**32.** Wie sind die Knoten in einem Maschennetz miteinander verbunden?

**33.** Skizzieren Sie ein Maschennetz.

**34.** Wann würde man von einem vollständigen Graph sprechen?

**35.** Für welche Art von Netzen ist die Maschenstruktur eine typische Typologie?

**36.** Innerhalb einer Maschentopologie erreichen Nachrichten normalerweise über eine Reihe von __________________ den Empfänger.

**37.** Welche kritischen Punkte kristallisieren sich deshalb in dieser Topologie heraus?

**38.** Abhängig von der Verbindungsdichte im Maschennetz stehen in der Regel beim Ausfall von Knoten oder Verbindungen alternative Wege zur Verfügung. Ist diese Aussage richtig?

**39.** In welcher Spielart von Netzen ist der Kommunikationsweg zwischen Knoten nicht körperlich greifbar?

**40.** Wie wird die Sendung vom Adressaten im Rundfunk empfangen, direkt oder indirekt?

**41.** Worüber werden Nachrichten im Richtfunk geleitet?

**42.** Was spricht für den Aufbau drahtloser Netze?

# Übungen

**43.** Welche Nachteile stehen dem gegenüber?

**44.** In welche Kategorien werden Netzwerke hinsichtlich der Übermittlung von Daten eingeteilt?

**45.** Erläutern Sie in kurzen Stichworten, warum es sich bei folgender Abbildung um ein Diffusionsnetz handelt.

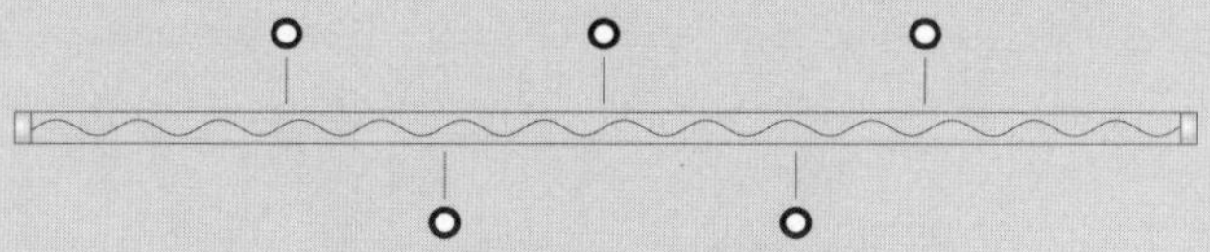

**46.** Sind die Knoten in einem Diffusionsnetz aktiv oder passiv?

**47.** Welche Grundtopologien zählen zu den Diffusionsnetzen?

**48.** In einem Teilstreckennetz gelangen die Nachrichten über eine oder mehrere Teilstrecken vom Sender zum Empfänger, es entstehen ______________________. Bitte ergänzen Sie den Satz.

**49.** Klassische Beispiele für Teilstreckennetze sind das Maschennetz, das Busnetz, das Baumnetz und das Ringnetz. Welche Netzarten gehören nicht in diese Aussage?

**50.** Ein Sternnetz könnte als Diffusionsnetz und als Teilstreckennetz organisiert sein. Stimmt diese Aussage?

Die Lösungen zu diesen Aufgaben finden Sie im Anhang des Co@ches.

# Modul 5

# Basiswissen Nachrichtentechnik

Dieses Modul hilft Ihnen, das grundlegende, physikalische Basiswissen zum Verständnis eines Datenübertragungsvorgangs zu erlangen. Im Rahmen der weiteren Lektüre werden Sie auf diese Grundlagen immer wieder zurückgreifen können.

**Lernen Sie**

- zwischen Basis- und Breitbandübertragung zu unterscheiden
- verschiedene Modulationsverfahren kennen
- unterschiedliche Betriebsarten zu verstehen
- zwischen möglichen Übertragungsformen zu differenzieren
- gängige Sicherungsverfahren zu begreifen
- verschiedene Verbindungsverfahren kennen
- den Begriff *Multiplexing* einzuordnen

## 5.1 Digitale Übertragung

Die *digitale Übertragung* von Daten erfolgt über genau zwei Zustände, die als Null (0) und Eins (1) definiert werden. Im Gegensatz dazu können bei der *analogen Übertragung* theoretisch beliebig viele Zustände genutzt werden. Damit liegt auch der Vorteil der digitalen Übertragungsart auf der Hand: Bei der Verwendung von nur zwei Zuständen sind die Möglichkeiten der Verfälschung deutlich geringer. Ebenso können verfälschte Signale leichter erkannt und wiederhergestellt werden.

Obwohl ein Kabel nur analoge Signale übertragen kann, wird im Folgenden von der Übertragung digitaler Signale gesprochen. Daraus lässt sich aber jetzt schon schlussfolgern, dass die digitalen Daten in analoge Signale umgesetzt werden müssen.

## 5.2 Basis- und Breitband

Alle Verkabelungssysteme arbeiten mit einer bestimmten Übertragungsbandbreite. Diese Übertragungsbandbreite ist ausschlaggebend für die maximale Übertragungsgeschwindigkeit, mit der ein lokales Netzwerk arbeiten kann. Wenn von einer Übertragungsleistung von 10 Mbit pro Sekunde gesprochen wird, bedeutet dies, dass die Signale mit 10 MHz über das Kabel übertragen werden. Diese 10-MHz-Frequenz ist die Übertragungsbandbreite des Netzes. Bei der *Basisbandtechnologie* wird die gesamte Bandbreite für die Übertragung der Signale verwendet. Es kann somit nur zu einem Zeitpunkt in eine Richtung übertragen werden.

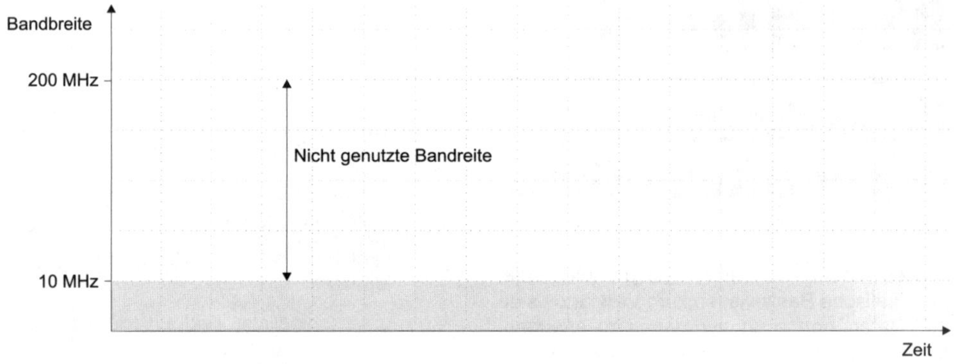


Basisbandtechnologie

Im Gegensatz dazu können bei der *Breitbandtechnologie* zu einem Zeitpunkt mehrere unterschiedliche Übertragungen über ein und dasselbe Kabel erfolgen.

Ein typisches Breitbandnetz kennen Sie aus dem täglichen Leben. Wenn Sie sich Ihren Fernseher zu Hause ansehen, werden Sie feststellen, dass an diesem nur ein Kabel an der Rückseite mit der Fernsehantenne oder dem Kabel-TV-Anschluss verbunden ist. Dennoch ist es möglich, dass Sie mehr als ein Programm zeitgleich über nur ein vorhandenes Kabel empfangen können.

Das Breitbandsystem teilt das gesamte Frequenzspektrum, das zur Verfügung steht, in kleinere Frequenzbänder ein. Jedem Übertragungsdienst wird auf diese Weise ein ganz bestimmtes Frequenzspektrum, ein bestimmter Kanal zugewiesen, auf dem die Übertragung zu erfolgen hat. Um dies auch durchführen zu können, muss das übertragende Signal in eine geeignete Frequenzlage für das Medium gebracht werden. In der folgenden Abbildung sehen Sie, wie sich mehrere Kanäle das gesamte Frequenzspektrum teilen.

Breitbandtechnologie

# 5.3 Modulationsverfahren

Digitale Signale können die beiden Zustände „0“ und „1“ einnehmen. Zur Übertragung dieser Rechteck-Impulse sind aber die meisten Kabel nicht geeignet, da sie nur in der Lage sind, analoge Schwingungen (Sinusschwingungen) zu übermitteln. Da die meisten Netze aber auf die Übertragung digitaler Signale angewiesen sind, wurden mehrere Verfahren entwickelt, um diese in analogen Signalen zu „verstecken“. Diese Verfahren werden mit dem Oberbegriff *Modulation* bezeichnet. Die Rückwandlung in digitale Signale im Empfänger nennt man *Demodulation*.

Bevor Sie sich aber damit beschäftigen, unternehmen Sie einen kleinen Ausflug in die Welt der elektrischen Schwingungen. Dabei interessieren vor allem die beiden Größen *Amplitude* und *Frequenz*.

Die Frequenz hat das Symbol f und die Einheit Hz, wobei 1 Hz als 1 Schwingung pro Sekunde oder kurz 1/s definiert ist. Zwei Schwingungen pro Sekunde entsprechen dann 2 Hz, eine Million Schwingungen in der Sekunde 1 MHz usw.

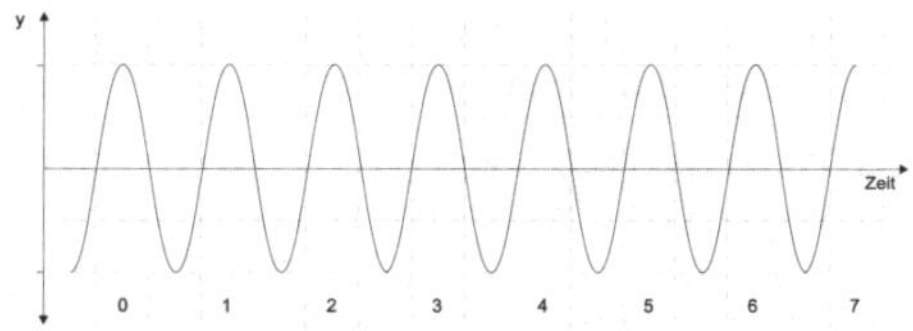


Sinusschwingung

In der nebenstehenden Abbildung hat also die erste Schwingung die Frequenz 1 Hz, die zweite Schwingung die Frequenz 2 Hz. Die Größe der Schwingungen nach oben und nach unten nennt man Amplitude. Hier sind beide Amplituden gleich groß.

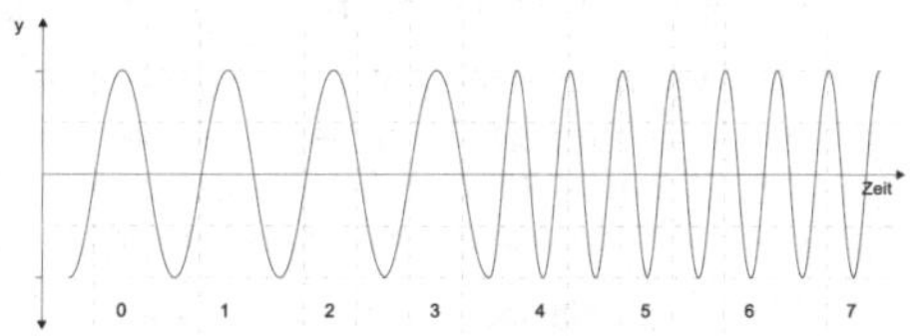


Schwingungen ungleicher Frequenz

## Amplituden-, Frequenz- und Phasenmodulation

Bei der *Amplitudenmodulation* (*AM*) oder engl. *Amplitude Key Shifting* (*AKS*) werden zur Unterscheidung der binären Zustände „0“ und „1“ zwei verschiedene Schwingungen gleicher Frequenz aber unterschiedlicher Amplitude verwendet (daher der Name Amplitudenmodulation). Nachfolgende Abbildung soll dieses Prinzip verdeutlichen.

Dieses Modulationsverfahren ist sehr anfällig für Störungen und Dämpfung und deshalb nur für geringe Datenübertragungsraten geeignet. Bei der *Frequenzmodulation* (*FM*) oder engl. *Frequency Key Shifting* (*FKS*) werden den beiden binären Zuständen nicht unterschiedliche Amplituden, sondern verschiedene Frequenzen zugeordnet.

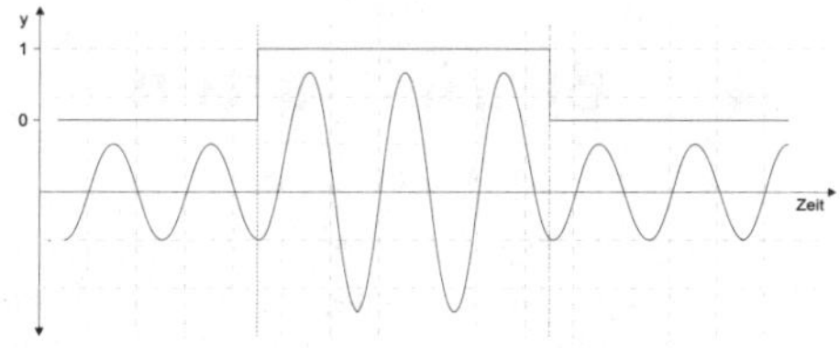


Amplitudenmodulation

Die Verwendung zweier Frequenzen macht das System wesentlich stabiler, und so lassen sich höhere Übertragungsraten und Entfernungen erreichen.

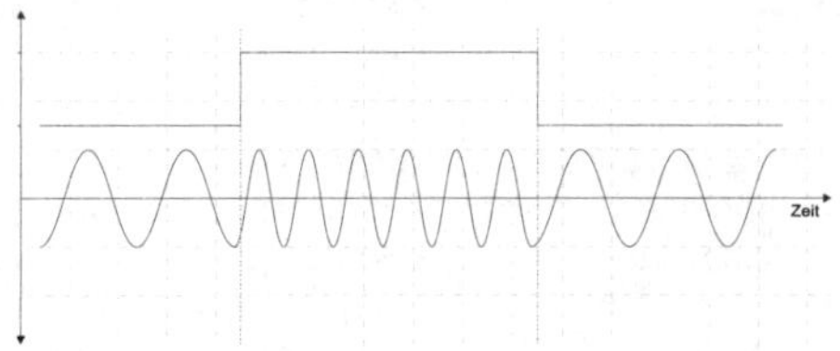


Frequenzmodulation

Die *Phasenmodulation* (*PM*) oder engl. *Phase Shift Keying* (*PSK*) ist von allen dreien das Verfahren, das sich durch die höchsten Übertragungsraten auszeichnet.

Es ist erkennbar, dass hier nicht komplette Schwingungen übertragen werden, sondern beim Übergang von „0" und „1" und „1" und „0" Phasenverschiebungen verwendet werden.

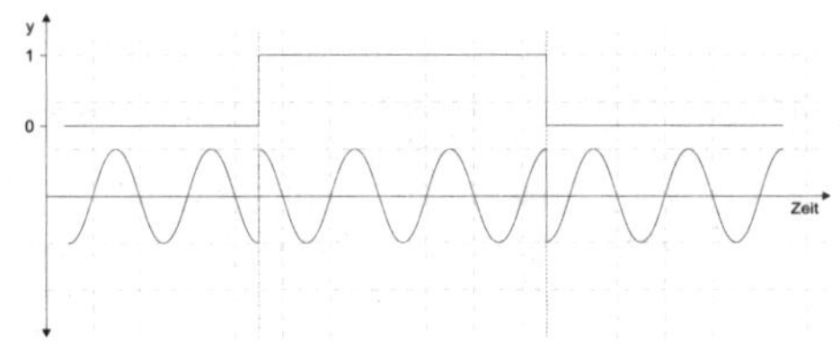


Phasenmodulation

## Quantisierung/Digitalisierung

Die *Quantisierung* beschreibt ein gegensätzliches Verfahren, bei dem analoge Signale in digitale umgesetzt werden. Oft wird die Quantisierung auch mit dem Begriff *Digitalisierung* bezeichnet. Das Einsatzfeld eines Quantisierungsverfahren liegt beispielsweise in der Umwandlung analoger Sprach- oder Tonsignale in digitale Informationen zur Speicherung in einem DV-System.

Mit Hilfe eines Zeitrasters werden die analogen Schwingungen in digitale Werte umgesetzt. In festgelegten zeitlichen Abständen, den *Abtastraten*, wird die höchste Frequenz des analogen Signals in der Abtastzeit in binäre Informationen umgewandelt. Dadurch gehen mögliche Nuancen der analogen in der digitalen Abbildung verloren. Je höher die Abtastrate, desto größer ist zwar die Übereinstimmung zwischen den Informationen, allerdings steigt mit der Abtastrate auch die Menge der resultierenden Daten.

Manche Verfahren, wie etwa die insbesondere in der Telefontechnik eingesetzte *PCM* (***P**ulse **C**ode **M**odulation*), haben unterschiedliche Abtastraten, die sich aus der Frequenz ableiten. Bestimmte Frequenzbereiche werden schneller, andere weniger schnell „getastet". Dadurch entsteht in gewissem Maße eine Kompression ohne nennenswerte Qualitätseinbußen.

# 5.4 Betriebsarten

Im Rahmen der Datenübertragung ist der Informationsfluss gesondert zu betrachten, da es hier aufgrund der Signalähnlichkeiten zu Problemen kommen kann. In der Praxis stehen drei verschiedene Lösungen, *Betriebsarten* genannt, zur Verfügung.

Die erste Möglichkeit ist der *Simplexbetrieb*, bei dem Daten nur in eine Richtung versendet werden können. Es existiert also nur ein Sender und am Ende des Datenübertragungsweges ein Empfänger. Typische Beispiele für diese Betriebsart sind Radio- und Fernsehübertragungen.

Die zweite Betriebsart, der *Halbduplexbetrieb*, ermöglichst das abwechselnde Versenden von Daten zwischen Sender und Empfänger. Eine gleichzeitige Sende- und Empfängeraktivität ist hier ausgeschlossen. Vielmehr verfügen beide Endeinrichtungen über Umschalter, mit denen sie je nach Bedarf auf Sendung oder Empfang geschaltet werden können. Ein Beispiel für diese Betriebsart ist der Sprechfunk.

**Hinweis**

Der Duplexbetrieb oder auch *Vollduplexbetrieb* ist eine dritte Möglichkeit, den Informationsfluss zu steuern. Im Gegensatz zu den vorher beschriebenen Lösungen können im Duplexbetrieb Daten zeitgleich zwischen Sender und Empfänger in beide Richtungen verschickt werden. Als typisches Beispiel für diese Betriebsart sei hier das Telefonieren erwähnt.

Eine Sonderform des Vollduplexbetriebs ist der *Multiplexbetrieb*, dem am Ende dieses Moduls ein eigener Abschnitt gewidmet ist.

# 5.5 Wechsel-, Gleichspannungs- und Differentialverfahren

Allen im Folgenden beschriebenen Verfahren ist gemein, dass sowohl bei der Modulation von Signalen als auch bei der Kodierung von digitalen Daten verschiedene Spannungsfelder für den Transport aufgebaut werden müssen. Um diese Spannungsfelder später für den Empfänger wieder erkennbar zu machen, muss ein Konsenz, eine Referenz für die Ermittlung der Spannungsfelder, also der wechselnden Signalhöhen, gefunden werden. Im Weiteren wird davon ausgegangen, dass dieses sogenannte *Referenzsignal* die Erde (Masse), also 0 V ist.

Davon können nun die unterschiedlichen Spannungsverfahren abgeleitet werden. Das *Wechselspannungsverfahren* ist, wie in der nebenstehenden Abbildung verdeutlicht wird, durch seine wechselnde Polarität charakterisiert; gemeint ist hier eine Signalhöhe oberhalb von 0 Volt (+) bzw. unterhalb von 0 Volt (-).

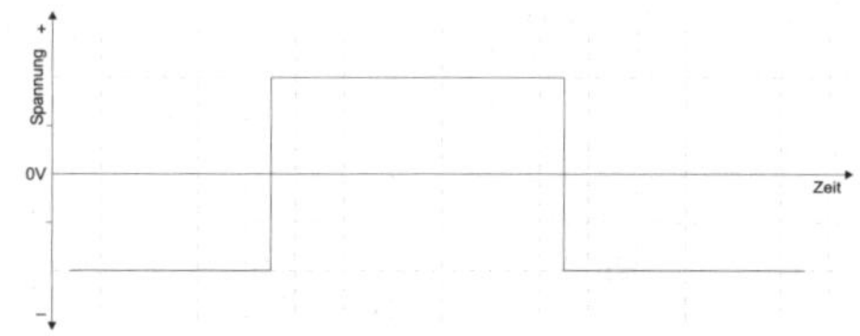


Wechselspannungsverfahren

Im Gegensatz dazu ändert sich zwar die Signalhöhe beim *Gleichspannungsverfahren*, jedoch befindet sich das Spannungsfeld immer innerhalb einer bestimmten Polarität, wie in nebenstehender Abbildung dargestellt.

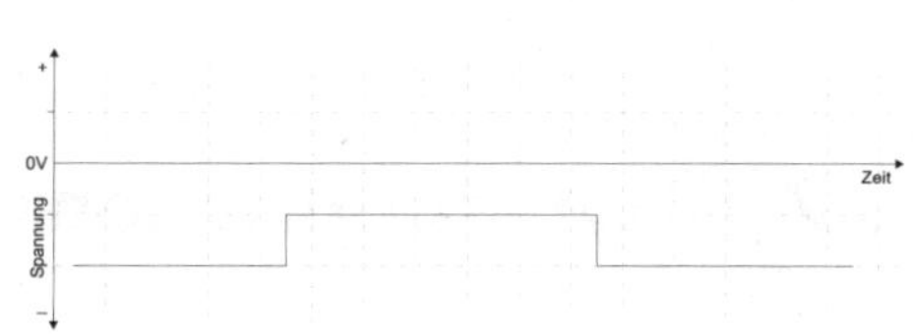


Gleichspannungsverfahren

Beim neuartigen *Differentialverfahren* wird ein zusätzliches Signal mit auf den Weg geschickt, wobei es unerheblich ist, welche Polarität beide Signale besitzen. Für den Empfänger ist bei diesem Verfahren nur die Differenz zwischen den unterschiedlichen Signalhöhen (Amplituden) von Interesse, wie aus nebenstehender Abbildung ersichtlich.

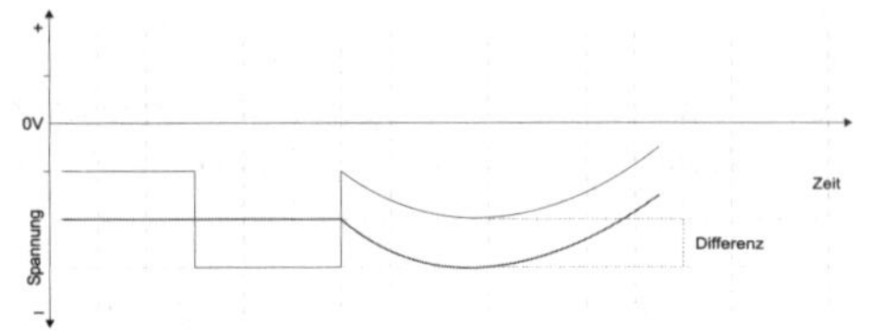


Differentialverfahren

# 5.6 Serielle und parallele Datenübertragung

Für die Übertragung von Daten existieren zwei grundsätzliche Möglichkeiten.

Die *serielle Übertragung* erfolgt bitweise, d. h., ein Bit nach dem anderen wird über eine Leitung versendet.

Serielle Datenübertragung

Bei der *parallelen Übertragung* von Daten werden diese byteweise verschickt; hier werden dann mehrere parallele Datenleitungen genutzt. Denkbar ist hier auch, dass mehrere Bytes gleichzeitig versendet werden. Diese sehr kostenintensive Methode empfiehlt sich natürlich nur für kurze Übertragungswege, wie z. B. für ein Kabel innerhalb eines Rechners.

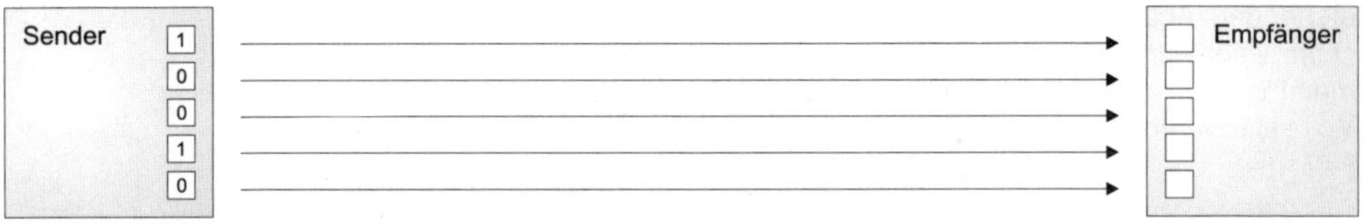


Parallele Datenübertragung

# 5.7 Synchronisationsverfahren

In der Datenfernübertragung (DFÜ) erfolgt die Datenübertragung über größere Entfernungen fast immer seriell. Bei der seriellen Übertragung ist eine *Synchronisation*, d. h. ein Gleichlauf von Sender und Empfänger, erforderlich, um die korrekte Interpretation der Wechsel zwischen den binären Zuständen „0" und „1" zu gewährleisten.

Die Signalwechsel werden deshalb in einen so genannten *Rahmen* verpackt, um die Unterscheidung von Nutzinformationen, Steuerinformationen und Pausen zu ermöglichen. Innerhalb dieses Rahmens müssen Sender und Empfänger zeitsynchron laufen, damit der Empfänger genau weiß, wie lang ein Bit ist und wann das nächste Bit abgetastet werden muss.

In der Praxis wird zwischen zwei verschiedenen Synchronisationsarten unterschieden:

- dem *asynchronen Datenübertragungsverfahren*
- dem *synchronen Datenübertragungsverfahren*

## Asynchrone Datenübertragung

Die *asynchrone Datenübertragung* erfolgt zwischen Sender und Empfänger immer zeichenweise. Dabei wird vor jedes Zeichen, das übertragen werden soll, ein Startbit gestellt. Ebenso wird das übertragene Zeichen am Ende mit einem Stoppbit versehen. Diese auch *Delimiter* genannten Bits werden vom Sender eingefügt und spätestens beim Speichern durch den Empfänger wieder herausgenommen. Es ist jeweilige Vereinbarungssache zwischen den Kommunikationspartnern, wie viele Bits hierzu verwendet werden, gewöhnlich ein oder zwei Startbits und kein oder ein Stoppbit.

> **Hinweis**
> Da die Synchronisationsphasen zwischen Sender und Empfänger immer nur für kurze Zeit vorgenommen werden, weisen sowohl Sender als auch Empfänger eine relativ große Toleranz für die Gleichlaufgenauigkeit auf.

Der Vorteil beim Einsatz der asynchronen Datenübertragung liegt unter anderem darin, dass die nötige Hardware einfach und billig sein kann. Nachteilig hingegen ist die Empfindlichkeit gegen Signalverzerrungen, die vor allem bei höheren Übertragungsgeschwindigkeiten und längeren Bitfolgen auftreten. Deshalb wird die asynchrone Datenübertragung auch nur bei niedrigen Übertragungsgeschwindigkeiten eingesetzt.

Ein weiterer Schwachpunkt ist zudem die große Redundanz durch den erhöhten Synchronisationsaufwand je Zeichen. Dadurch steigen dann nämlich die Kosten für die Datenübertragung.

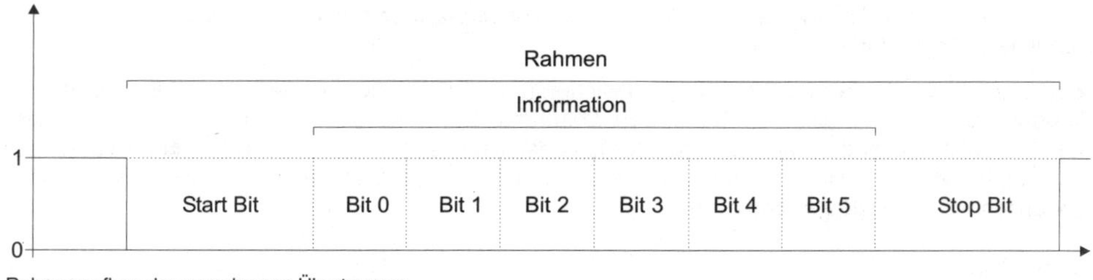


Rahmenaufbau der asynchronen Übertragung

## Synchrone Datenübertragung

Bei der *synchronen Datenübertragung* wird die Empfangsbereitschaft aus dem Leitungssignal wiedergewonnen. Dieses Verfahren ist somit frei von Start- und Stoppbits. Es werden immer ganze Datenblöcke übertragen, meistens mehrere hundert Zeichen, bevor eine neue Synchronisation zwischen Sender und Empfänger durchgeführt wird. Die Erkennung des Rahmenbeginns und seines

Endes muss aber trotzdem durchgeführt werden. Man unterscheidet hier zwischen der *Bitsynchronisation*, im deutschen *Schrittsynchronisation*, und der *Bytesynchronisation*, im deutschen *Zeichensynchronisation* genannt.

Der Unterschied zwischen diesen beiden Verfahren soll im folgenden Abschnitt erläutert werden.

## Bitsynchronisation

Bei der *bitsynchronen Datenübertragung* wird der Takt ebenfalls aus dem Leitungssignal wiedergewonnen. Im Gegensatz zur Bytesynchronisation muss der Empfänger die ankommenden Signale nicht mehr als Oktettsequenz interpretieren, da zur Rahmenbildung eindeutige einfache Bitsequenzen an beliebiger Stelle verwendet werden.

Verwendung finden hier einem kodierten Zeichensatz entnommene charakteristische Bitmuster, genannt *Flags* bzw. *Synchronisationszeichen,* wie 01010101, 11111111 oder 0111110, die das „Einschwingen" der Empfängerelektronik ermöglichen. Diese Zeichen können außerdem dazu verwendet werden, das Ruhe- oder Füllmuster zwischen den Blöcken zu kennzeichnen und so eine permanente Synchronisation zwischen Sender und Empfänger aufrecht zu halten.

## Bytesynchronisation

Zusätzlich zur Bitsynchronisation muss der Empfänger noch einen so genannten *Oktettgleichlauf* aufbauen. Um dieses Ziel zu erreichen, wird vor der Übertragung des Rahmens ein für diesen Zweck reserviertes Zeichen zwei- bis viermal übertragen. Hierfür lässt sich zum Beispiel das ASCII-Zeichen <SYN> verwenden. Damit stellt sich der Empfänger auf die weiteren nachfolgenden Oktettsequenzen ein. Die eigentliche Rahmenbildung erfolgt dann, je nach eingesetztem Protokoll, mit weiteren Zeichen.

Im ASCII-Code sind dies die folgenden Zeichen:

- <SOH> Start of Header
- <STX> Start of Text
- <ETX> End of Text
- <EOT> End of Transmission

Diese Zeichen können generell nicht mehr als Informationseinheit verwendet werden, sondern dienen nur noch zur Synchronisation. Problematisch ist dies immer dann, wenn im Datenpaket trotzdem beliebige Zeichen übertragen werden, also auch die Zeichen, die zur Rahmenbildung verwendet werden. Abhilfe schafft eine Technik, die auch als *Transparenz* bezeichnet wird, wobei hier zwei verschiedene Möglichkeiten zur Auswahl stehen.

Zum einem kann der Sender ein Ausweichzeichen (bei ASCII-Code das Zeichen <DLE>) vor das zu übermittelnde Zeichen einfügen. Die andere Lösung sieht vor, dass der Rahmenteil mit einem Ausweichzeichen gekennzeichnet wird. Im Informationsteil muss dann nur noch das Zeichen <DLE> bei der Übertragung mit Hilfe eines Ausweichzeichens gekennzeichnet werden, welches beim Empfänger anschließend wieder entfernt wird.

### Zum „Takt"

Unter *Takt* versteht man ein Signal, das zwei verschiedene Werte annehmen kann. Es wechselt seinen Wert in periodischen Abständen. Betrachten Sie nachfolgende Abbildung mit idealisierten Rechtecksignalen zur Klärung wichtiger Grundbegriffe.

Wie man sieht, entspricht die Taktdauer der Zeit zwischen einer ansteigenden und einer absteigenden Flanke (die senkrechten Striche des Signals nennt man *Flanken*), während die Taktperiode die Zeit in Sekunden zwischen zwei absteigenden oder auch zwei ansteigenden Flanken definiert.

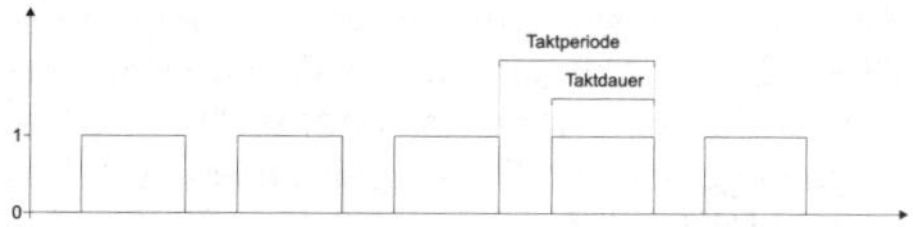

Taktdauer und Taktperiode

Bildet man den Kehrwert der Taktperiode (1/Taktperiode) nennt man das Ergebnis *Taktfrequenz*. Die Einheit der Taktfrequenz ist Hertz (Hz). Die Mikroprozessoren heutiger PCs arbeiten z.B. mit mehreren Millionen Takten pro Sekunde im MHz-Bereich. Erzeugt wird der Takt durch einen Taktgenerator (Schritttaktgeber). Ein weiterer wichtiger Begriff ist die Schrittgeschwindigkeit in Baud (Bd). Sie gibt die Anzahl der in einer Sekunde vom Taktgenerator ausgeführten Schritte an und wird in diesem Modul noch erklärt.

Wozu wird der Takt aber nun benötigt?

Sie haben bereits gelernt, dass die Übertragung von Daten bitseriell erfolgt, d.h., die Bits eines Zeichens werden nacheinander übertragen. Eine sendende Station schickt diese Bits in einem bestimmten Zeitraster (Sendezeitraster) auf den Übertragungsweg. Dann werden sie bei der Empfangsstation mit gleichem Zeitraster (Empfangszeitraster) aufgenommen. Die Zeitraster werden von je einem Schritttaktgenerator im Sender und Empfänger erzeugt. Sende- und Empfangsraster müssen zeitgleich arbeiten, um sicherzustellen, dass die gesendeten Bits im Empfänger auch richtig interpretiert werden können. Man erreicht dies, indem der Empfängerschritttaktgenerator durch eingehende Bits des Sendeschritttaktgenerators abgestimmt, also synchronisiert wird. Diese Form der Synchronisation nennt man *Bit*- oder *Schrittsynchronisation*.

## 5.8 Baud versus Bit/s

Die Übertragungsgeschwindigkeit wird in Bits pro Sekunden (*Bit/s*) gemessen. Daneben wird häufig eine weitere Größe, die Schrittgeschwindigkeit, genutzt. Die Schrittgeschwindigkeit gibt die Anzahl der Signalwechsel innerhalb einer Sekunde an. Mit Signalwechsel ist der Übergang vom definierten Nullwert zu einem Maximum (oder Minimum) zurück zum Nullwert gemeint. Die Maßeinheit ist das Baud, kurz Bd.

Wird mit Hilfe eines Signalwechsels jeweils ein Bit dargestellt, so entspricht ein Bit pro Sekunde einem Baud. Oft werden aber einzelne Bits mit Hilfe mehrerer Signalwechsel dargestellt oder innerhalb der Zeitspanne des Signalwechsels mehrere Bits transportiert. Die Gleichsetzung von Bit/s und Baud ist dann nicht mehr zulässig.

Die beiden Geschwindigkeitsbegriffe werden sehr oft verwechselt; Gleiches gilt für die Einheiten Bd und Bit/s.

## 5.9 Übertragungssicherung

In der Übertragungstechnik ist es normalerweise wesentlich, dass die Daten unverfälscht den Empfänger erreichen. Damit die Störung einer Übertragung, etwa durch elektromagnetische Einwirkungen auf das Übertragungskabel, erkannt wird, werden Verfahren zur Übertragungssicherung eingesetzt.

Alle Sicherungsverfahren fügen den eigentlich zu übertragenden Daten Zusatzinformationen hinzu. Diese Zusatzinformationen, z.B. eine Prüfsumme, werden beim Sender berechnet und auf der Gegenseite anhand der empfangenen Daten erneut gebildet. Liegt ein Unterschied vor, wurde die Übertragung gestört. Im Folgenden sollen zwei bestimmte Verfahren zur Übertragungssicherung näher betrachtet werden.

## Paritätsprüfung

Im Rahmen der *Paritätsprüfung* wird eine Gruppe gebildet, die aus einer Reihe von Datenbits und einem Paritätsbit gesteht. Die Anzahl der gesetzten Bits muss je nach Verfahren gerade (*even parity*) oder ungerade (*odd parity*) sein. Durch Setzen oder Löschen des Paritätsbits wird die entsprechende Bedingung hergestellt.

Die Bildung der Paritätsbits kann zeichenweise (*Querparität*) oder über mehrere Zeichen hinweg (*Längsparität*) vonstatten gehen. Bei einer Längsparität wird nach den gesicherten Zeichen ein weiteres mit den Paritätsinformationen übertragen.

Beide Verfahren weisen einen großen Nachteil auf: Zwei gleichzeitige, sich aufhebende Fehler, z.B. eine „1“ wird zur „0“ und eine „0“ wird zur „1“, werden nicht erkannt. Aus diesem Umstand hat sich die *Kreuzsicherung* entwickelt, bei der sowohl die zeichenweise als auch die blockweise Informationssicherung parallel verwendet werden.

| Datenbits | | | | | Querparität (even parity) |
|---|---|---|---|---|---|
| 0 | 1 | 0 | 0 | 1 | 0 |
| 0 | 0 | 0 | 1 | 0 | 1 |
| 1 | 0 | 0 | 0 | 1 | 0 |
| 1 | 1 | 0 | 1 | 0 | 1 |
| 0 | 1 | 0 | 1 | 1 | 1 |
| 0 | 1 | 0 | 1 | 1 | 1 |

Längsparität (even parity)

Längs- und Querparität

## Zyklische Blocksicherung

Die *zyklische Blocksicherung* (*CRC = **S**yclic **R**edundancy **C**heck*) beschreibt ein Sicherungsverfahren, bei dem eine mathematische, auf der Polynomrechnung basierende Vorschrift eine Prüfsumme über eine größere Anzahl von Bits berechnet. Die Prüfsumme wird dann an die zu übertragenden Daten angehängt und auf der Gegenseite zur Prüfung verwendet.

**Hinweis**

Das Verfahren führt, obwohl in der Regel nur 16 oder 32 Bit umfassende Prüfsummen eingesetzt werden, mit hoher Wahrscheinlichkeit zu einer Erkennung fehlerhafter Bits.

# 5.10 Verbindungsformen

Die Datenübertragung zwischen Sender und Empfänger kann mit Hilfe von zwei verschiedenen Verbindungsformen realisiert werden: zum einen durch die *verbindungslose Kommunikation*, zum anderen durch eine *verbindungsorientierte Kommunikation*. Im folgenden Abschnitt lernen Sie die Unterschiede der beiden Methoden und deren Funktionsweise kennen.

## Verbindungslose Kommunikation

Bei dieser Kommunikationsart muss vor dem Austausch von Daten keine Verbindung zwischen Sender und Empfänger aufgebaut werden. Die Übermittlung kann also willkürlich beginnen, und Daten können dem Transportmedium übergeben werden.

Die zu übertragenden Daten werden in Blöcke unterteilt und können dann selbstverständlich auch auf unterschiedlichen Wegen an den Empfänger verschickt werden. Aus diesem Grund ist es einleuchtend, dass jedem Datenblock sowohl die Absender- als auch die Empfängeradresse beigegeben werden muss.

## Verbindungsorientierte Kommunikation

Bei der *verbindungsorientierten Kommunikation* muss im Unterschied zur verbindungslosen Kommunikation vor der Übertragung von Daten eine logische Verbindung aufgebaut werden. Zum besseren Verständnis ist diese Kommunikationsart in die folgenden drei Phasen aufgeteilt:

- Verbindungsaufbauphase
- Datentransferphase
- Verbindungsabbauphase

Zur Verbindung zwischen Sender und Empfänger schickt der Sender eine Nachricht an den Empfänger mit der Bitte um Verbindungsaufbau. Diese Nachricht muss neben der Anforderung für den Verbindungsaufbau auch die gesamte Netzadresse des Empfängers enthalten. Nach erfolgreicher Bestätigung durch den Empfänger kann die zweite Phase, der Datentransfer, beginnen. Während dieser Phase werden den Daten nur noch kurze Verbindungsidentifizierer mit Angaben über Sender und Empfänger mitgegeben. Der Verbindungsabbau wird dann wieder durch den Sender eingeleitet, indem er dem Empfänger eine Verbindungsabbauanforderung übermittelt. Eine Bestätigung seitens des Empfängers erfolgt nicht.

# 5.11 Die Mehrfach-Ausnutzung des Übertragungsmediums

Möchte man ein Übertragungsmedium nicht nur für einen Kanal, sondern für mehrere nutzen (zum Beispiel Kabelfernsehen), stehen prinzipiell zwei Verfahren zur Verfügung: *Frequenz-Multiplexing* und *Zeit-Multiplexing.*

## Frequenz-Multiplexing (FDMA)

Das *Frequenz-Multiplexing* oder ***F**requency **D**ivision **M**ultiple **A**ccess* (*FDMA*) ist das historisch ältere Verfahren und wird etwa beim Kabelfernsehen eingesetzt. Hierzu wird die Bandbreite eines Kabels in Kanäle aufgeteilt und den einzelnen Kanälen so genannte *Trägerfrequenzen* zugeordnet (engl. *carriers*). Die Eingangssignale werden dann auf die jeweilige Trägerfrequenz moduliert. So können mehrere Kanäle gleichzeitig übertragen werden. Frequenz-Multiplexing eignet sich besonders gut für die Übertragung analoger Daten.

## Zeit-Multiplexing (TDMA)

Das *Zeit-Multiplexing*, auch ***T**ime **D**ivision **M**ultiple **A**ccess* (*TDMA*) genannt, ist für das Senden und Empfangen digitaler Daten geeigneter. Hierbei wird die zur Verfügung stehende Zeit für die Datenübertragung in Zeitscheiben (*slots*) fester Dauer unterteilt und jedem (sequenziellen) Kanal eine Zeitscheibe zugeordnet. Dem Benutzer steht nur die Zeit seiner Scheibe zur Übertragung zur Verfügung. Da der Wechsel zwischen Kanälen sehr schnell erfolgt, bekommt der Benutzer davon nichts mit. Er ist der Überzeugung, dass ihm das Kabel exklusiv zur Verfügung steht. Die einzelnen Kanäle werden also quasi gleichzeitig (sequenziell, nacheinander) bedient.

## Zusammenfassung

- ✓ Sie haben in diesem Modul die technischen Hintergründe der Datenübertragung kennen gelernt, wissen jetzt, wie digitale Daten auf analoge Signale moduliert werden und wie ein Medium mehrfach genutzt werden kann.
- ✓ Sie wissen, was man unter „Takt“ versteht und verwechseln nicht mehr Schritt- und Übertragungsgeschwindigkeit.
- ✓ Sie können weiterhin verschiedene Betriebsarten bei der Übertragung unterscheiden und sich etwas unter Verfahren zur Übertragungssicherung vorstellen.

## Übungen

1. Das Breitbandsystem teilt das gesamte Frequenzspektrum, das zur Verfügung steht, in kleinere ____________________ ein.
2. Welche Frequenz hat ein Wechselspannungssignal, das in einer Sekunde 50 vollständige Schwingungen ausführt?
3. Wie nennt man das Verfahren, das digitale Signale in analogen Signalen „versteckt“?
4. Das ____________________modulationsverfahren ist sehr viel anfälliger für Störungen und Dämpfung als das ____________________verfahren.
5. Welches Modulationsverfahren haben Sie noch kennen gelernt?
6. Bei der Amplitudenmodulation ändern sich die ____________________ der Signale.
7. Wie wird die Betriebsart genannt, bei der gleichzeitig in beide Richtungen der Übertragungsstrecke übertragen werden kann?
8. Nennen Sie die beiden grundsätzlichen Möglichkeiten für die Übertragung von Daten.

# Übungen

**9.** Nachfolgende Abbildung zeigt eine bestimmte Art der Datenübertragung. Wie nennt man diese?

**10.** Wie nennt man die Stoppbits bei der asynchronen Übertragung?

**11.** Bei der Bitsynchronisation muss im Gegensatz zur Bytesynchronisation der Empfänger die ankommenden Signale nicht mehr als ____________________ interpretieren.

**12.** Was stellt nachfolgende Abbildung dar?

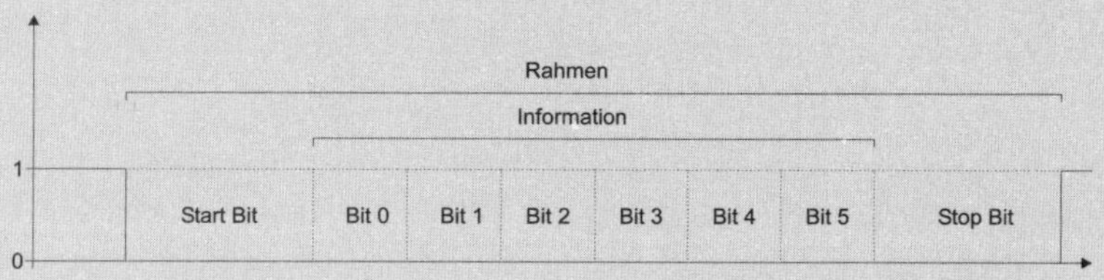


**13.** Der Takt wird von einem ____________________ erzeugt.

**14.** Wie nennt man die Zeit zwischen einer ansteigenden und einer absteigenden Taktflanke?

**15.** In welcher Einheit wird die Größe des Schritttaktes angegeben, in welcher Einheit die Übertragungsgeschwindigkeit?

**16.** Wird bei der synchronen Übertragung im Prinzip die Quer- oder die Längsparität eingesetzt?

**17.** Bei der Querparität können die Paritätsbits auf ____________________ oder ____________________parität ergänzt werden.

**18.** Bei welcher Kommunikationsart muss vor dem Austausch von Daten keine Verbindung zwischen Sender und Empfänger aufgebaut werden?

**19.** Wie heißt die zweite Kommunikationsart, bei der dies nicht der Fall ist?

**20.** Der Oberbegriff für die Technik der Mehrfach-Ausnutzung eines Übertragungsmediums lautet: ____________________ .

Die Lösungen zu diesen Aufgaben finden Sie im Anhang des Co@ches.

# Modul 6

# Netzverkabelung – physikalische Grundlage

**Lernen Sie**

- Koaxialkabel-Vernetzungen,
- UTP/STP-Verbindungen,
- LWL (Glasfaser)-Verkabelungen sowie
- drahtlose Verbindungen (Infrarot, Funk, Laser) zu unterscheiden und die folgenden Begriffe einzuordnen:
  - Terminierung
  - Impedanz
  - Dispersion
  - strukturierte Verkabelung

Die Verbindung von Netzwerkknoten setzt eine Vielzahl von Entscheidungen hinsichtlich der Struktur des Netzwerks voraus. Wie im Modul 4 „Netzwerktopologien" bereits angedeutet, spielt die Wahl eines adäquaten Verbindungsmediums beim Aufbau eines Netzwerks eine wichtige Rolle.

Sie treffen auf unterschiedliche Kabel mit ihren entsprechenden Verbindungselementen. Es gilt, für eine gewünschte Lösung die richtige Verkabelungsform zu finden.

Anhand dieses Moduls sollen Sie einen Überblick über die unterschiedlichen Medien gewinnen und genügend Kenntnisse erlangen, um aktiv an der Auswahl einer bestimmten Verkabelungsart teilnehmen zu können.

## 6.1 Koaxialkabel-Vernetzung

### Das Koaxialkabel

Vielleicht kennen Sie diesen Typus bereits, denn er findet neben dem Einsatz in der Vernetzung auch Anwendung im Bereich der Funk- und Fernsehtechnik. Auf dem Gebiet der Netzwerktechnologie treffen Sie in Busnetzen und im ARCNet auf Koaxialkabel (gebräuchlich ist auch der Begriff *Koaxkabel*).

Es besteht zumeist aus Kupfer. Deshalb spricht man auch vom *Kupferkoaxialkabel.* Über einen Kabelkern, der entweder als Draht oder als Litze ausgeführt wird, werden mittels elektrischer Impulse Daten gesendet oder empfangen.

Um den Kern herum befindet sich ein Mantel aus einem nicht leitenden Material (Dielektrikum). Als Abschirmung liegt um das Dielektrikum ein Geflecht aus Draht. Zum Schutz gegen äußere Einflüsse werden die Kabel außen mit einer Schicht aus Kunststoff ummantelt.

Koaxialkabel

Betrachten Sie kurz einige gebräuchliche Typen von Koaxialkabeln und ihre Einsatzgebiete:

| Kabeltyp | Übertragungsart | Einsatzgebiet |
|---|---|---|
| RG-11 | Basisband | Thick Ethernet |
| RG-58 | Basisband | Thin Ethernet |
| RG-59 | Breitband | Kabel-TV |
| RG-62 | Basisband | ARCNet |

Ein Koaxialkabel kann analoge sinusförmige Wechselstromsignale unterschiedlicher Frequenzen übertragen. Frequenzen werden in Schwingungen pro Zeiteinheit angegeben. Legt man als Zeiteinheit eine Sekunde zugrunde, nennt man das Maß *Hertz* oder als wissenschaftliches Kürzel *Hz* (1 Hz = 1/s). Da es unterschiedliche Koaxialkabeltypen gibt, besitzen sie auch verschiedene physikalische Eigenschaften, so gibt es z. B. für jedes Kabel eine zulässige Maximalfrequenz. Je höher aber diese Frequenz ist, umso mehr Informationen können letztendlich in einer Sekunde übertragen werden. Ein Maß für diese Eigenschaft ist die *Bandbreite* und somit von besonderer Bedeutung bei der Wahl eines geeigneten Übertragungsmediums. Sie ist ein Begriff aus der Elektrotechnik und bestimmt den Frequenzbereich, die Differenz aus Maximal- und Minimalfrequenz, den das Medium verkraften kann. Auch ihre Maßeinheit ist deshalb Hertz (Hz).

Auf dem Kabel befinden sich also in der Regel elektrische Schwingungen unterschiedlicher Frequenzen. Dies sind nicht die eigentlichen Daten, die in einem Netzwerk transportiert werden sollen. Da es dort bekanntlich zwei grundlegende Formen von Daten gibt, analoge und digitale Daten, existieren auch zwei Übertragungsverfahren: das *Basisband*- und das *Breitbandverfahren.* Auf dem Medium gibt es, wie Sie erfahren haben, nur Analogtechnik; wie sollten auch Einsen und Nullen, die Grundlage der Digitaltechnik, über einen metallischen Leiter direkt übertragen werden? Also muss eine Vorschrift, ein Kode zur Generierung und Interpretation der digitalen Zustände „0“ und „1“ existieren, und zwar in dem analogen Signalgemisch „versteckt“. Man sagt auch, die Signale sind *Trägerfrequenzen* für die Daten. Wie Sender und Empfänger diese „Geheimsprache“ letztendlich aushandeln, darauf hat das Kabel keinen Einfluss, es muss nur in der Lage sein, physikalisch den Anforderungen der jeweiligen Technik zu entsprechen.

Koaxialkabel lassen sich deshalb u a. in Breitband- und Basisbandkabel unterteilen, je nach der gewählten Übertragungsart. Breitbandkabel, wie z. B. unser heimisches TV-Kabel, erlauben die gleichzeitige Übertragung mehrerer Datenkanäle (z. B. ARD, ZDF usw.). Den einzelnen Datenkanälen werden bestimmte, exklusive Bandbreiten zugeordnet. Sie können, da Breitbandkabel eine wesentlich höhere Bandbreite als die der einzelnen Kanäle besitzen, gleichzeitig übertragen werden – sie teilen sich die Bandbreite. Dabei werden analoge Daten über analoge Frequenzen unidirektional über das Kabel übertragen. Das Breitband-Übertragungsverfahren hat sich allerdings im LAN-Bereich nicht durchgesetzt, weil diese Technik zusätzlich aktive Komponenten erfordert, die einen erheblichen Mehraufwand für ein Netzwerk bedeuten.

**Hinweis**

Im Basisbandkabel dagegen, wie z.B. im Koaxialkabel des Ethernets, werden digitale Daten bidirektional über eine analoge Frequenz übertragen. Hierzu ist die gesamte Bandbreite des Kabels erforderlich und steht jedem angeschlossenen Datenendgerät exklusiv zur Verfügung. Es gibt somit auch nur einen Datenkanal. Damit kann immer nur ein Knoten nach dem anderen über das Kabel senden oder empfangen.

Eine weitere, sehr wichtige physikalische Eigenschaft eines Koaxialkabels ist sein *Dämpfungsverhalten*. Es wird in Dezibel (dB) als positiver Wert gemessen und besagt im Prinzip, wie weit ein Signal übertragen werden kann, bevor es zu schwach, zu sehr gedämpft wird. Genauer ist es die Abschwächung der Signalstärke beim Durchlaufen eines Übertragungsmediums. Sie ist frequenzabhängig und wird durch Energiestreuung bei der Überwindung von Impedanz und Widerstand erzeugt. Kleinere dB-Werte sind bei der Auswahl des Mediums zu bevorzugen.

**Hinweis**

Ein Faktor, der dieses Verhalten u.a. beeinflusst, ist der Querschnitt des Kabelkerns oder Innenleiters. Dicke Querschnitte bewirken geringere Dämpfungen und ermöglichen somit weitere Übertragungswege – ein wichtiger Aspekt bei der Planung eines Netzes.

Abschließend erwähnt sei noch der *Wellenwiderstand*, auch *Kabelimpedanz* genannt. Er gibt den Wechselstromwiderstand eines Kabels bei einer bestimmten Frequenz in Ohm an. Nur Koaxialkabel gleichen Typs und gleicher Impedanz können direkt miteinander verbunden werden. So mag beispielsweise ein für das Ethernet geeignetes 50-Ohm-Kabel äußerlich nicht von einem 75-Ohm-TV-Kabel zu unterscheiden sein, in der Praxis allerdings handelt es sich um grundverschiedene Medien. Erfordert eine Netzwerkarchitektur an seinen Kabelenden Abschlusswiderstände, müssen diese für dieselbe Impedanz ausgelegt werden.

Für den Netzwerkanschluss von Endgeräten an ein Koaxialkabel als Übertragungsmedium ist zunächst für jedes Endgerät eine Netzwerkkarte erforderlich. Die Anpassung an das Kabel geschieht über einen so genannte Transceiver, eine Sende- und Empfangseinrichtung. *Transceiver* ist ein Kunstwort aus Transmitter (Sender) und Receiver (Empfänger). Er befindet sich meist on-board auf der Netzwerkkarte, aber auch externe Transceiver werden bei bestimmten Koaxialkabeln verwendet, wobei dann ein spezielles Kabel die Netzwerkkarte mit dem externen Transceiver verbindet; der interne Transceiver wird dabei abgeschaltet. Allen Anschlussarten ist aber gemeinsam, dass die Transceiver in relativer Nähe zum Kabel liegen müssen.

**Hinweis**

Die heute gebräuchlichsten Netzwerkkarten besitzen einen eingebauten Transceiver, der softwaregesteuert zu- oder abgeschaltet werden kann, bei älteren Modelle werden dazu auch Schalter oder Steckbrücken genutzt.

Während bei TV-Netzen Breitband-Koaxialkabel eingesetzt werden, stehen für Computernetzwerke auf Koaxialbasis zwei Basisbandtypen zur Verfügung: dünnes Koaxialkabel (*Thinnet*) und dickes Koaxialkabel (*Thicknet*).

## Thicknet

Beim *Thicknet* handelt es sich um ein relativ starres Koaxialkabel von etwa 1 Zentimeter Durchmesser. Wegen seiner gelben Farbe wird es auch *Yellow Cable* genannt. Weitere gebräuchliche Bezeichnungen für diesen Kabeltyp sind z.B. 10-Base-5-Kabel, RG-11-Kabel oder Standard-Ethernet, da es als erstes Medium in der bekannten Ethernet-Architektur verwendet wurde. Seine Kabelimpedanz beträgt nominal 50 Ohm. Sein Innenleiter ist wesentlich dicker als beim Thinnet, was den Vorteil hat, dass Signale über längere Distanzen übertragen werden können als bei einem dünneren Kabelkern, bevor sie zu stark gedämpft werden. Thicknet wird etwa im Thick Ethernet verwendet und erlaubt eine Leitungslänge von max. 500 Metern, danach muss das Signal ggf. wieder regeneriert werden.

Seine dicke Isolation macht es weniger anfällig für äußere Störungen, wie z.B. elektromagnetische Felder. Nachteilig wirkt sich allerdings die Stärke des Kabels beim Verlegen aus. Durch seine Starrheit gestaltet sich dies weit schwieriger als bei dünnerem Kabel. Auch der höhere Preis für das Thicknet und die Mehrkosten für zusätzliche Hardware zur Verbindung der Knoten mit dem Netzwerkkabel hat seine Verbreitung mit dem Aufkommen des Thinnets drastisch reduziert. Es wurde daher in Umgebungen hoher Störstrahlung eingesetzt, wo das Thinnet nicht ausreichte. Auch zur Verbindung zweier LANs über einen so genannten *Backbone* kam es häufig zum Einsatz.

Die Verbindung zum Kabel erfolgt beim Thicknet über externe Transceiver. Auf dem Kabel befinden sich Markierungen im Abstand von 50 Zentimetern. Sie kennzeichnen mögliche Anschlusspunkte für die Transceiver. Der Mindestabstand zwischen zwei Transceivern muss unbedingt eingehalten werden, damit Daten die empfangenden Stationen nicht verfälscht erreichen.

Die Anschlussformen der Endgeräte an das Kabel entwickelten sich im Laufe der Zeit. Wurde anfangs das Yellow Cable noch durchtrennt und der Transceiver zwischen die beiden Leitungsenden montiert, setzten sich zur Vereinfachung Techniken durch, die einen Direktanschluss ermöglichten. Ein typischer Vertreter ist die so genannte *Vampirklemme*. Sie sitzt auf dem Transceiver und hat Dorne, welche die schützende Isolation des Mediums durchstoßen und so den Direktkontakt zu den Leitern herstellen.

Jetzt benötigt man nur noch eine Verbindung vom Transceiver zum AUI-Anschluss der Netzwerkkarte, und das Endgerät ist am Netz. Diese Verbindung nennt man *Transceiver-Kabel*; weitere Bezeichnungen sind u.a. Drop-Kabel, Receiver-Kabel oder AUI Kabel. Das max. 50 Meter lange AUI-Kabel besteht aus vier Adernpaaren und endet in einem 15-poligen Stecker, dem DB-15- oder DIX-Stecker, benannt nach seinen Entwicklern, den Firmen Digital, Intel und Xerox.

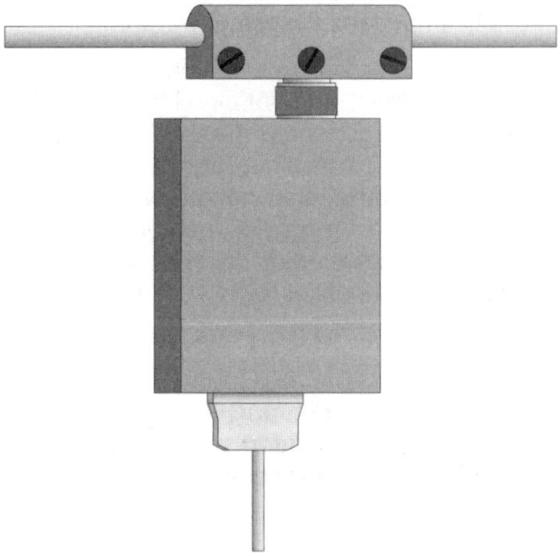

Anschluss über Transceiver mit Vampirklemme und AUI-Kabel

**Hinweis**

Da Netzwerkkarten oft über mehrere Anschlusstechniken verfügen, besitzen sie Transceiver direkt auf der Karte. Diese müssen bei Verwendung des externen Transceivers deaktiviert werden.

## Thinnet

Aus Kostengründen hat sich aus dem ursprünglichen „Yellow Cable“ ein oft schwarzes „Billig“-Kabel entwickelt, das *Cheapnet-* oder *Cheapernet-Kabel.* Weitere, häufig verwendete Bezeichnungen für diesen Koaxialkabeltyp lauten: Thinnet, 10-Base-2-Kabel, RG-58-Kabel oder Thin Ethernet-Kabel. Mit seinen etwa 5 Millimetern Durchmesser lässt es sich flexibel verlegen und passt in jeden Kabelkanal. Als Innenleiter finden Sie einen soliden Kern wie beim RG-58/U oder solche mit verdrillten Adern, z.B. beim RG-58A/U. Die Ausführungen mit solidem Kern sollten nicht eingesetzt werden, da sie elektrophysikalisch gesehen störanfälliger sind und außerdem durch eine fehlende IEEE-Norm Inkompatibilitäten erahnen lassen.

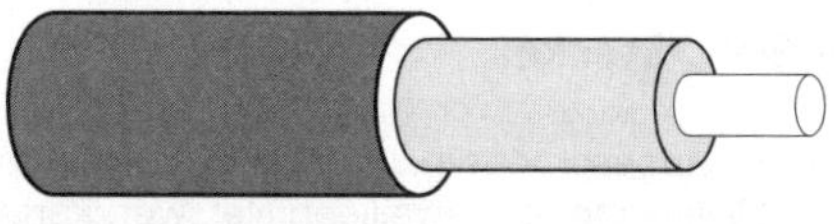

Thinnet-Kabel mit geschlossenem Kupferkern (RG-58 /U)

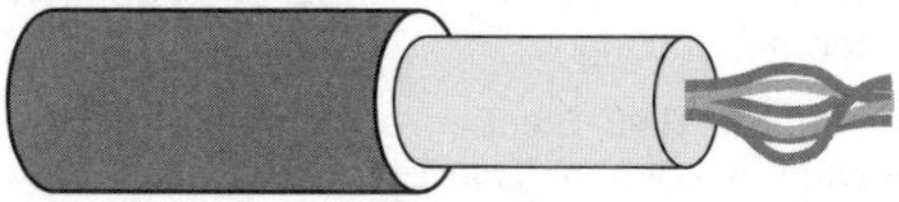

Thinnet-Kabel mit gedrillten Einzelkabeln im Kern (RG-58 A/U)

Betrachten wir eine Übersicht typischer Thinnet-Vertreter:

| Kabelbez. | Nom. Impedanz | Bemerkungen |
|---|---|---|
| RG-58/U | 50 Ohm | Solider Kern |
| RG-58A/U | 50 Ohm | Kern mit verdrillten Adern |
| RG-59A/C | 50 Ohm | Wie RG-58A/U, aber bessere Abschirmung |
| RG-59A/U | 75 Ohm | Kabel-TV, Breitbandkabel, verdrillte Adern |
| RG-62A/U | 93 Ohm | ARCNet, verdrillte Adern |

Aufgrund des geringeren Innenleiterquerschnitts ist das Dämpfungsverhalten höher. Beim Thin Ethernet z.B. ist die Leitungslänge deshalb auf 185 Meter beschränkt.

Den Kern umgibt gewöhnlich ein Dielektrikum, meist ein Kunststoff. Darüber befindet sich der Außenleiter, entweder als metallische Folie oder häufiger noch als Metallgeflecht. Zum äußeren mechanischen Schutz steckt das Ganze noch in einer Kunststoffummantelung wie etwa PVC.

Cheapnet-Verkabelung

Die Verbindungstechnik, ob Netzanschluss, Verbindung von Kabelstücken oder Kabelabschluss mit Terminatoren, ist komplett gemäß BNC-Technik ausgelegt. Die BNC-Stecker werden auf das Kabel geschraubt, gelötet oder meist gecrimpt. Einzelne Kabelstücke können mit einem BNC-Barrel-Stück bis zur maximalen Segmentlänge verlängert werden. Eine besondere Form der Verbindung zweier Kabelstücke ist das BNC-T-Stück. Es weist im Gegensatz zum reinen Verbindungsstück zusätzlich noch einen seitlichen Anschluss auf. Seine Form ähnelt einem T, deshalb der Name T-Stück. Über diesen seitlichen Ausgang wird z.B. beim Ethernet- oder ARCNet-Bus die Netzwerkkarte mit dem Transceiver on-board direkt mit dem T-Stück verbunden. Wie beim Thicknet ist auch hier ein Mindestabstand zwischen zwei angeschlossenen Endgeräten vorgeschrieben, nämlich 0,5 Meter.

# Verbindungskomponenten des Koaxialkabels

## Der BNC-Stecker

Wie oben angesprochen, gilt es, die Übergänge vom Koaxialkabel zur jeweiligen Netzwerkkarte zu schaffen. Hierzu dient erst einmal der BNC-Stecker (BNC steht für ***B**ayonet-**N**eill-**C**oncelmann*), sowohl in der Thick- als auch der Thin Ethernet-Lösung.

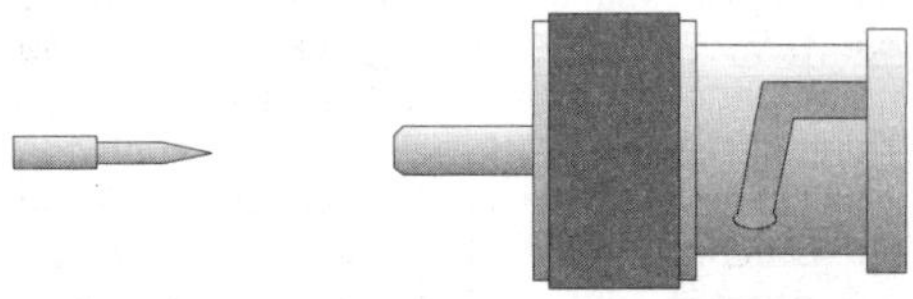

BNC-Stecker

Einmal mit BNC-Steckern an beiden Enden versehen, werden im Thin Ethernet zwischen die Kabelenden T-Stücke gesetzt, um die Überleitung zum on-board-Transceiver zu realisieren. Rufen Sie sich an dieser Stelle noch einmal die Erläuterungen zur Bustopologie ins Gedächtnis.

Koaxialkabel mit BNC-Stecker

Die BNC- und BNC-T-Stecker innerhalb einer Kette von Koaxialkabeln bringen keinesfalls eine Unterbrechung der Datenübermittlung mit sich. Vielmehr bildet diese Kette das Gesamtmedium (auch *Koaxialsegment*, siehe weiter unten), auf dem sich nach dem Prinzip des Diffusionsnetzes die Nachrichten ausbreiten. Der angeschlossene Transceiver wandelt die Signale zur ständigen Abfrage nach Sendungen für das Endgerät bzw. die Signale zur Versendung von Informationen aus dem Endgerät um.

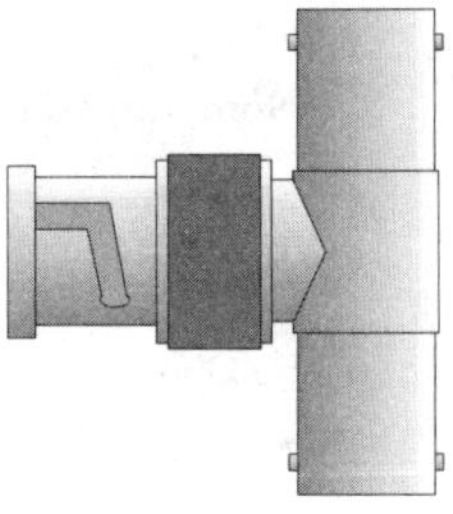

BNC-T-Stecker

## Der AUI-Anschluss

Im Thicknet ist die Ansteuerung der Netzwerkkarte vom Transceiver über den AUI-Anschluss realisiert. Die Funktionsweise dieser AUI-Schnittstelle wurde bereits zuvor angeschnitten. Sie besteht aus einem AUI-Kabel und den unten abgebildeten Anschlusssteckern an den Transceiver.

Anschlussstecker an den Transceiver

**Hinweis**

Wie in der obigen Abbildung ersichtlich, wird bei Anschlusselementen im Allgemeinen zwischen männlichen und weiblichen unterschieden. Die männlichen Anschlussstücke sind mit Pins, Auswölbungen oder Ähnlichem versehen, die weiblichen mit Löchern, Einwölbungen etc.

# 6.2 Twisted-Pair-Kabel

Ursprünglich in den Telefonnetzen der USA zu finden, feiert das *Twisted-Pair Cable*, wie es dort heißt, seinen weltweiten Siegeszug praktisch durch alle relevanten Netzwerktopologien. Ins Deutsche übersetzt heißt Twisted-Pair Cable Zweiader-Drillkabel.

Dies beschreibt das Kabel schon recht gut. Es besteht nämlich in seiner einfachsten Form aus zwei isolierten, soliden Kupferleitern, die miteinander verdrillt (twisted) sind. Insbesondere diese Verdrillung bestimmt die elekrischen Eigenschaften dieser Kabel mit.

Twisted-Pair-Kabel

Die Doppeladerverkabelung für die Telefonnetze wurde auch hier bei uns eingesetzt, allerdings waren die Kabel nicht unbedingt verdrillt. Es wundert also kaum, dass die „Zweitverwertung" bestehender Telefonverkabelungen in der Netzwerktechnik in Nordamerika seinen Siegeszug begonnen hat. Zum besseren Handling und mechanischen Schutz werden TP-Kabel meist mit einer Kunststoffhülle ummantelt.

In der Praxis findet man allerdings hauptsächlich Kabel mit mehreren Adernpaaren. Standardausführungen sind zwei, drei, vier oder sechs verdrillte Paare mit solidem Kupferkern. Die zusätzlichen Adernpaare erhöhen z.B. die Flexibilität der Netzwerkarchitektur und können zur Steigerung der Datenübertragung zusätzlich genutzt werden. Die Verdrillungen der Leiterpaare reduziert den gegenseitigen Einfluss, die elektromagnetischen Interferenzen, denen stromdurchflossene Leiter naturgemäß ausgesetzt sind. Die Verdrillung verbessert also die elektrischen Leitereigenschaften. Die Anzahl der Verdrillungen pro Feed oder Meter hat u.a. großen Einfluss auf das Dämpfungsverhalten oder die maximale Übertragungsgeschwindigkeit des Mediums. Die Kabel werden deshalb in Kategorien unterteilt und genügen unterschiedlichen Anforderungen.

Ein besonders unerwünschter Effekt bei zwei benachbarten Leitern ist das Übersprechen oder englisch *Crosstalk*, bei dem Signale des einen Leiters in den anderen eingestreut werden und umgekehrt. Sie kennen diesen Effekt sicher vom Telefonieren, wenn außer dem gewünschten Gesprächspartner noch andere „Geisterstimmen" zu hören sind. Zur Reduzierung des Übersprechens gibt es Twisted-Pair-Kabel mit zusätzlichen Abschirmungsfolien.

So gibt es zwei Hauptgruppen von Twisted-Pair-Kabeln (TP-Kabeln): die unabgeschirmte Variante *Unshielded Twisted-Pair* (*UTP*) und *Shielded Twisted-Pair* (*STP*) mit Abschirmung.

## UTP-Kabel

Twisted-Pair-Kabel ohne jegliche Abschirmung werden als *Unshielded Twisted-Pair-Kabel* (*UTP* = ungeschirmtes Kabel) bezeichnet. Sie besitzen einen Wellenwiderstand von 100 Ohm und eine maximale Kabellänge von 100 Metern.

Unshielded Twisted-Pair

Auf dem nordamerikanischen Kontinent stellt das UTP-Kabel den Standard in der Telefonverkabelung dar. Die Electronic Industries Association (EIA) und die Telecommunication Industries Association (TIA) haben die UTP-Verkabelung in den Vereinigten Staaten unter der Kennziffer 568 einen Verkabelungsstandard für öffentliche Gebäude spezifiziert. Die EIA/TIA 568 gewährleistet dem Kunden Übersicht und Produktqualität. Entsprechend ihrer Übertragungseigenschaften existieren fünf

Kategorien (Gruppen) von UTP-Kabeln, wobei die Kategorie 5 im Rahmen der Netzwerkverkabelung am häufigsten eingesetzt wird:

| | |
|---|---|
| Kategorie 1 | Beschreibt das traditionelle UTP-Telefonkabel, welches zwar Sprache, aber keine Daten übertragen kann. Fast alle Telefonkabel fielen bis ca. 1983 in die Kategorie 1. |
| Kategorie 2 | UTP-Kabel mit einer Datenübertragungsrate von bis zu 4 Mbit/s. Es besteht aus vier gedrillten Paaren. |
| Kategorie 3 | UTP-Kabel mit einer Datenübertragungsrate von bis zu 10 Mbit/s. Es besteht aus vier gedrillten Paaren mit drei Drehungen pro Fuß. |
| Kategorie 4 | UTP-Kabel mit einer Datenübertragungsrate von bis zu 16 Mbit/s. Es besteht aus vier gedrillten Paaren. |
| Kategorie 5 | Kabel entwickelt für eine Datenübertragungsrate von bis zu 100 Mbit/s. Mittlerweile auch Übertragungsraten von 1Gbit/s möglich. Es besteht aus vier gedrillten Paaren Kupferkabel (Bandbreite 100 MHz). UTP- und STP- Versionen erhältlich. |
| Kategorie 5e (Kat5+) | STP-Kabel ähnlich Kat 5 aber mit einer Bandbreite bis 155 MHz. |
| Kategorie 6 | Ähnlicher Aufbau wie STP/Kat5, zusätzlich sind die einzelnen Adernpaare mit Metallfolie abgeschirmt, Bandbreite 250 MHz |
| Kategorie 7 | Zusätzlich zu der Metallfolie bei Kat6 sind die Paare hier in ein Drahtgeflecht eingehüllt; Bandbreite 600 MHz. |
| Kategorie 8 | Bandbreite 1.200 MHz. |

Ein wichtiges Einsatzgebiet des UTP-Kabels ist das Ethernet mit Twisted-Pair, da dieses für UTP spezifiziert ist. Bei der Übertragungsrate des 10-Base-T-Ethernets genügen Kabel der Kategorie 3, aber im Hinblick auf einen möglichen Umstieg in die Welt der 100 Mbit /s wird heute überwiegend die Kategorie 5 eingesetzt. Auch die Nutzung von 1.000 Mbit/s-Netzen, dem so genannten Gigabit-Ethernet, ist bei der Nutzung von Kat5-Kabeln möglich. Bei einer Neuverkabelung bietet sich allerdings Kabel der Kategorie 7 an. Diese sind zwar (unwesentlich) teurer, aber zukunftssicherer. Durch die komplexere Abschirmung sind sie allerdings auch dicker und entsprechend unflexibler.

## STP-Kabel

Abgeschirmte Twisted-Pair-Kabel besitzen eine Abschirmung für jede Ader, jedes Adernpaar und zusätzlich einen Gesamtschirm. Sie werden als *Shielded Twisted-Pair-Kabel* (*STP* = geschirmtes Kabel) bezeichnet. Je nach Güte der Kabel kann diese Abschirmung von Metallfolien bis zu Drahtgeflechten reichen. Bei den sehr hochwertigen Kabeln sind die einzelnen Paare jeweils abgeschirmt und ermöglichen damit sehr hohe Datendurchsätze. Der Wellenwiderstand beträgt 150 Ohm.

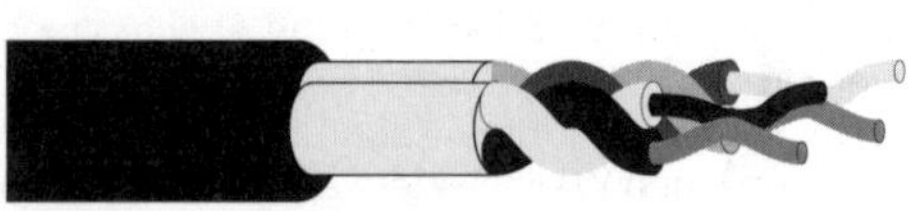

Shielded Twisted-Pair

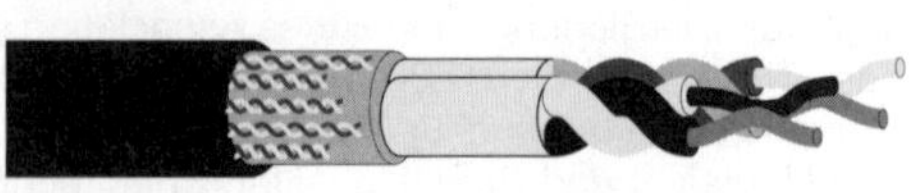

Shielded Twisted-Pair mit Drahtgeflechtschirmung

Aus Gründen der „Elektromagnetischen Verträglichkeit" (EMV) kommen auch 100-Ohm-Kabel zum Einsatz, die eine Gesamtabschirmung haben. Diese Kabelart wird als *Screened Unshielded Twisted-Pair-Kabel* (*S/UTP*) bezeichnet.

UTP/STP-Kabel finden Verwendung in der strukturierten Verkabelung, aber auch die Verkabelung im IBM-Token Ring wird in der Regel mit Hilfe von UTP-Kabeln einer bestimmten Kategorie hergestellt.

## Verbindungskomponenten des Twisted-Pair-Kabels

Bei der Verkabelung mit Twisted-Pair Kabeln werden in der Regel sog. RJ-Steckverbindungen genutzt. Das Kürzel *RJ* kommt von *Registered Jack* und ist annähernd mit „genormter Stecker" zu übersetzen. Der RJ-45-Stecker sieht dem RJ-11-Stecker beim Telefon oder Modem sehr ähnlich. Er ist allerdings größer und hat acht statt vier Anschlüsse und darf nicht mit ihm verwechselt werden. Der gleiche Stecker (RJ-45) wird auch bei der Verkabelung von ISDN-Telefonen genutzt.

RJ-45-Stecker

Das TP-Kabel hat an beiden Enden RJ-45-Stecker. Einer wird in die RJ-45-Buchse einer PC-Netzwerkkarte gesteckt; sie rastet hörbar ein. Der Stecker des anderen Endes wird mit einem Port eines Konzentrators oder der Buchse einer (Wand-)Datendose verbunden, je nach Komplexität des TP-Netzwerks.

Betrachten Sie im Folgenden einmal die Konfektionierung der RJ-45-Stecker eines typischen (Patch-)Kabels zwischen PC und Datendose:

Verbindung PC – Datendose:

PIN 1 – PIN 1 , Weiß/Orange , Senden (+)

PIN 2 – PIN 2 , Orange/Weiß , Senden (–)

PIN 3 – PIN 3 , Weiß/Grün , Empfangen (+)

PIN 6 – PIN 6 , Grün/Weiß , Empfangen (–)

RJ-45-Buchse

Wie Sie erkennen, sind die Pins des einen Steckers an dem einen Kabelende mit den jeweils gleichnamigen Pins des anderen Steckers am anderen Kabelende verbunden. Man spricht auch von einem *symmetrischen* oder *1:1 aufgelegten Kabel*.

Es existieren aber auch andere Kabelauflegungen, die untereinander inkompatibel sind. So können z.B. mit einem speziellen Kabel zwei PCs über die RJ-45 Buchsen ihrer Netzwerkkarten direkt gekoppelt werden. Die Steckerbelegungen sehen dabei folgendermaßen aus:

Direktverbindung PC – PC:

PIN 1 – PIN 3 , Weiß/Orange , Senden (+) auf Empfangen (+)

PIN 2 – PIN 6 , Orange/Weiß , Senden (–) auf Empfangen (–)

PIN 3 – PIN 1 , Weiß/Grün , Empfangen (+) auf Senden (+)

PIN 6 – PIN 2 , Grün/Weiß , Empfangen (–) auf Senden (–)

Hier ist jeweils Pin 2 (Senden) mit Pin 6 (Empfangen) gekreuzt und umgekehrt.

Grundsätzlich braucht es bei der Verkabelung mittels TP-Kabeln eine aktive Vermittlungskomponente (Hub, Switch etc.). Zwei Rechner können mit Hilfe des oben beschriebenen Kreuzkabels (Crossover-Kabel) miteinander verbunden werden, bei einer größeren Anzahl von Netzteilnehmern braucht es dann allerdings den Vermittler. Das Crossover-Kabel wird oft auch für die Vernetzung von Switches untereinander verwendet.

Heute finden sich einfache 10-bit/s-Hubs bereits für 25 € im Fachhandel, so dass das „Starterkit“ mit Hub, zwei Karten und zwei Kabeln etwa für 50–60 € erhältlich ist.

## 6.3 LWL (Glasfaser)

Neben metallenen Leitern werden in der Netzwerktechnik auch *Lichtwellenleiter* (*LWL*) eingesetzt. Diese bieten wesentlich größere Datenübertragungsraten und sind nicht anfällig gegen elektromagnetische Störungen. Unter Störungen versteht man in diesem Zusammenhang Strahlungen, die die Übertragung beeinflussen können. Auch strahlen LWL-Kabel selber nicht ab.

Das Kabel besteht aus einem Innenleiter aus Glas oder Quarz, der mit verschiedenen Schichten ummantelt ist. Die äußeren Schichten dienen hauptsächlich der mechanischen Stabilität des Kabels. Nachteilig ist allerdings, dass LWL in der Regel einem stärkeren Alterungsprozess unterworfen sind und daher schneller ausgetauscht werden müsssen.

Lichtwellenleiter

Auf beiden Seiten des Kabels befindet sich eine Sende- und Empfangseinheit, die die elektrischen Signale in Lichtimpulse umsetzt und umgekehrt. Die Erzeugung der Lichtimpulse im Sender geschieht entweder mittels einer *Leuchtdiode* (*light emitting diode*; *LED*) oder einer *Laserdiode*. Im Empfänger befinden sich *Photodioden*, die die Lichtimpulse wieder aufnehmen.

Je nach technischer Ausführung wird zwischen Stufenindexfasern, Monomodefasern oder Gradientenindexfasern unterschieden.

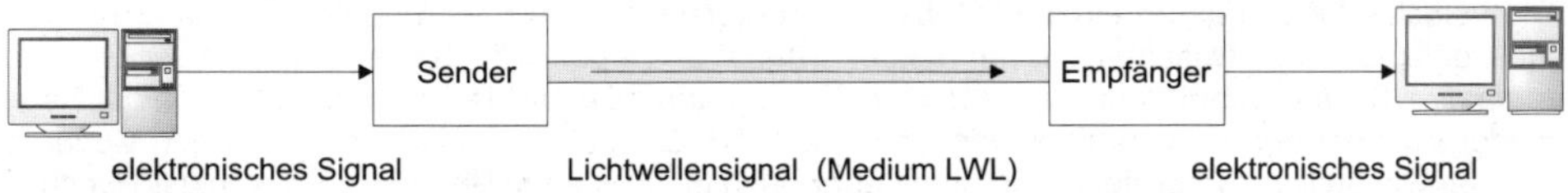


Funktionsweise eines Lichtwellenleiters

Bei allen Faserarten werden die Lichtstrahlen, verursacht durch unterschiedliche Brechungsindexe in der Faser, wie durch ein System von Spiegeln vom Sender zum Empfänger transportiert, wobei das Licht bei verschiedenen Einfallwinkeln unterschiedliche Entfernungen zurücklegt und dadurch auch mit unterschiedlicher Geschwindigkeit übertragen wird.

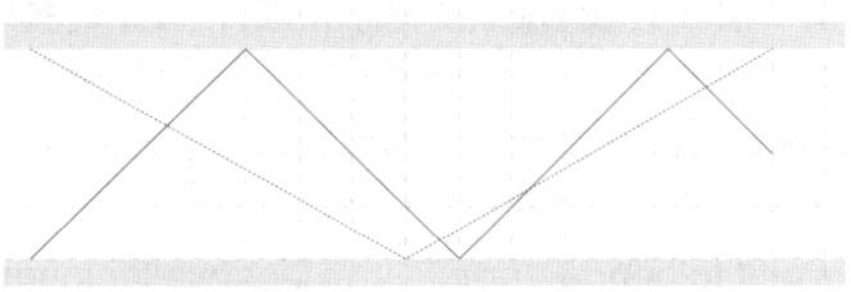

Ausdehnung von Lichtwellen in einem LWL

## Dispersion im LWL

Nach einem grundlegenden Gesetz der Optik ist bei einer Reflexion der Einfallwinkel gleich dem Ausfallwinkel. Dadurch entstehen bei unterschiedlichen Einfallwinkeln Strahlen mit geringerer und solche mit längerer Laufzeit. Damit sich die Signale einer vorhergehenden Sendung nicht mit späteren Sendungen überlagern, darf erst dann mit einer weiteren Sendung begonnen werden, wenn alle Strahlen sicher beim Empfänger angekommen sind.

Diese Form der Laufzeitunterschiede und eine dadurch verursachte Überlagerung wird als *Dispersion*, genauer als *Moden-Dispersion* bezeichnet.

## Moden

Einen Lichtstrahl, der mit einem bestimmten Einfallwinkel via Reflektion übertragen wird, wird wir als *Mode* bezeichnet. Bei der Übertragung von Strahlen mit unterschiedlichen Einfallwinkeln spricht man von einer *Multimodefaser*. Eine Monomodefaser überträgt hingegen idealerweise lediglich Strahlen mit einem ganz bestimmten Einfallwinkel und minimiert damit die Dispersion.

## Anschluss von LWL-Kabeln

Da es sich hier nicht um einen elektrischen Anschluss handelt, ist der Verbindungsaufbau handwerklich recht kompliziert. Die innen liegende Faser muss abgeschliffen und mittels einer geeigneten Methode mit einem Verbindungselement (etwa einem Stecker) verbunden werden. In der Regel werden die Fasern heute mit einem speziellen Klebstoff verklebt.

Die Fertigung einer LWL-Verbindung nach diesem Vorgehen wird *Splicing* genannt und erfordert neben hohem handwerklichen Geschick auch ein hohes Maß an Erfahrung.

## Fasertypen

Wie bereits erwähnt, kommen bei der LWL-Technik Stufenindexfasern, Monomodefasern oder Gradientenindexfasern zum Einsatz.

Die verschiedenen Fasern eines LWL besitzen unterschiedliche Faserquerschnitte, deren Durchmesser je nach Typ zwischen 200 µm (= 200 * $10^{-6}$ m) und 4 µm (= 4 * $10^{-6}$ m) liegt. Bei der *Gradientenfaser* z. B. kann er bei 50 µm oder 62,5 µm liegen, während er bei der *Monomodefaser* in der Regel 8 oder 9 µm beträgt. Man erahnt schon, dass die Anschlusstechnik bei der extrem dünnen Monomodefaser wesentlich komplizierter ist, damit aber auch die Kosten für Kabel und Anschluss. Deshalb kommt meist die Gradientenfaser zum Einsatz, obwohl die Monomodefaser größere Leitungslängen zulässt. Die Wellenlänge (physikalisch als *Lambda* bezeichnet) des übertragenen Lichtsignals ist bei den verschiedenen Leitern unterschiedlich. Bei der Gradientenfaser sind es z. B. 850 nm (= 850 * $10^{-9}$ m = 850 Tausendstel Millimeter) oder 1.300 nm, während bei der Monomodefaser Licht mit einer Wellenlänge von 1.300 nm bzw. 1.500 nm übertragen wird.

Hauptsächlich liegt die Verwendung von LWL-Kabeln in der Verbindung von Leistungskomponenten in einer strukturierten Verkabelung.

Es gibt folgende Vorteile von Lichtwellenleitern gegenüber Kupferleitern:

- Unempfindlichkeit gegen äußere Störungen, wie z. B. elektromagnetische Felder
- hohe Abhörsicherheit
- hohe Datenübertragungsraten
- Potenzialtrennung durch metallfreien Aufbau (Blitzschutz)

Nachteile von Lichtwellenleitern gegenüber Kupferleitern sind:

- hohe Kosten für Kabel, Steckerkonfektionierung und Verbindungstechnik
- umfangreiche Verlegevorschriften

## 6.4 x-Base-x/x-Broad-x

Zur Klassifizierung von Verkabelungssystemen wird oft ein standardisiertes Verfahren eingesetzt. Ein Beispiel hierfür ist etwa *10-BASE-2*. Die Benennung eines Typs setzt sich dabei aus drei Komponenten zusammen:

Die erste Zahl gibt die max. Datenübertragungsrate in Mbit/s (Megabit pro Sekunde) an. Die letzte Zahl definiert die max. Länge des Kabelsegments in 100 m bzw. die Verkabelungsart. Hier steht etwa eine 2 für eine Segmentlänge von 200 m, eine 5 für 500 m, ein T steht für Twisted-Pair, ein F für Fiber usw.

Der in der Mitte stehende Begriff bezeichnet die Art der Datenübertragung, *Base* für Baseband (Basisband) und *Broad* für Broadband (Breitband). Bei der Basisbandübertragung wird auf dem Kabel lediglich ein Frequenzbereich genutzt. Bei der Breitbandübertragung stehen mehrere Frequenzbereiche zur Verfügung, die jeweils einer bestimmten Verbindung (Datenkanal) zugewiesen werden.

### 10-BASE-5

Das *10-BASE-5*- oder *Thick-Ethernet-Kabel* wird wegen seiner gelben Farbe auch als „*Yellow Cable*" bezeichnet und ist mechanisch sehr starr. Es wird überwiegend im „*Backbone-Bereich*" zur Verbindung zentraler Netzbestandteile eingesetzt. Die Verbindung von der Netzwerkkarte zu 10-BASE-5 erfolgt mit einem bis zu 50 m langen Transceiver-Kabel. Die externen Transceiver werden mit Vampirklemmen (dort sitzt der Transceiver) angeschlossen, wobei die Montage ohne Betriebsunterbrechung möglich ist. Um bei der Montage der Transceiver die Einhaltung des vorgeschriebenen Abstands zu erleichtern, befinden sich alle 2,5 m schwarze Ringe auf dem Kabel. Der Terminatorwiderstand beträgt 50 Ohm.

### 10-BASE-2

Das *10-Base-2-Verkabelungssystem*, weitere Bezeichnungen sind *Thin Ethernet* und *Cheapernet*, basiert auf einem Koaxialkabel mit 50 Ohm Wellenwiderstand. Der Anschluss an das Netz erfolgt über BNC-Klemmverbindungen, die direkt auf der Netzwerkkarte sitzen. Bei 10Base2 beträgt der Mindestabstand zwischen zwei Knoten 0,5 m. Diese Form der Verkabelung war insbesondere in Deutschland vor etwa 10 Jahren durchaus verbreitet und ist auch heute noch zu finden. Neuinstallationen werden aber so nicht mehr aufgebaut.

### 10Base-T, 100Base-T

Dies ist eine Verkabelungsart mittels UTP/STP-Kabeln bei einer maximalen Übertragungsrate von 10 bzw. 100 Mbit/s. Oft wird diese Verkabelungsart einfach nur als Kat5 bezeichnet.

### 100Broad-F

Dies ist die Verkabelungsart mit Lichtwellenleitern für den Einsatz von FDDI (**F**iber **D**istributed **D**ata **I**nterface)

### 1000Base-T

Verkabelung mit mindestens Kat5e (Kupfer) und Übertragungsrate von bis zu 1000 MBit/s (1 GBit/s). Das so genannte Gigabit-Ethernet wird langsam zum Standard. Die Kosten für die Verkabelung, aber auch für die notwendigen Komponenten wie Netzwerkkarten und Switches, fallen stetig. So ist damit zu rechnen, dass hier die verbreiteten Netze mit 10/100 MBit/s in Kürze verdrängt werden.

### 1000Base-SX/LX

Verkabelung mit LWL und 1 Gbit/s Übertragungsraten. *SX* (*Short Wave*) nutzt dabei Multimode LWL und erreicht bis zu 550 Meter Kabellänge. *LX* (*Long Wave*) kann hingegen auch Singlemode LWL nutzen und erreicht dann bis zu 5.000 m Kabellänge.

## 6.5 Drahtlose Verbindungen

Neben Kabelverbindungen werden unter bestimmten Umständen auch kabellose Verbindungsarten eingesetzt. Beliebt sind etwa Verbindungen mit Infrarot oder Mikrowellen, die die Anbindung von Arbeitsstationen ermöglichen, welche sonst nur sehr umständlich zu verkabeln wären.

Für die Verbindung von mehreren Gebäuden einer Firma kann eine Laserverbindung sinnvoll sein, wenn ansonsten öffentliche Flächen zu durchqueren wären. Hierdurch kann die Miete einer öffentlichen WAN-Verbindung (Standleitung etc.) entfallen. Notwendig für diese Form der Verbindung ist allerdings eine Sichtverbindung zwischen den Anschlusspunkten. Mittlerweile sind Lösungen bis zu 5 km durchaus realistisch, allerdings ist bei diesen Weiten die Verbindung anfällig gegen atmosphärische Störungen wie Regen und Schnee.

Das Wireless-LAN (WLAN) und verwandte Techniken wie Bluetooth können insbesondere in kleineren Heim- oder Büronetzen eine ernstzunehmende Alternative sein.

# 6.6 Strukturierte Verkabelung

Die Komplexität heutiger Anforderungen an ein Netzwerk ist sehr groß. Wurden früher Netze installiert und später so lange erweitert und modifiziert, bis sie sich kaum noch administrieren ließen, hat sich heute, nicht zuletzt mit Einführung der LWL- und TP-Kabel, die *strukturierte Verkabelung* etabliert.

Folgende Anforderungen hinsichtlich der Verkabelung sind bei einem geplanten Netzwerkkonzept u. a. zu berücksichtigen:

- die Möglichkeit zum strukturierten Aufbau des Netzes
- Möglichkeiten der redundanten Auslegung zur Steigerung der Ausfallsicherheit
- Erweiterbarkeit
- Möglichkeiten zur Reduzierung des administrativen und Wartungsaufwands
- Integrationsmöglichkeiten für unterschiedliche Dienstleistungen

Ein strukturiertes Netzwerk wird in drei Abschnitte aufgeteilt und als *strukturierte Verkabelung* bezeichnet. Sie besteht aus der

- *Geländeverkabelung* (*Primärverkabelung*),
- *Gebäudeverkabelung* (*Sekundärverkabelung*) und
- *Etagenverkabelung* (*Tertiärverkabelung*).

Für die Primär- und Sekundärverkabelung werden hauptsächlich LWL-Kabel eingesetzt. In der Tertiärverkabelung kommt aus wirtschaftlichen Gründen noch überwiegend das UTP/STP-Kabel zum Einsatz. Hierfür gelten die von IEEE 802.3 als 10Base-T festgelegten Standards.

Das 100-Ohm-UTP-Kabel oder das UTP/STP-Kabel verbindet sternförmig die Anschlussdosen der Arbeitsplatzrechner mit dem im Sternmittelpunkt liegenden Rangierfeld (*Patchpanel*) der Etagenverteilung.

**Hinweis**

Der Standort der Etagenverteilung muss so gewählt werden, dass die Länge der Tertiärkabel 90 m nicht überschreitet. Damit stehen für das Anschlusskabel des Endgerätes und für das Kabel des Rangierfeldes (*Patchkabel*) noch 10 m zur Verfügung, da die Gesamtlänge 100 Meter nicht überschreiten darf.

Mit dem Patchkabel wird die am Patchpanel abgeschlossene, fest verlegte Tertiärverkabelung mit dem Sternkoppler verbunden. Dieser stellt als aktiver Verteiler (Konzentrator) die Verbindung zur Sekundärverkabelung her.

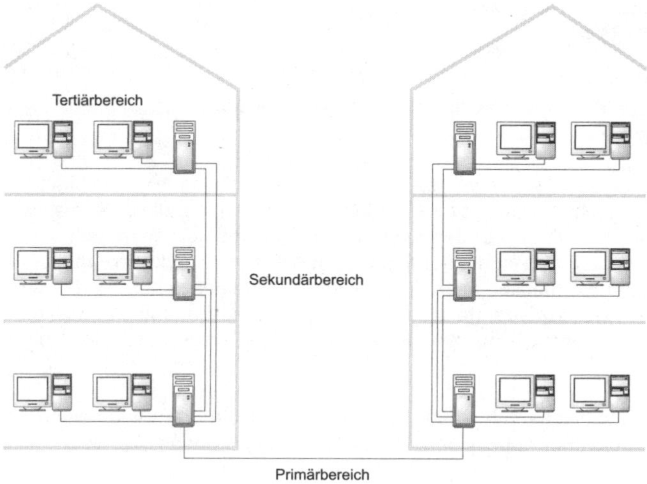


Beispiel einer strukturierten Verkabelung

# 6.7 Netzgestaltung eines LANs

Die Netzgestaltung eines LANs ist deutlich begrenzt. So dürfen die bestehenden Längenbeschränkungen und die Anzahl der angeschlossenen Stationen nicht überschritten werden. Werden entsprechend große Netze errichtet, ist bei der Planung eines LANs eine Aufteilung in Subnetze (Teilnetze) vorzusehen. Solch eine Aufteilung ist häufig schon bei geringeren Größen zweckmäßig.

Gründe für eine Aufteilung sind beispielsweise:

- Die Verbindung von räumlich weit auseinander liegenden LANs über Weitverkehrsstrecken.
- Die Bildung von Subnetzen zur Verringerung der Verkehrslast im Gesamtnetz (Stationen, die häufig miteinander kommunizieren, werden in der Form zusammengeschaltet, dass die erzeugte Netzlast in einem Subnetz bleibt; nur der netzübergreifende Verkehr belastet weitere Subnetze).
- Auftretende Fehler werden auf einen abgegrenzten Bereich beschränkt.
- Das Netzmanagement kann einzelne Unterbereiche getrennt analysieren.
- Für Segmentverbindungen lassen sich Ersatzwege schalten.
- Zur Erhöhung der Datensicherheit kann die Kommunikation auf bestimmte Bereiche begrenzt werden.

## Zusammenfassung

- ✓ Sie haben in dieser Einheit die unterschiedlichen Typen von Verkabelungssystemen, die in der Netzwerktechnik eingesetzt werden, kennen gelernt.
- ✓ Soll ein komplexes Netzwerk aufgebaut werden, ist es sicherlich ratsam, einen Verkabelungsingenieur zu Rate zu ziehen. Die zu beachtenden Vorschriften und die potenziellen Problemesowie die daraus evtl. entstehenden Kosten sollten dieses Vorgehen rechtfertigen. Stellen Sie sich vor, Ihre Firma ist mit der Installation eines Netzwerks im Krankenhausbereich beauftragt und Sie müssen auch die Intensivstation einbeziehen. Hier stößt man schnell an seine Grenzen bzgl. der geforderten Auflagen. Ein Abnahmeprotokoll eines versierten Dienstleisters bringt Sie bei eventuellen Regressforderungen auf die sichere Seite.
- ✓ Eine gute Infrastruktur – und insbesondere eine gut geplante strukturierte Verkabelung – ist die Grundlage für ein funktionell optimal und kosteneffizient arbeitendes Netzwerk.

## Übungen

1. Um den Kern eines Koaxialkabels befindet sich ein Mantel aus einem nicht leitenden Material. Wie nennt man diese nicht leitende Schicht in der Elektronik?
2. Bitte nennen Sie zwei der vier im Text erwähnten Kabeltypen mit Angaben über die Übertragungsart und deren Einsatzgebiete.
3. In welcher Form werden Wechselstromsignale unterschiedlicher Frequenzen über das Koaxialkabel übertragen?
4. Je höher die übertragene Frequenz auf einem Koaxialkabel ist, umso weniger Informationen können letzendlich in einer Sekunde übertragen werden. Ist diese Aussage zutreffend?
5. Zwischen welchen zwei grundlegenden Formen von Daten und Datenübertragsverfahren werden Kabel klassifiziert?
6. In welchen Bereichen findet das Breitbandkabel Verwendung?
7. Wie werden digitale Daten im Basisbandkabel, wie z.B. im Koaxialkabel des Ethernets, übertragen?
8. Eine wichtige physikalische Eigenschaft des Koaxialkabels ist sein Dämpfungsverhalten. In welcher Einheit wird dieses Verhalten gemessen?
9. Für den Netzwerkanschluss von Endgeräten an ein Koaxialkabel als Übertragungsmedium ist zunächst für jedes Endgerät eine ____________________ erforderlich. Bitte vervollständigen Sie den Satz.

# Übungen

**10.** Aus welchen zwei Begriffen setzt sich das Kunstwort *Transceiver* zusammen?

**11.** Beim Thicknet handelt es sich um ein relativ starres Koaxialkabel. Welche Bezeichnungen haben sich für dieses Kabel eingebürgert?

**12.** Das Thicknet besitzt Vor- und Nachteile bei der Netzwerkverkabelung. Bitte nennen Sie jeweils einen Vor- und Nachteil.

**13.** Um eine Verbindung zwischen einem Transceiver und dem AUI-Anschluss einer Netzwerkkarte herzustellen, kann man diverse Kabel einsetzen. Wie heißen diese?

**14.** Welchen Namen trägt das Teil oberhalb des Transceivers, das ihn mit dem Kabel verbindet, in der unten abgebildeten Darstellung?

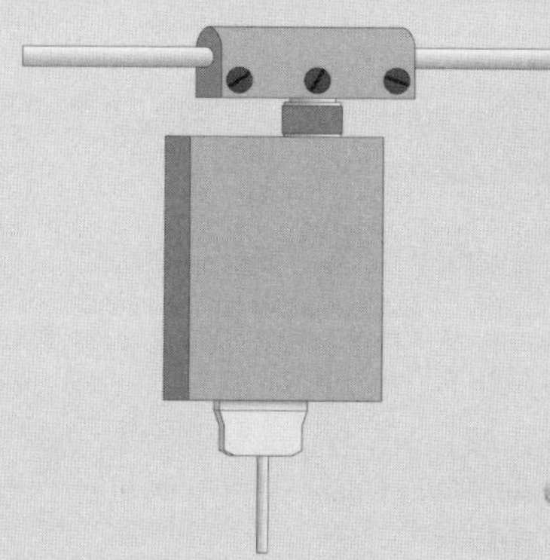

**15.** Aus dem ursprünglichen Yellow Cable hat sich ein oft schwarzes „Billig"-Kabel entwickelt, das Cheapnet- oder Cheapernet-Kabel. Welche anderen Bezeichnungen kennen Sie für diesen Koaxialkabeltyp?

**16.** Auf welche Leitungslänge ist das Thinnet beim Thin Ethernet beschränkt?

**17.** Mit welchen Techniken können ein BNC-Stecker und das Cheapernet-Kabel verbunden werden?

**18.** Wie nennt man den Teil innerhalb eines Netzes, mit dem im Thin Ethernet die BNC-Stecker mit dem Transceiver verbunden werden?

**19.** Um die gestreuten Signale auf dem Buskabel zu absorbieren und so eine Reflexion zu vermeiden, werden ____________________ auf jedes Ende des Mediums gesetzt. Bitte vervollständigen Sie den Satz.

**20.** Welches Werkzeug benötigen Sie, um das Koaxialkabel für den Eigengebrauch selbst zu konfektionieren?

**21.** Wiederholen Sie die im Abschnitt „Darstellung der Kabelkonfektionierung" gelernten Schritte zur Herstellung einer BNC-Stecker – Koaxialkabel-Verbindung.

# Übungen

**22.** Welchen Anschluss können Sie statt des BNC-Steckers wählen, um eine Verbindung zwischen Endgerät und Bus herzustellen?

**23.** Was versteht man unter einem Koaxialsegment?

**24.** Aus mindestens wie vielen soliden und miteinander verdrillten Kupferleitern besteht das Twisted-Pair-Kabel?

**25.** Bitte nennen Sie die zwei Hauptgruppen von Twisted-Pair-Kabeln (TP-Kabeln).

**26.** Welchen Wellenwiderstand besitzen Unshielded Twisted-Pair-Kabel (UTP=ungeschirmtes Kabel)?

**27.** Was stellt die folgende Abbildung dar?

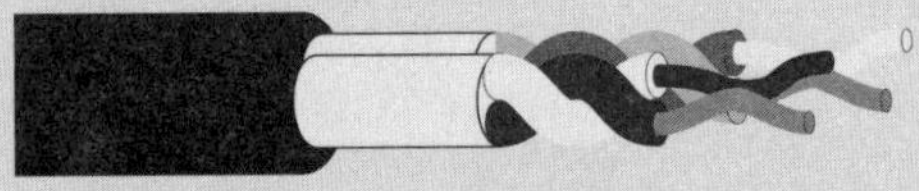

**28.** Über wie viele Anschlüsse verfügt der RJ-45-Stecker?

**29.** Beim RJ-45-Stecker sind die Pins des einen Steckers jeweils mit den gleichnamigen Pins des anderen verbunden. Man spricht hier auch von einem symmetrischen Kabel. Welche Ausnahmen gibt es?

**30.** Aus welchem Grund werden in der Netzwerktechnik auch Lichtwellenleiter eingesetzt?

**31.** Auf beiden Seiten eines Lichtwellenleiters befindet sich eine Sende- und Empfangseinheit, die die elektrischen Signale in Lichtimpulse umsetzt und umgekehrt. Die Erzeugung der Lichtimpulse im Sender geschieht entweder mittels einer ____________________ oder einer ____________________ . Im Empfänger befinden sich ____________________ , die die Lichtimpulse wieder aufnehmen. Bitte vervollständigen Sie die Sätze.

**32.** Zwischen welchen Faserarten wird bei den Lichtwellenleitern unterschieden?

**33.** Mit welchem Begriff wird der Vorgang bezeichnet, bei dem sich Lichtwellen, die infolge der Reflexion so aufeinander treffen, dass die Spitze bei einem Signal nach oben und beim anderen nach untern zeigt, deshalb auslöschen?

**34.** Wie heißt ein Lichtstrahl, der mit einem bestimmten Einfallwinkel via Reflexion übertragen wird?

**35.** Mit welchem Begriff wird die Fertigung einer Verbindung zwischen einem Lichtwellenleiter und einem Verbindungselement bezeichnet?

**36.** Bitte nennen Sie vier Vorteile für die Verwendung von Lichtwellenleitern im Gegensatz zu Kupferkabeln.

# Übungen

**37.** Wofür steht die Abkürzung 100Base-T?

**38.** Neben Kabelverbindungen werden unter bestimmten Umständen auch kabellose Verbindungsarten eingesetzt. Welche Techniken stehen dafür zur Verfügung?

**39.** In welche drei Abschnitte wird ein strukturiertes Netzwerk aufgeteilt?

Die Lösungen zu diesen Aufgaben finden Sie im Anhang des Co@ches.

# Modul 7

# Übertragungsprotokolle im LAN

**Lernen Sie**

- was unter einem Zugriffsverfahren zu verstehen ist
- die Funktionsweise der Ethernet-Übertragungsprotokolle kennen
- den Token Ring auf Ebene der Übertragungsprotokolle zu begreifen
- das ARCNet hinsichtlich seiner Übertragungsprotokolle einzuordnen

Nachdem Sie sich in den letzten drei Modulen das OSI-Referenzmodell im Überblick sowie topologische Kriterien und technische Grundlagen für den Aufbau einer physikalischen Netzwerkverbindung erarbeitet haben, sind Sie nun bestens gerüstet, um in die Tiefen der Netzwerktechnik vorzudringen.

Wir wollen Ihnen mit diesem Modul die komplexe Funktionalität wichtiger Standards, wie des Ethernets oder des Token Ring, auf den OSI-Schichten 1 und 2 näher bringen.

## 7.1 Einordnung in das OSI-Referenzmodell

Sie haben bereits im Modul 3 „Das OSI-Referenzmodell" gesehen, dass Implementierungen der OSI-Schicht 1 und 2 häufig gemeinsam behandelt werden.

Zu den Aufgaben eines Verfahrens, das in die ersten beiden Schichten von OSI einzuordnen ist, zählt neben der Abbildung binärer Informationen auf das physikalische Medium in Schicht 1 auch die Regelung des gemeinsamen Zugriffs auf das physikalische Medium (Zugriffsverfahren). Daneben definiert ein solches Verfahren die gesicherte Übertragung von Datenrahmen (Schicht 2). Man spricht in diesem Zusammenhang von Geräten bzw. Verfahren, die ein Übertragungsprotokoll realisieren.

Die IEEE als Standardisierungsorganisation hat eine Reihe von OSI-1/-2-Implementierungen im Standard IEEE 802 vorgeschlagen. Sie unterteilt die Funktionen der ersten beiden OSI-Ebenen in weitere unabhängige Teilschichten (*Sublayers*).

<table>
<tr><td rowspan="3">OSI 2<br>Data Link Layer</td><td colspan="6">802.2 Logical Link Control</td><td rowspan="4">802.10 Security</td><td rowspan="4">802.2 Overview & Architecture</td><td rowspan="4">802.1 Management</td></tr>
<tr><td colspan="6">802.1 Bridging</td></tr>
<tr><td>802.3<br>MAC</td><td>802.5<br>MAC</td><td>802.6<br>MAC</td><td>802.11<br>MAC</td><td>802.15<br>MAC</td><td>802.16<br>MAC</td></tr>
<tr><td>OSI 1<br>Physical Layer</td><td>802.3<br>PHY<br>Ethernet</td><td>802.5<br>PHY<br>Token Ring</td><td>802.6<br>PHY<br>DQDB</td><td>802.11<br>PHY<br>WLAN</td><td>802.15<br>PHY<br>WPAN</td><td>802.16<br>PHY<br>WMAN</td></tr>
</table>

OSI und IEEE 802

Die einzelnen Teilschichten erhalten bestimmte Aufgaben:

## Logical Link Control Sublayer

Diese Teilschicht präsentiert sich als Schnittstelle für höhere Schichten. Mit ihr können schon innerhalb der OSI-Schicht 2 Umsetzungen mit unterschiedlichen physikalischen Anschlussformen vorgenommen werden.

Funktionell nimmt die LLC-Teilschicht die Aufgaben eines OSI-2-Elements wahr, also primär die Fehlererkennung und -behebung.

Die Spezifikation des LLC Sublayers liegt als Standard IEEE 802.2 vor.

## Media Access Control Sublayer

Der MAC-Sublayer definiert die Art und Weise des parallelen Zugriffs mehrerer Netzwerkknoten auf ein Medium. Daneben wird auf dieser Ebene die physikalische Adresse eines Netzwerkknotens festgelegt.

Zu den Aufgaben des MAC Sublayers gehören:

- Bildung von Data Frames beim Sendevorgang (Encapsulation)
- Berechnung einer Prüfsumme und die Platzierung im Frame
- Implementierung und Beachtung einer Strategie für den gemeinsamen Medienzugriff
- erneute Berechnung der Prüfsumme und evtl. Fehlermeldung beim Empfangsvorgang
- Bearbeitung der empfangenen Frames (Decapsulation)

Bezogen auf das OSI-Modell befindet sich der MAC-Sublayer in Schicht 2.

### Netzwerkadressen

Von elementarer Bedeutung für die Betrachtung der nachfolgend beschriebenen Übertragungsprotokolle ist der Begriff der *Netzwerkadresse*. Diese Adresse identifiziert eine bestimmte Station (Workstation, Server) in einem Netzwerk. Die Adressen der einzelnen Stationen müssen unbedingt eindeutig vergeben werden, damit die Daten die richtigen Adressaten erreichen können.

Bei bestimmten Netzwerkkarten werden diese Adressen von Hand eingestellt (ARCNet), in anderen Systemen (im Ethernet und in der Regel im Token Ring) sind diese Adressen fest in der Logik der Karte verankert. Die Hardwareadressen sind durch entsprechende Absprachen zwischen den Herstellern weltweit eindeutig vergeben.

Die hardwareseitig vorgegebene oder einzustellende Netzwerkadresse heißt MAC-Adresse.

## Physical Signaling Sublayer

Diese Teilschicht bildet die Ankopplung an den MAC-Sublayer und gehört in den Physical Layer. Die Implementierung des *Physical Signaling Sublayers* befindet sich stets im Endgerät.

Die Hauptaufgabe dieses Sublayers liegt in der Zugriffssteuerung. Sie erfolgt nach bestimmten Zugriffsverfahren, die die Basis für eine parallele Nutzung des Netzwerkmediums bilden. Weiter unten werden diese Zugriffsverfahren im Einzelnen beschrieben.

### Physical Medium Attachment Sublayer

Im Modul 6 „Netzverkabelung – Physikalische Grundlage" haben Sie eine Anschlussvariante an das Thick Ethernet mittels eines externen Transceivers kennen gelernt. Ein solcher Transceiver wird auch mit dem Begriff *MAU* (***M**edia **A**ttachment **U**nit*) bezeichnet.

Eine MAU besteht im Wesentlichen aus dem *Physical Medium Attachment*, die die funktionale Logik enthält. Zum Endgerät besitzt eine MAU eine AUI-Schnittstelle. Zum LAN-Medium wird eine elektrische bzw. optische und eine mechanische Schnittstelle definiert. Diese Schnittstelle heißt *MDI* (***M**edium **D**ependent **I**nferface*).

Eine eigenständige Komponente, welche den Physical Medium Attachment Sublayer implementiert, existiert nur dann, wenn sich, wie zuvor angedeutet, die Schaltungslogik für die Zugriffssteuerung und der eigentliche Anschluss an das Medium in zwei voneinander getrennten Geräten befinden.

## 7.2 Zugriffsverfahren

Arbeitet in einem Netzwerk mehr als ein Knoten – und das ist natürlich die Regel – gilt es sicherzustellen, dass sich die Daten der einzelnen Verbindungen nicht miteinander vermischen. Das Zugriffsverfahren bestimmt, wer wann Daten senden oder empfangen darf.

Die Notwendigkeit eines Zugriffsverfahrens ist gegeben, wenn eine Paketvermittlung vorliegt. An dieser Stelle soll auf die Differenzierung zwischen Paket- und Leitungsvermittlung nur kurz eingegangen werden (Näheres dazu finden Sie im Modul 9 „Netzvermittlungstechniken".) Für den Einsatz der Paketvermittlung im LAN-Bereich sprechen zwei Gründe: Erstens wird im LAN eine relativ hohe Übertragungsrate angestrebt ( > 4 Mbit/s). Leitungsvermittler mit solch hohen Raten konnten bis vor kurzem kaum produziert werden. Zweitens ist die Kommunikation zwischen Client und Server in einem LAN meist von kurzer Dauer. Oft werden Daten von einem Server angefordert- und anschließend lokal auf dem Client verarbeitet. Damit befindet sich die logische Kommunikationsverbindung die meiste Zeit in einem Wartezustand. Ein auf Leitungsvermittlung basierendes System muss die Verbindung jedoch jedes Mal an- und abmelden.

Prinzipiell gibt es zwei Lösungsvarianten des Zugriffsverfahrens: nicht deterministische und deterministische.

*Nicht deterministische Verfahren* arbeiten in Form eines kontrollierten Chaos. Frei nach dem Motto: „Wer zuerst kommt, malt zuerst". Werden Übertragungen durch zufällig zeitgleich stattfindende Übertragungsversuche anderer Stationen gestört, findet schlicht eine Wiederholung der Sendung statt.

*Deterministische Verfahren* regeln den gemeinsamen Zugriff über bestimmte Signalisierungsmechanismen. Bekommt eine Station durch ein entsprechendes Signal eine Freigabe für eine Übertragung, führt sie die Übertragung ohne Einwirkung anderer Stationen durch.

Generell gilt: Deterministische Verfahren erfordern den höheren Verwaltungsaufwand und die komplexere Technik. Der entsprechend große Overhead verringert somit die Übertragungsrate der Nutzdaten. Allerdings wirken sich solche Verfahren bei einer größeren Anzahl von Teilnehmern oder einer hohen Netzlast vorteilhaft aus. Mit wachsender Teilnehmerzahl, d.h. einer hohen Anzahl von Kommunikationsanforderungen, steigt die Wahrscheinlichkeit, dass Sendungen bei einem nicht deterministischen Verfahren wiederholt werden müssen. Zudem werden bereits wiederholte Sendungen häufig nochmals initiiert. Ab einer gewissen Grenze ist das Netzwerk überlastet, so dass keine Kommunikation mehr stattfinden kann.

# CSMA/CD

Bei *CSMA/CD* handelt es sich um ein nicht deterministisches Zugriffsverfahren, welches primär bei Busnetzen im Ethernet-Bereich eingesetzt wird. Die Abkürzung steht für ***C**arrier **S**ense **M**ultiple **A**ccess/**C**ollision **D**etection*.

Betrachten Sie einmal den Sendevorgang:

- Die sendewillige Station überprüft die momentanen Netzwerkaktivitäten (*Carrier Sense*). Sie wartet, falls Aktivitäten anderer Stationen festgestellt werden.
- Wird keine weitere Aktivität bemerkt, beginnt die Station nach einer definierten Wartezeit mit der Sendung.
- Danach prüft die Station während einer bestimmten Zeitspanne das Medium darauf hin, ob die eigene Sendung evtl. durch die Sendung einer zeitgleichen (oder fast zeitgleichen) anderen Sendung einer anderen Station überlagert wurde.
- Liegt eine Überlagerung (*Collision*) vor, bricht die Station die Sendung ab und sendet für eine bestimmte Zeitspanne ein so genanntes *Jam-Signal*. Dieses informiert auch die anderen Stationen über die Kollision.
- Nach einer zufälligen Zeitspanne beginnt die Station erneut mit der Sendung, wiederum nach dem oben beschriebenen Verfahren. Die Zeit vor einem neuen Sendeversuch muss zufällig sein, damit sich nicht zwei Stationen permanent gegenseitig sperren, indem sie ständig gleichzeitig einen neuen Sendeversuch starten.

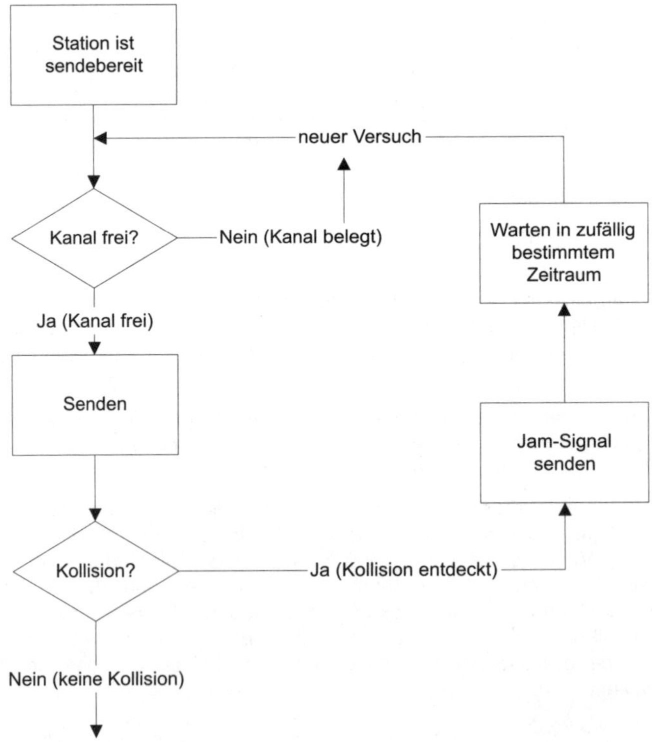


Ablaufdiagramm CSMA/CD

Ein großer Nachteil dieses Systems ist, dass es nur bei einer relativ geringen Anzahl von Stationen funktioniert. Bei sehr vielen Stationen in einem Netzwerk besteht die Gefahr, dass fast alle Sendungen mit einer Kollision abgebrochen werden müssen. Eine akzeptable Kommunikation ist so schwerlich aufzubauen.

Daneben lässt sich nicht genau vorhersagen, wann eine Station Daten sicher versenden kann. Grundsätzlich verfügen die Stationen in einem solchen Netz nicht über Informationen hinsichtlich Netzstruktur bzw. Menge der aktuellen Kommunikationsanforderungen. Jede Station ist grundsätzlich gleichberechtigt, eine Prioritätsvergabe kaum möglich.

## CSMA/CA

Ein modifiziertes Verfahren von CSMA/CD ist das *Collision-Avoidance-Verfahren* (CA). Das Verfahren hat durch seine Nutzung im WLAN-System (IEEE 802.11) eine hohe Verbreitung gefunden. Im Vergleich zu der im Ethernet genutzten Variante ähneln sich die beiden Verfahren.

Zunächst hört eine sendebereite Station das Medium ab. Wird das Ende der Übertragung festgestellt, beginnt das so genannte *Wettbewerbsfenster*. Hier wartet die Station weiter auf andere Stationen, die mit der Sendung begonnen haben. Die Zeitspanne wird durch eine festgelegte Mindestzeit (DIFS) und einen zufälligen Wert bestimmt. Kommt eine Station nicht zum Zug, wird die Wartezeit für die Dauer der Sendung unterbrochen und nach Feststellung des Übertragungsendes fortgesetzt. Damit sollten Stationen, die nicht senden durften, mit steigender Wartezeit an Priorität gewinnen.

Eine Kollision von Übertragungen sollte nur dann entstehen, wenn zwei Stationen den gleichen zufälligen Wert im Wettbewerbsfenster nutzen. Nichtsdestoweniger wird die Kollision erkannt und ähnlich wie in der CD-Variante muss die Übertragung danach erneut beginnen.

Die Anzahl an Kollisionen ist zwar im Vergleich zu CSMA/CD geringer, allerdings führen auch hier die notwendigen Warte-Zeitspannen und das Fehlerkorrekturverfahren zu einer begrenzten Anzahl von Stationen in einem Netz.

## Token Passing-Zugriffsverfahren

Dieses deterministische Zugriffsverfahren übergibt die Sendeberechtigung an eine Station durch einen bestimmten Datenrahmen mit dem Namen *Token*.

Um das *Token Passing* anzuwenden, müssen alle Stationen einen definierten Vorgänger und einen definierten Nachfolger im Netzwerk besitzen. In einem Ring liegt diese Struktur automatisch vor. In einer anderen Verkabelungstopologie findet die Suche von Vorgänger und Nachfolger mit Hilfe der verwendeten Netzwerkadressen statt.

Hier der theoretische Ablauf einer Datenübertragung im Token Passing:

- Eine sendewillige Station wartet auf den Empfang einer speziellen Nachricht, die vom Vorgänger gesendet wird. Dieser Token ist ein Datenrahmen, der als wichtige Information ein *Besetzt-Bit* enthält. Solange dieses Bit nicht gesetzt ist, spricht man von einem *Freitoken* mit einer logischen Position NULL auf dem Besetzt-Bit.
- Der Freitoken wird vom Netz genommen und nicht weitergeleitet. Stattdessen verschickt die Station an den Nachfolger ein Datenpaket, welches aus dem Token – jetzt allerdings mit gesetztem Besetzt-Bit, der Ziel-, Absenderadresse und den Daten besteht. Durch das Setzen des Besetzt-Bits wandelt sich der Freitoken in ein (Belegt-)Token, dem in der Regel weitere Daten folgen.
- Alle nachfolgenden Stationen lesen den Token und vergleichen die Zieladresse mit der eigenen. Die Teilnehmer leiten nicht an sie gerichtete Tokens sofort an die nachfolgende Station weiter. Der Empfänger setzt im Token ein bestimmtes Bit, das *Receive-Bit*, nimmt aber den

Datenrahmen nicht vom Netz. Wurden mit dem Token Daten transportiert, werden diese vom Empfänger kopiert und evtl. geprüft. Als Bestätigung wird das *Copy-Bit* gesetzt.

- Die sendende Station empfängt irgendwann wieder ihren eigenen Token, welcher anhand der Absenderadresse erkannt werden kann. Der Rahmen wird vom Netz genommen und durch einen Freitoken ersetzt. Die folgenden Abbildungen stellen den Durchlauf eines Tokens durch den Ring dar:

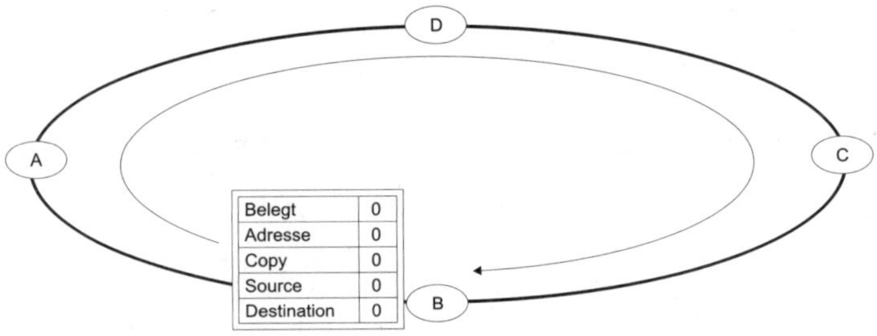


Station A möchte Daten an Station C senden und wartet auf Freitoken.

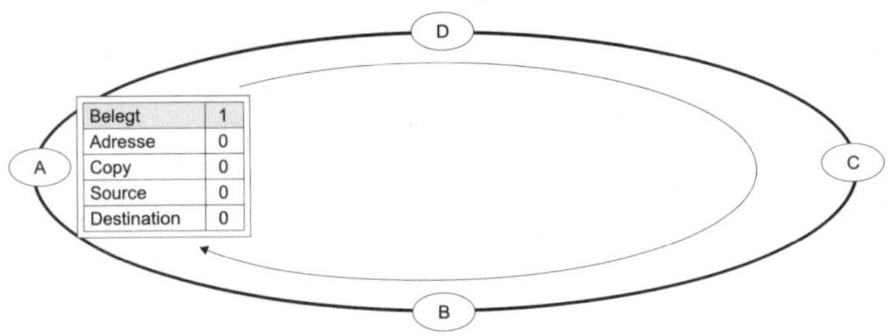


Station A setzt das Token auf besetzt.

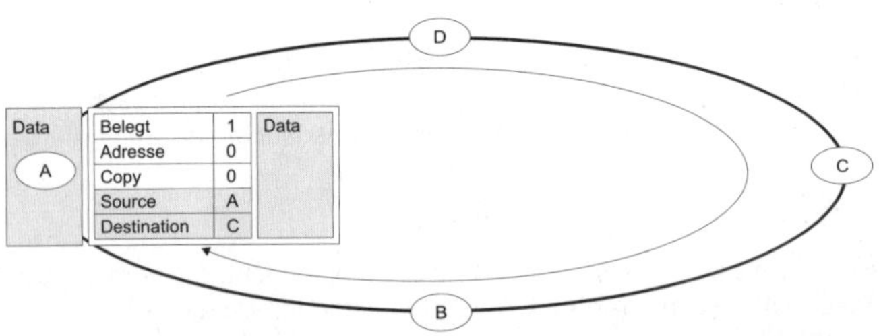


Station A legt Sender und Empfänger fest, wandelt den Freitoken durch Hinzufügen von Daten in einen Token und schickt ihn ab.

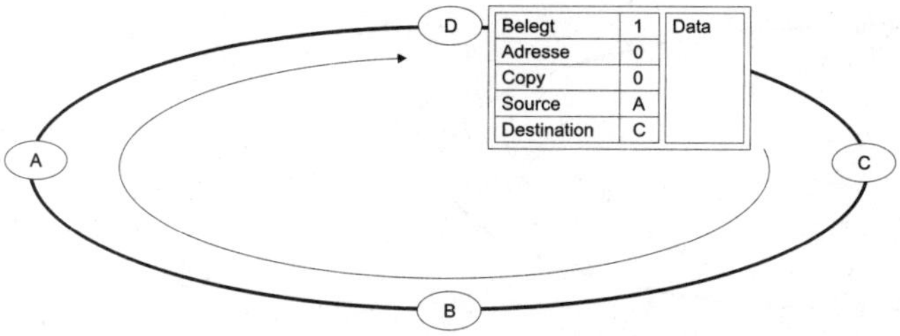


Station D erkennt den (Belegt-)Token und überprüft die Zieladresse. Da D nicht die Zieladresse ist, schickt D den Datenrahmen weiter.

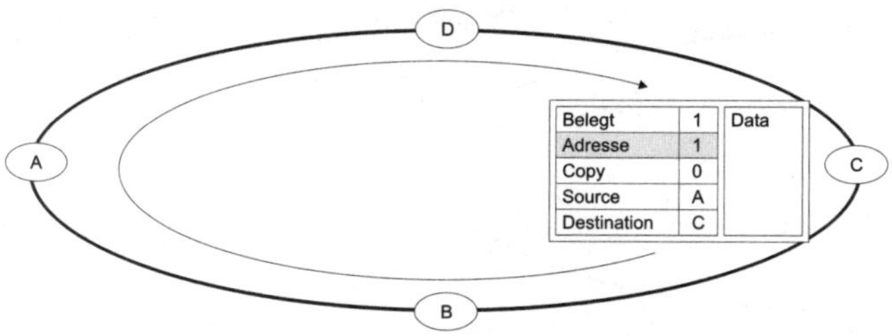


Station C vergleicht die Zieladresse mit der eigenen und setzt das Receive-Bit.

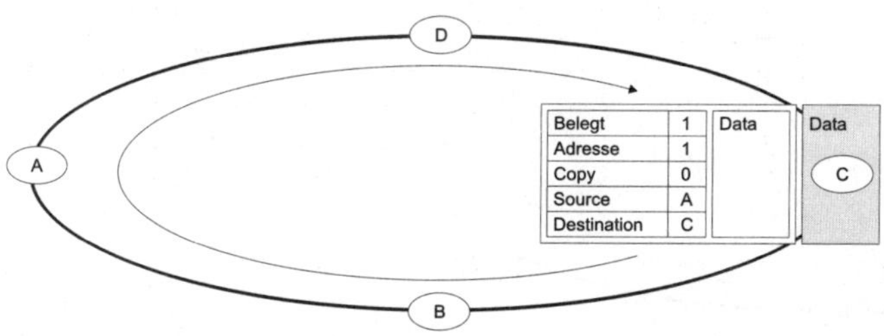


Station C kopiert die Daten.

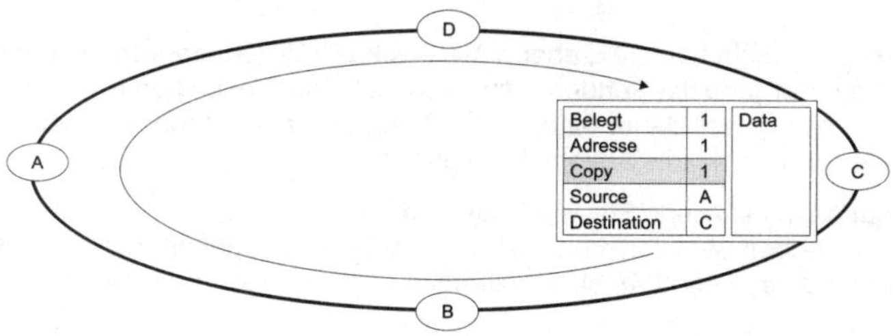


Station C setzt das Copy-Bit und schickt den Datenrahmen weiter.

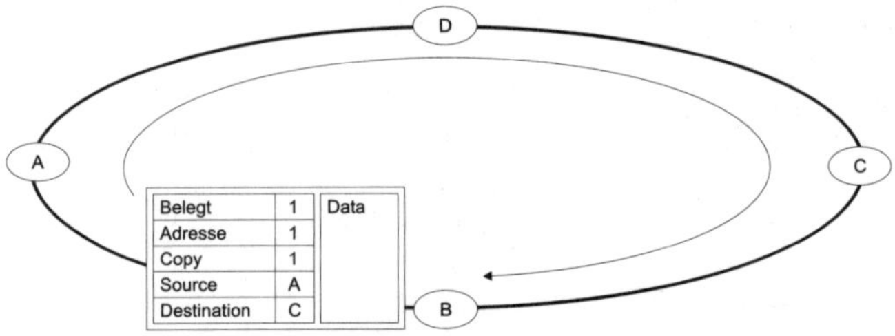


Station B erkennt den (Belegt-)Token und überprüft die Zieladresse. Da B nicht die Zieladresse ist, schickt B den Datenrahmen weiter.

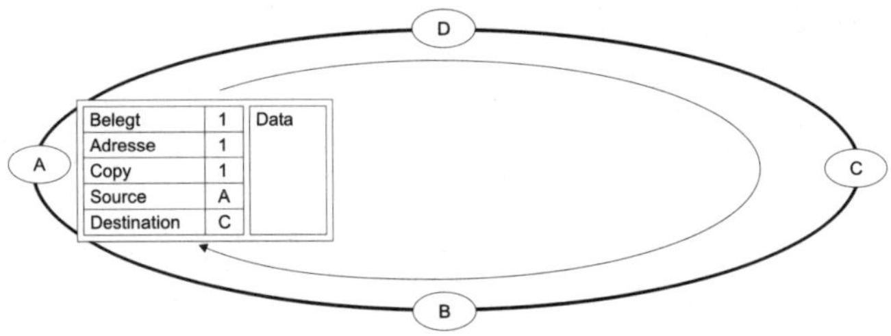


Station A prüft die Source-Adresse.

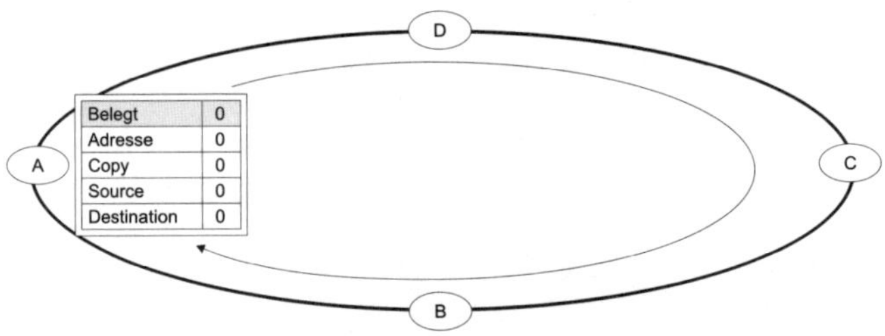


Station A erkennt, dass die Übertragung erfolgreich war und vom Adressaten angenommen wurde. A wandelt den (Belegt-)Token in einen Freitoken.

Das Token Passing-Verfahren ist zwar recht komplex, aber hinsichtlich der Datenübertragung sehr sicher. Zudem lässt sich die späteste Vergabe der Sendeberechtigung an eine Station genau bestimmen. Dieser Zeitpunkt berechnet sich aus der Dauer eines Umlaufs eines Datenrahmens über das gesamte System multipliziert mit n – 1, wobei n die Anzahl der Stationen angibt.

Diese Rechnung geht natürlich nur dann auf, wenn Sie, wie in diesem Beispiel, von Datenpaketen einer begrenzten Länge ausgehen. Daneben ist in den meisten Implementierungen definiert, dass eine Station nach einer Sendung immer zuerst einen Freitoken weitergibt und den generierten Freitoken nicht selbst nutzt.

Anhand des Receive-Bits kann überprüft werden, ob eine Station mit einer bestimmten Adresse im Netzwerk existiert. Das Copy-Bit dient als einfache Form der Fehlererkennung. Unter Umständen lässt sich mit Hilfe weiterer Bits eine Prioritätssteuerung für bestimmte Stationen erreichen.

Probleme ergeben sich, wenn die Datenpakete etwa durch Fehlfunktionen oder äußere Einwirkungen verloren gehen. Dann wird kein Freitoken erzeugt. Fällt eine sendende Station kurz nach dem

Absenden aus und hat der Datenrahmen die Station noch nicht wieder erreicht, kreist der (Belegt-) Token „unendlich“ auf dem Ring.

In Token Passing-Systemen müssen daher bestimmte Knoten mit einer Wächterfunktion eingesetzt werden, die fehlende Freitoken ersetzen oder Datenrahmen ohne erreichbaren Empfänger vom Netz entfernen. Zusätzlicher Aufmerksamkeit bedarf das Einfügen bzw. Entfernen einer Station aus dem Netz, da sich hierdurch eventuell die Reihenfolge der Stationen zueinander verändert.

# 7.3 Manchester-Kodierung

Die Manchester-Kodierung findet häufig Einsatz, um einzelne Datenbits auf einem elektrischen Leiter zu kodieren.

Ein Bit wird hierbei durch einen Spannungswechsel nach der ersten Hälfte der Bitzeit dargestellt. Daraus folgt: Die Bitrate ist die Hälfte der Baudrate. Aus einer Bitzeit von 100 ns ergibt sich eine Übertragungsrate von 10 Mbit/s.

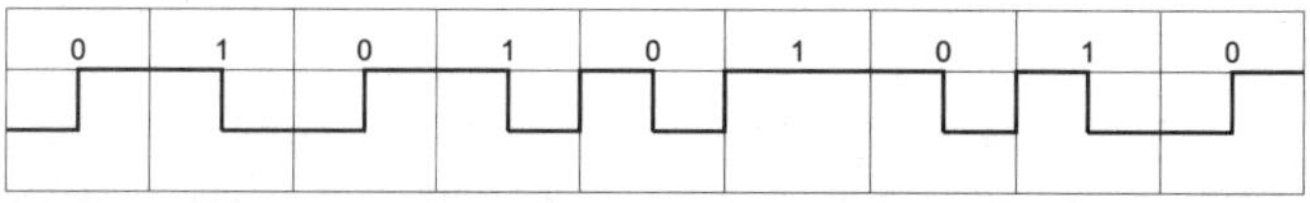


Manchester-Kodierung

## Kollisionserkennung mit der Manchester-Kodierung

Mit Hilfe der Manchester-Kodierung kann auf einfache Art eine Kollisionserkennung, beispielsweise im Rahmen eines CSMA/CD-Zugriffsverfahrens, implementiert werden.

Auf einer elektrischen Leitung interferieren (überlagern sich) mehrere Signale miteinander. Treffen zwei von unterschiedlichen Knoten ausgesandte Signale in Form von gesetzten Pegeln aufeinander, addieren sie sich. Mit Hilfe einer einfachen Messung des aktuellen Pegels kann eine Kollision schnell ausgemacht werden.

Im Ethernet entspricht der einfache Pegel -82 mA; der Schwellenpegel ist auf -160 mA festgelegt worden. Stoßen also zwei Pegel mit je -82 mA aufeinander, entsteht ein Ergebnispegel von -164 mA, d.h., die Schwelle wurde überschritten und eine Kollision liegt vor.

# 7.4 Ethernet

Mit dem Begriff *Ethernet* werden Netze bezeichnet, die, wie Sie im Modul 4 „Netzwerktopologien“ gelernt haben, topologisch zu den Busnetzen zählen. Im Ethernet kommen spezifische Übertragungsprotokolle zum Einsatz. Die Ethernet-Verfahren gehören zu den klassischen LAN-Übertragungsprotokollen, welche eine Paketvermittlung unter Nutzung der Zugriffssteuerung CSMA/CD realisieren. Zur Verkabelung werden meist Kupferleitungen verwende (siehe Modul 6 „Netzverkabelung – Physikalische Grundlage“). Die Kodierung der einzelnen Bits setzt das Manchester-Verfahren um.

Die Unterschiede der einzelnen Ethernet-Übertragungsprotokolle liegen im Aufbau eines Datenrahmens und damit der Positionen wichtiger Informationen, wie etwa der Netzwerkadresse der angesprochenen Station. Daneben bestehen Unterschiede in der Abbildung der Prüfsummen auf den einzelnen Datenrahmen. Dieses Unterscheidungskriterium wird u.a. auch *Ethernet Frame Type* genannt.

An den ersten Bits eines Datenrahmens können Sie erkennen, mit welcher Spielart Sie konfrontiert sind. Ethernetkarten werden bei der Installation immer auf ein bestimmtes Protokoll konfiguriert. Falls die Karte nun einen Datenrahmen vom Typ einer anderen Variante empfängt, verwirft sie den Rahmen und leitet ihn natürlich auch nicht an höhere Schichten weiter.

Somit gilt es, beim Aufbau einer Kommunikationsverbindung zwischen mehreren Knoten in einem Ethernet darauf zu achten, dass auf allen Netzwerkkarten derselbe Frame Type eingestellt ist.

## Ethernet I

Die Urform des Ethernet ist die heute kaum noch gebräuchliche Variante *Ethernet I*, die Ende der 80er Jahre im Rahmen der Entstehung der ersten UNIX-Systeme entwickelt wurde. Zur Verkabelung diente das Yellow Cable mit externen Transceivern und AUI-Anschlusskabel.

Heute werden vier unterschiedliche Ethernet-Varianten mit verschiedenen Frametypen eingesetzt:

## Ethernet II

Diese Form wird vorwiegend in UNIX-Systemen genutzt. Soll jedoch TCP/IP als Transportprotokoll verwendet werden, muss *Ethernet II* zwangsläufig auch in anderen Systemen Verwendung finden.

## Ethernet SNAP

Auf *Ethernet SNAP* treffen Sie bei der Vernetzung von AppleTalk-Netzen.

## IEEE Ethernet 802.3

Diese Variante beschreibt einen von der IEEE normierten Frametyp. Falls möglich, sollten Sie auf diesen Typ zurückgreifen, um Inkompatibilitäten mit zukünftigen Entwicklungen zu vermeiden. IEEE 802.2 nutzt die bereits beschriebene Aufteilung des Schicht-2-Protokolls im LLC und MAC-Sublayer. Der MAC-Sublayer realisiert das CSMA/CD-Verfahren.

## Ethernet 802.3 RAW

Während die IEEE an der Standardisierung von IEEE 802 arbeitete, brachte Novell die Netware- Version 3.11 auf den Markt. Im Hinblick auf die anstehende Standardisierung wurde eine Ethernet-Variante mit dem Namen 802.3 implementiert.

Die endgültige Spezifikation entsprach allerdings nicht der von Novell gewählten Vorabversion. Dies führte zu einem Bezeichnungswirrwar, mit dem viele Netzwerktechniker zu kämpfen haben.

Novell nannte die eigene Variante 802.3 nur in der Dokumentation in *802.3 RAW* um. In den Menüfenstern erscheint weiterhin der alte Name. Die offizielle IEEE-802.3-Spezifikation implementierte Novell unter dem Namen 802.2 (also eigentlich der Bezeichnung für den LLC-Sublayer auf der IEEE-Norm). Das von Novell mit 802.3 bezeichnete Protokoll entspricht also keinem Standard. 802.2 von Novell ist identisch mit der IEEE-Norm 802.3, trägt aber eigentlich den falschen Namen.

## MAC-Adressen im Ethernet

Die Hardwareadressen aller Ethernet-Netzwerkkarten, d.h. die MAC-Adressen, sind weltweit eindeutig. Die Adressen werden aus 48 Bit gebildet. Diese werden normalerweise als sechs Hexadezimalzahlen dargestellt: z.B. 00 2C 67 34 00 1A. Die ersten drei Hexzahlen geben einen Herstellercode an. Die restlichen Zahlen werden intern zur Kodierung genutzt. Durch diesen Aufbau sollte es weltweit nur Ethernet-Karten mit unterschiedlichen MAC-Adressen geben.

## Aufbau eines Ethernet Frames

Der Aufbau eines *Ethernet Frames* ist stark implementationsabhängig. Daher wird an dieser Stelle nur das Grundsystem, bezogen auf IEEE 802.3, dargestellt.

| IEEE-Norm | Bezeichnung | Anzahl Bytes |
|---|---|---|
| 802.3 | Präambel | 7 |
| 802.3 | Start Frame Delimiter | 1 |
| 802.3 | Destination Adresse | 6 |
| 802.3 | Source Adresse | 6 |
| 802.3 | Länge | 2 |
| 802.2 | LLC-Steuerinformation | 4 |
| 802.2 | LLC-Daten | variabel |
| 802.3 | Prüfsumme | 4 |

Senderichtung

Grundsystem eines Ethernet Frames

Sie sehen hier typische Informationen für ein Schicht-2-Protokoll. Dazu gehören etwa die Destination- (Empfänger-) und Source- (Sender-)Adresse. Diese werden in Schicht 2 jeweils mit sechs Bytes dargestellt. Am Ende finden Sie eine vier Byte lange Prüfsumme.

Zu Beginn des Frames wird eine sieben Byte umfassende so genannte *Präambel* gesendet (eine zyklische Folge von 0 und 1, die mit einer 0 endet). Die Präambel dient der Synchronisation des Taktes. Danach folgt ein *Start Delimiter* mit der binären Darstellung „10101011“. Hinter den MAC-Adressen finden Sie die Längenangabe der LLC-Daten.

### Funktionelle Adressen

Es existiert eine Reihe so genannter *funktioneller Adressen.* Die Broadcast-Adresse, definiert als „FF FF FF FF FF FF“, ist besonders nützlich. Sendet eine Station einen Datenrahmen mit einer solchen Adresse, anstatt mit einer wirklich vorhandenen, spricht die Station kein bestimmtes Ziel an. Einige Knoten, wie etwa ein Server, können auf einen Broadcast Frame mit der Rücksendung ihrer eigenen MAC-Adresse antworten. Derart kann die Kommunikation zwischen den Partnern (hier Server und Client) hergestellt werden.

## Verkabelungsspezifikationen im Ethernet

Durch ein Bussystem, die eingesetzten Kabel, das CSMA/CD-Verfahren und eine definierte Länge eines Datenrahmens ergibt sich eine Reihe von Einschränkungen bezüglich der Anzahl der Stationen, der Menge an miteinander verbundenen Segmenten und auch der Verkabelungsstrecke zwischen den Stationen.

Während der Übertragung von Daten hört das CSMA/CD-Verfahren nur so lange den Bus ab, bis alle Daten versandt wurden. Soll eine mögliche Kollision erkannt werden, stören die Impulse einer anderen

Station in der Zeitspanne, die für das Versenden eines Datenrahmens benötigt wird, die Übertragung. Liegen die Stationen in einem Bus zu weit auseinander, kann eine Kollision nicht erkannt werden.

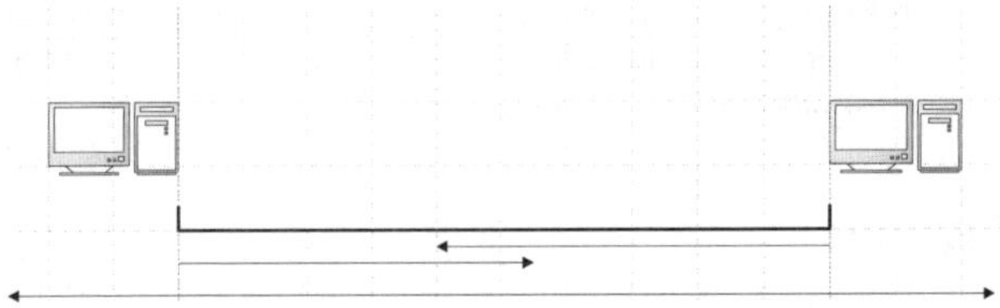

Ethernet mit zu großem Knotenabstand

Zufällig haben A und B zeitgleich begonnen, zu senden. In der obigen Abbildung liegen die Stationen zu weit auseinander. A und B haben die Übertragungen abgeschlossen. Die Datenrahmen haben die Gegenseite jedoch nicht in der Übertragungszeit erreicht.

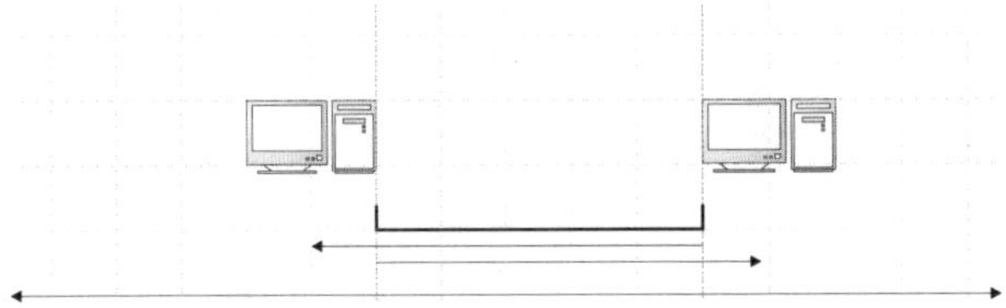

Ethernet mit richtigem Knotenabstand

Für die obige Abbildung gilt: Selbst im ungünstigsten Fall, d.h., beide Stationen beginnen zeitgleich zu senden, kann die Kollision noch mit den letzten gesendeten Bits eines Datenrahmens erkannt werden. Letztendlich folgt hieraus, dass die Strecke zwischen den beiden Stationen, die am weitesten voneinander entfernt liegen, höchstens die Distanz betragen darf, welche die ersten Bits einer Übertragung in dem Zeitraum der gesamten Übertragung eines Frames zurücklegen.

Im Modul 12 „Protokollvermittlung" werden Sie lernen, dass diese Zeitspanne von weiteren Faktoren, wie etwa zwischengeschalteten Verstärkern beeinflusst wird.

Aus der eingesetzten Verkabelung und damit der Ausbreitungsgeschwindigkeit der Signale ergibt sich eine Reihe von Kennzahlen. Beachten Sie dazu bitte die folgende Tabelle:

| **10-BASE-5** | |
|---|---|
| Weitere Bezeichnungen | Yellow Cable, Thick Ethernet |
| Topologie | Bus |
| Datenraten | 1, 5, 10 (20) Mbit/s |
| Verkabelungsmaterial | Koxialkabel mit externen Transceivern und AUI-Anschlusskabeln |
| max. Ausdehnung | 500 m je Segment, 2.500 m Gesamtausdehnung |

| | |
|---|---|
| max. Anzahl der Stationen | 100 Stationen, mind. Abstand 2,5 m |
| Besonderheiten | ältere Technik |
| **10-BASE-2** | |
| Weitere Bezeichnungen | Cheapernet, Thin Ethernet |
| Topologie | Bus |
| Datenraten | 10 Mbit/s |
| Verkabelungsmaterial | Koxialkabel, Anschluss via BNC-T-Stecker |
| max. Ausdehnung | 185 m je Segment, 925 m Gesamtausdehnung |
| max. Anzahl der Stationen | 30 Stationen, mind. Abstand 0,5 m |
| Besonderheiten | Anfällige Anschlusstechnik, kann mit EAD-Anschlussdosen gemildert werden |
| **10-BASE-T** | |
| Weitere Bezeichnungen | Twisted-Pair |
| Topologie | Bus mit sternförmiger physikalischer Struktur |
| Datenraten | 10 Mbit/s |
| Verkabelungsmaterial | Verdrilltes Kupferkabel (UTP) mit RJ-45-Anschlusselementen, Nutzung eines Verteilers (HUB) |
| max. Ausdehnung | 100 m Anschlusskabel zwischen Hub und Endgerät Gesamtausdehnung ist abhängig von den Linksegmenten |
| max. Anzahl der Stationen | Je zwei Hubs bilden ein Segment, Anzahl der Stationen ist nicht spezifiziert |
| Besonderheiten | Die Stationen sind mit einer Punkt-zu-Punkt-Verbindung mit einem Hub verbunden. Der Hub fungiert als MAU in einem Ethernet-Segment. Das CSMA/CD wird für den Zugriff in einem Hub je Segment eingesetzt. |
| **10-BROAD-36** | |
| Weitere Bezeichnungen | Breitband-Ethernet |
| Topologie | Kaskadierter Baum |
| Datenraten | 10 Mbit/s |
| Verkabelungsmaterial | Koxialkabel, Anschluss via MAU und AUI-Kabeln |
| max. Ausdehnung | 3.600 m je Segment |
| max. Anzahl der Stationen | 30 Stationen, mind. Abstand 0,5 m |

# 7.5 Token Ring

Das *Token Ring-Protokoll* von IBM arbeitet nach dem Token Passing-Verfahren. Als Topologie kommt in der Regel ein Ring zum Einsatz. Physikalisch ist dieser Ring mit Hilfe von Ringleitungsverteilern als Stern ausgelegt (s. auch die zweite Abbildung im Modul 4 „Netzwerktopologien"). Die Verbindung der Stationen zum Ringleitungsverteiler erfolgt mittels spezieller STP-Kabel. Die Ringleitungsverteiler werden entweder über ähnliche Kabel oder LWL-Strecken miteinander verbunden. Hierbei muss stets auf die Ringform geachtet werden.

Die Anzahl der Stationen und Ringleitungsverteiler in einem Token Ring ist beschränkt (12 Ringleitungsverteiler, 96 Stationen). Bei großen Netzen muss mit den den Spezifikationen entsprechenden Teilringen gearbeitet werden.

Vom Token Ring gibt es zwei Varianten. Die erste Variante, der *Original Token Ring*, arbeitet mit 4 Mbit/s Übertragungsrate. Das Zugriffsverfahren entspricht dem oben beschriebenen Token Passing-Verfahren. Die andere Variante nennt sich *Early-Token Release Token Ring* und arbeitet mit 16 Mbit/s. Das Zugriffsverfahren wird insoweit abgewandelt, als sofort nach dem Absenden eines Datenrahmens bereits ein Freitoken generiert wird. Dadurch befinden sich u. U. mehrere Freitoken zeitgleich auf dem Ring.

**Hinweis**

Der „4-Mbit Token Ring" wird normalerweise heute nur noch dann eingesetzt, wenn sich z. B. ältere Großrechner im Ring befinden, die lediglich mit dieser Datenrate arbeiten können.

Das Token Ring-Protokoll besitzt eine Reihe weiterer Eigenschaften zur Fehlersuche bzw. Regenerierung des Rings nach einem Fehler. Außerdem liegen Möglichkeiten zur Prioritätssteuerung vor.

## IEEE 802.5

Auch der Token Ring wurde von der IEEE standardisiert und gleichfalls in die schon besprochenen einzelnen Sublayer aufgeteilt. Bei der Normierung des Token Rings unter dem Kürzel *IEEE 802.5* setzte die Organisation als LLC-Sublayer den Ihnen schon vertrauten IEEE 802.2 fest. Somit gleichen sich die normierten Verfahren für Ethernet und Token Ring bezüglich der Schnittstelle zur OSI-Schicht 3, die der LLC-Sublayer ja bereitstellt. Setzt ein höheres Protokoll also auf einem LLC-normierten System auf, ist eine Hardwareunabhängigkeit bereits auf der Schicht 2 erreicht. Diesen Umstand macht sich etwa eine so genannte *LLC-Sublayer-Bridge* zunutze, die ein Ethernet mit einem Token Ring verbinden kann (siehe Modul 9 „Netzvermittlungstechniken ").

## Aufbau des Tokens im Token Ring

Der Token besteht aus insgesamt drei Bytes. Das erste Byte wird als *Starting Delimiter*, das letzte als *Ending Delimiter* bezeichnet.

| SD | AC | AD |
|---|---|---|

Aufbau des Tokens

Den letzten beiden Bits des Ending Delimiters kommt eine besondere Bedeutung zu. Das sechste Bit gibt an, ob es sich um den letzten oder n-ten Frame einer Gruppe von logisch zusammengehörenden

Frames handelt (*Intermediate Frame Bit*). Das siebte Bit (das *Error Detected Bit*) steht im Normalfall auf 0. Wird der Token jedoch als fehlerhaft erkannt, wird das Bit auf 1 gesetzt.

Das zweite, mittlere Byte des Token heißt *Access Control Byte*.

| P | P | P | T | M | R | R | R |
|---|---|---|---|---|---|---|---|

Access Control Byte

Die Aufgaben der einzelnen Bits im Access Control Byte sind:

- Das *T-Bit* gibt an, ob es sich um einen Token ( = 0) oder um einen Frame ( = 1, s. auch „Aufbau eines Frames") handelt.
- Das *M-Bit* (*Monitor Bbit*), wird vom Active Monitor bei jedem vorbeikommenden Token bzw. Frame gesetzt. Erhält der Monitor ein Token, dessen M-Bit bereits gesetzt ist, werden alle Nachrichten vom Ring entfernt und ein Freitoken generiert.
- Die *P-Bits* (*Priority Bits*) dienen der Prioritätensteuerung im Token Ring.
- Die *R-Bits* (*Reserved Priority Bits*) sind ohne Funktion.

## Aufbau eines Frames im Token Ring

Sobald gerichtete Daten im Ring übertragen werden sollen, müssen Adressinformationen hinzugefügt werden. Diese werden im Frame gesendet, da der Token noch ungerichtet ist.

Der Frame setzt sich aus einer Reihe von Steuerungsbytes, der Start- und Empfängeradresse, den zu sendenden Daten und einer Prüfsumme zusammen. Ähnlich einem Token sind diese Informationen durch Starting und Ending Delimiter eingerahmt. Der Frame weist an der zweiten Position gleichfalls das Access Control Byte auf. Anhand der Schaltung des T-Bits im AC (0 od 1, s. oben) kann zwischen einem Token und einem Frame unterschieden werden.

Hier der Aufbau des Frames im Einzelnen :

| SD | AC | FC | Destination | Source | Routing | Daten | CRC | ED | FS |
|---|---|---|---|---|---|---|---|---|---|

Aufbau des Token Frames

| | |
|---|---|
| SD | Starting Delimiter |
| AC | Access Control |
| FC | Frame Control |
| Dest | Zieladresse, bei IBM 6 Byte (auch 2 Byte möglich) |
| Source | Startadresse, bei IBM 6 Byte (auch 2 Byte möglich) |
| Routing | variable Länge, optional |
| Daten | variable Länge |
| CRC | Frame Check Sequence (Prüfsumme nach Cyclic Redundancy Check) |
| ED | Ending Delimiter |
| FS | Frame Status |

Das FC-Byte gibt in seinen ersten zwei Bits an, um welchen Frametyp es sich handelt. Zurzeit sind die Typen LLC (Datenframe mit 01) und MAC (Steuerinformation mit 00) definiert. Das FS-Byte besteht aus zwei identischen, vier Bit langen Bereichen. Das erste Bit wird mit *Address-Recognized*, das zweite mit *Frame Copied Bit* bezeichnet. Erkennt die angesprochene Station die Destination-Adresse, wird das entsprechende Bit gesetzt. Liegen Daten vor und werden sie kopiert, setzt die Station das Frame Copied Bit.

Das FS-Byte liegt außerhalb des durch die Prüfsumme abgedeckten Bereichs. Werden die Bits in FS-Byte verändert, muss daher die CRC-Prüfsumme nicht neu berechnet werden.

## Adressierung im Token Ring

Der Adressierung der einzelnen Station innerhalb des Token Rings sind sechs Bytes vorbehalten. Man unterscheidet unterschiedliche Adressen:

- individuelle Adressen
- Gruppenadressen
- von Herstellern vorgegebene Adressen
- lokal verwaltete Adressen
- funktionelle Adressen

Um welche Art von Adresse es sich bei einer Angabe handelt, kann anhand von drei speziellen Bits ermittelt werden: den ersten beiden Bits in Byte 1 und dem ersten Bit in Byte 2.

Im Folgenden finden Sie eine Tabelle der zurzeit definierten funktionellen Adressen:

| **Name** | **Adresse** | **Realisierung** |
|---|---|---|
| Aktiver Monitor | C0 00 00 00 00 01 | jede Station |
| Ring Parameter Server | C0 00 00 00 00 02 | Brücke, LAN-Netzwerkmanager |
| Ring Error Monitor | C0 00 00 00 00 08 | Brücke, LAN-Netzwerkmanager |
| Configuration Report Server | C0 00 00 00 00 10 | Brücke, LAN-Netzwerkmanager |
| Brücke | C0 00 00 00 00 80 | |
| NetBIOS | C0 00 00 00 01 00 | jede NetBIOS-Anwendung |
| IMPL-Server | C0 00 00 00 02 00 | |
| Authorization Server | C0 00 00 00 04 00 | |
| LAN Gateway | C0 00 00 00 08 00 | |
| Ringleitungsverteiler | C0 00 00 00 10 00 | IBM 8230 |
| LAN Manager | C0 00 00 00 20 00 | |
| Frei für Anwender | C0 00 00 00 80 00<br>bis<br>C0 00 40 00 00 00 | |

## Der Token Ring Monitor

Jeder Ring besitzt jeweils eine Station, die die Funktion des aktiven Monitors übernimmt. Alle anderen aktiven Stationen im Ring dienen als Standby-Monitore. Jede Station kann zu jedem Zeitpunkt aktiver Monitor im Ring werden. Welche Station diese Aufgabe übernimmt, ermittelt ein fest definiertes Verfahren, das *Token Claiming-Verfahren*.

### Funktionen des aktiven Monitors

Der aktive Monitor überwacht den Timer und stellt sicher, dass immer ein gültiger Token oder Frame im Ring vorhanden ist.

Er erkennt Ringfehler wie:

- fehlerhafter oder unvollständiger Token
- Frames und Prioritäts-Token, die den Ring mehrfach umkreisen
- mehr als ein aktiver Monitor im Ring
- mehr als ein Token

Er stellt die minimale Speicherfähigkeit eines Rings von drei Bytes (Länge des Freitokens) sicher und kontrolliert die Master Clock im Ring. Damit gehen Aufgaben einher wie:

- Kontrolle des Timings
- Synchronisation aller Timer im Ring
- Garantie einer minimalen Ring-Speicherfähigkeit von 24 Bits
- Initiierung des NAUN-Verfahrens (alle 7 Sek.)
- Überwachung der Übertragung von Token und Frame
- Erkennung verloren gegangener Tokens bzw. Frames (alle 10 Minuten wird auf einen Starting delimiter geprüft)

Schließlich leert der Monitor den Ring im Fehlerfall und erzeugt einen neuen Token.

### Funktionen des Standby-Monitors

Ein *Standby-Monitor* überwacht den Ring und die Funktionen des aktiven Monitors. Hierzu werden zwei spezielle Timer eingesetzt. Der Timer *Good Token* liegt auf 2,6 Sekunden, er prüft jeweils einen Token oder einen Frame. Der Timer *Receive Notification* liegt auf 15 Sekunden, er prüft die Initiation des NAUN-Verfahrens.

Läuft einer der beiden Timer ab, startet der Standby-Monitor das Token Claiming-Verfahren, da evtl. ein Ausfall des aktiven Monitors vorliegt und ein Standby-Monitor dessen Funktionen übernehmen muss.

### NAUN

Das *NAUN-Verfahren* (***N**ext **A**dressable **U**pstream **N**eighbour*) wird vom aktiven Monitor alle sieben Sekunden initiiert. Das Verfahren dient primär der Fehlererkennung und -isolierung (*Beaconing*).

- Läuft der Timer ab, generiert der Monitor einen MAC Frame mit der Broadcast-Adresse C000 FFFF FFFF (*active monitor present*). Der Frame selbst erhält die höchste Priorität, um sicherzustellen, dass Timer nicht vorzeitig ablaufen.
- Die erste Station, die den Active Monitor Present Frame erkennt, kopiert diesen und setzt im FS-Byte (Frame Status) die Bits *address recognized* und *frame copied*. Die im Frame erhaltene

Source-Adresse ist die NAUN-Adresse dieser Station, die nun gespeichert wird. Danach wird der Frame weitergereicht.

- Nach 20 Minuten wird ein Standby Monitor Present MAC-Frame generiert. Hier werden die Bits A und C gelöscht, als Source-Adresse wird die eigene Adresse eingesetzt.
- Die nachfolgende Station lässt das *Active Monitor Present Frame* passieren und kopiert die Adresse des nachfolgenden *Standby Monitor Present* Frames als ihre eigene NAUN-Adresse. Dann werden die Bits A und C gesetzt. Nach der Wartezeit von 20 Minuten wird auch hier ein *Standby Monitor Present* Frame erzeugt und weitergereicht.
- Das Verfahren wird so lange fortgesetzt, bis der Monitor von dem letzten Standby Monitor seine eigene Adresse als NAUN-Adresse erhält. Durch einen *Standby Monitor Present* Frame mit gelöschten A und C Bits wird dies erkannt.

Erhält der Monitor seinen eigenen Frame mit gelöschten A- und C-Bits zurück, ist er die einzige Station auf dem Ring.

## Beaconing

Das *Beaconing* (Leuchtfeuer) wird immer dann eingeleitet, wenn das NAUN-Verfahren nicht innerhalb einer vorgegebenen Zeit abgeschlossen wird. Wahrscheinlich liegt eine Unterbrechung des Rings oder mindestens eine Funktionsunfähigkeit einer Station vor. Beispielsweise könnte eine Station ständig Daten übertragen, ohne einen Freitoken zu erzeugen (*Streaming*).

Erkennt eine der Stationen eine Fehlfunktion, z.B. dass an einer bestimmten Stelle keine Daten ankommen, sendet diese Station an ihren NAUN alle 20 Minuten einen Beaconing MAC Frame.

Empfängt eine Station einen an sie adressierten Beaconing Frame, schaltet sie sich vom Ring und führt eine Reihe von Selbsttests durch. Wird kein Fehler erkannt, versucht die Station, sich wieder in den Ring zu schalten und startet dann selbst das Beaconing-Verfahren.

Empfängt eine das Beaconing auslösende Station einen eigenen Beaconing Frame, kann davon ausgegangen werden, dass sich der NAUN aus dem Ring entfernt hat und der Fehler behoben wurde.

## Token Claiming

Das *Token Claiming* wird genutzt, um einen neuen aktiven Monitor im Ring festzulegen. Der Auslöser des Vorgangs ist entweder der Active Monitor oder ein Standby-Monitor. Grundsätzlich nehmen an dem Verfahren nur die auslösenden und speziell dafür konfigurierte Stationen teil. Falls mehrere Stationen teilnehmen, „gewinnt" die Station mit der höchsten Stationsaddresse (d.h. physikalischen MAC-Adresse).

Die erste Aktion des neuen Monitors ist der *Ring Purge Process*. Hierbei werden alle 4 ms *Ring Purge MAC Frames* gesendet und nach dem kompletten Ringdurchlauf auf Fehler geprüft. Während dieser Zeit ist der Ring nicht betriebsbereit. Alle anderen Stationen unterbrechen daher die Arbeit und lassen die MAC-Frames passieren.

## Anschaltprozedur einer Station

Der Anschaltvorgang einer Station wird in sechs Phase unterteilt:

- **1. Phase**
  Zuerst wird das Verbindungskabel (*Lobe Cable*) zwischen Endgerät und Ring bzw. Ringleitungsverteiler geprüft, indem ein spezieller MAC-Frame (*Lobe Test MAC*) generiert wird. Beim Empfang des Frames als fehlerfrei kann davon ausgegangen werden, dass das Lobe Cable funktionsfähig ist. Als Nächstes folgt der Test der eigenen Empfangslogik mittels Erzeugung

eines *Duplicate Acdress MAC Frame* und Überprüfung der Fähigkeit der Station, an sie adressierte Frames zu erkennen.

Jetzt findet der eigentliche Anschluss an den Ring über den Ringleitungsverteiler durch Anlegen der so genannten *Phantomspannung* an das Lobe Cable statt. Der Ringleitungsverteiler öffnet ein Relais und bindet die Station damit physikalisch in den Ring ein.

- **2. Phase**
  Die Station überprüft, ob bereits ein aktiver Monitor im Ring vorhanden ist. Dazu startet sie einen Timer und wartet auf einen *Monitor Present MAC Frame*. Läuft der Timer nach 18 Sekunden ab, initiiert die Station den Token Claiming-Prozess und wird eventuell zum aktiven Monitor.
- **3. Phase**
  Hier wird wiederum ein *Duplicate Adress MAC Frame* erzeugt, jetzt aber zur Prüfung der Adresseindeutigkeit auf dem Ring. Wird eine Station mit der gleichen Adresse gefunden, koppelt sich die Station direkt wieder aus dem Ring aus.
- **4. Phase**
  Die Station nimmt am NAUN-Verfahren teil.
- **5. Phase**
  Vom Ringparameter *Server* werden spezielle Einstellungen angefordert. Kommt keine Antwort, nutzt die Station ihre eigenen Voreinstellungen.
- **6. Phase**
  Die Station ist sende- und empfangsbereit.

# 7.6 ARCNet

Das Protokoll des *ARCNet* basiert auf einer Stern- oder einer Bustopologie. Die Verkabelung erfolgt mit Hilfe von Koaxialkabeln und der BNC-Anschlusstechnik.

Das Zugriffsverfahren realisiert eine Token Passing-Variante mit dem Namen *Token Bus*. Jede Netzwerkkarte wird mit DIP-Schaltern auf eine von 255 möglichen Adressen eingestellt, womit sich auch die maximale Anzahl der Stationen ergibt.

Bei der Sternverkabelung dürfen die benachbarten Stationen max. 100 m voneinander entfernt sein, d.h., sie müssen in einem Radius von ca. 50 m um den Sternverteiler herum angeordnet werden. Die Segmentlänge bei der Busverkabelung ist auf ca. 330 m begrenzt.

**Hinweis**

Als Übertragungsrate wird vielfach lediglich 2,5 Mbit/s angesetzt. Es ist jedoch auch eine Variante mit 100 Mbit/s Übertragungsrate, die auf der Basis eines LWL arbeitet, erhältlich.

Das ARCNet kommt heute normalerweise nicht mehr zum Einsatz, da die Übertragungsrate zu gering und die Hardwarekonfiguration der MAC-Adressen in großen Netzen zu aufwändig ist.

Es existiert jedoch der Standard IEEE 802.4, der eine Einbindung eines ARCNet-Teilnetzes etwa in ein Ethernet relativ einfach ermöglicht.

# 7.7 Wireless LAN

Nicht nur in öffentlichen Netzen lässt sich die Entwicklung hin zu höherer Mobilität feststellen. Gerade im LAN-Bereich bieten sich mit Hilfe von drahtloser Vernetzung eine Reihe von Möglichkeiten:

- Mobile Anwender (Notebook, PDA) lassen sich einfach und unkompliziert in bestehende Infrastrukturen einbinden.
- Anwendungen zur mobilen Datenerfassung brauchen keinen festen Anschlusspunkt mehr.
- Bei Knappheit von Anschlussdosen lassen sich temporär Teilnehmer an das bestehende Netz anschließen.
- Schwierig zu erreichende Arbeitsplätze oder Räumlichkeiten lassen sich einfach integrieren (z.B. Besprechungsräume, Arbeitsplätze hinter Brandschutzmauern etc.).
- Auch außerhalb eigener Räumlichkeiten ist durch die Nutzung öffentlicher Zugangspunkte (Hotspots) eine Netzwerkverbindung möglich.

## Betrieb von WLANs

Wireless-LAN-Systeme arbeiten zumeist im so genannten Infrastruktur-Modus. Dabei übernimmt eine zentrale Komponente (Access-Point) die Vermittlung zwischen den einzelnen Stationen. Im Gegensatz dazu lassen sich WLANs auch im Ad-Hoc-Modus betreiben, wobei dann eine Peer-to-Peer-Verbindung zwischen den einzelnen Stationen besteht. Notwendig für eine Kommunikation ist die Einigung auf einen Netznamen (SSID oder auch ESSID) und einen der Kanäle. Oftmals übernehmen Access-Points die Zuweisungen selbstständig und moderne Betriebssysteme „buchen" sich automatisch in das am besten zu erreichende Netz ein.

Da WLANs hochfrequente Funkkanäle zur Datenübertragung nutzen, ist die Übertragungsentfernung begrenzt. Insbesondere in geschlossenen Räumen werden die Signale durch Wände und Decken mehr oder weniger stark behindert. Die Nutzung ist daher oft nur in Kombination mit kabelgebundenen Technologien sinnvoll. Hier werden die Access-Points durch kabelgebundene Netze verbunden und versorgen so die drahtlosen Netzwerkteilnehmer im Empfangsbereich. Ein solcher AP versorgt dann beispielsweise lediglich einen Flur im einem Hotel oder auch einen einzelnen Raum.

Die Hersteller bieten mittlerweile Access-Points (AP) an, die neben der Versorgung der Netzteilnehmer auch darüber hinausgehende Fähigkeiten haben. Dazu gehört die Verbindung von APs untereinander und damit die Weiterleitung von Daten (Bridging) oder aber die für den Nutzer transparente Übergabe an einen benachbarten AP (Roaming). Insbesondere der Übergang zwischen unterschiedlichen Netzen (Routing) wird häufig auch bei preisgünstigen APs angeboten. So sind hier etwa Kombinationen aus WLAN AccessPoint und Ethernet-Switch oder WAN-Anbindungen (DSL) durchaus üblich. Solche kombinierten Wireless-DSL-Router können dann eine Internetverbindung aufbauen und diese kabelgebundenen oder kabellosen Nutzern bereitstellen.

## Normierungen in IEEE 802.11

Die IEEE hat die wireless (= kabellos) Netzanbindung unter der Norm IEEE 802.11 standardisiert. Der Standard beschreibt den PHY und MAC Sublayer wie wir das von Ethernet und Token Ring bereits kennen und integriert sich damit einfach in bestehende Netze. Obwohl es bei WLAN Systemen eben keinen Draht gibt, werden doch für die OSI-Ebene1 die entsprechenden Vereinbarungen getroffen. Im Wesentlichen sind dies hier die genutzten Frequenzen für die Funkübertragung. Für die Zugriffskontrolle wird ein modifiziertes Kollisionsverfahren mit dem Namen CSMA/CA (Collision Sense Medium Access with Collision Avoidance) genutzt.

Die Normierung umfasst eine ganze Reihe von unterschiedlichen Verfahren. Die älteste Norm stammt bereits aus dem Jahr 1997 und beschreibt ein WLAN mit 2 MBit/s (2,4 GHz). Bis heute wurde der Standard um etliche Zusätze erweitert und an neue technische Entwicklungen angepasst.

Zum Durchbruch des WLANs haben Geräte nach der Norm 802.11b verholfen. Die b-Variante schreibt dabei eine Übertragungsrate von 11Mbit/s auf drei Kanälen vor. Die sog. b+-Variante verdoppelt die Rate durch die Nutzung einer speziellen Modulation. Eine Übertragungsrate von 54 MBit/s erreichen Systeme nach 802.11g im 2,4 GHz Bereich und 802.11a im 5 GHz Bereich. Zukünftig sollen Geräte nach 802.11n Raten von 104 MBit/s und höher erreichen. Bei der Betrachtung der Übertragungsraten stellen die angegebenen Werte immer die Bruttowerte dar. Aus dem Protokolloverhead und der Kollisionsvermeidung nach CSMA/CA resultieren Netto-Raten, die deutlich hierunter liegen. Bei einem typischen Netz nach 802.11b verbleiben von den 11 MBit/s netto höchstens 6 MBit/s. Mit zunehmender Stationsanzahl verringert sich die Kapazität entsprechend.

Für das Bridging zwischen Access-Points können die Normierungen auf 802.11c genutzt werden. Bei größeren WLAN-Installationen kann das Handover bzw. das Roaming zwischen Access-Points (802.11f) genutzt werden.

Hier existiert die ursprüngliche Variante mit einem max. Datendurchsatz von 2 MBit/s und die erweiterte Variante 802.11b mit einem Durchsatz von 10 MBit/s. Hier ist allerdings zu beachten, dass sich die Teilnehmer ähnlich wie im Ethernet die Gesamtbandbreite teilen müssen.

## Sicherheit im Wireless LAN

Stärker als bei „Kabelnetzen“ besteht bei der Wireless-Lösung das Problem, dass jeder den Funkverkehr und damit ggf. auch sensible Daten abhören kann. Insbesondere bei der Nutzung im Büroumfeld ist stets zu bedenken, dass immer auch der Nachbar „mithört“ – und dieser kann sich dabei durchaus auch draußen auf der Straße vor dem Gebäude befinden.

Alle Hersteller von WLAN-Karten bieten hier die Möglichkeit, den drahtlosen Funkverkehr zu verschlüsseln. Ursprünglich war hier nur eine Verschlüsselung auf der Basis eines 40-Bit-langen Schlüssels möglich. Dieses so genannte WEP-Verfahren (Wireless Equivalent Privacy) lässt sich allerdings mit vertretbarem Aufwand brechen und ist damit als unsicher einzustufen. Die Weiterentwicklung ist das WEPplus Verfahren – mit 128-Bit-Schlüssel deutlich sicherer. Das modernste Verfahren WPA (Wi-Fi Protected Access) gilt als sicher.

Leider scheinen sich viele Hersteller allzu sehr vom Markt treiben zu lassen, woraus sich Inkompatibilitäten zwischen den Geräten unterschiedlicher Hersteller ergeben. Eine Gefahr für die Daten entsteht, wenn diese Kommunikationsprobleme den Netzwerkadministrator zum Verzicht auf die Verschlüsselung veranlassen. Neben den WLAN eigenen Verschlüsselungssystemen lässt sich die Problematik der Hardware auf die Software-Ebene verlagern. So kann etwa bei Einsatz von TCP/IP die Kommunikation mittels einer Verschlüsselung auf IP-Ebene (IPSec, VPN) gesichert werden.

Die Absicherung eines WLAN muss als elementarer Bestandteil für den Einsatz einer solchen Technologie gesehen werden.

## Zusammenfassung

- ✓ Sie haben in diesem Modul die wichtigsten Protokolle der OSI-Schichten 1 und 2 im LAN kennen gelernt: das Ethernet und den Token Ring mit ihren spezifischen Verkabelungsarten, Zugriffsverfahren und Beschränkungen bezüglich Ausdehnung und Größe des Netzwerks. Daneben konnten Sie sich auch die unterschiedlichen Datenübertragungsraten der Systeme erarbeiten.

# Zusammenfassung

- ✓ Das nicht mehr allzu relevante ARCNet wurde hinsichtlich der zuvor genannten Charakteristika kurz angerissen.
- ✓ Sie haben daneben einen kurzen Einblick in die in Zukunft wichtige WLAN-Technologie erhalten.
- ✓ Die Auswahl eines problemadäquaten Protokolls ist nicht immer leicht und vielfach auch von den gegebenen Infrastrukturen abhängig. Sicherlich spielt in diesem Rahmen neben der Größe eines geplanten Netzes auch die finanzielle Ausstattung eine wesentliche Rolle.

# Übungen

1. Worin unterteilt die Standardisierungsorganisation IEEE im Standard IEEE 802 die OSI-Schichten 1 und 2?
2. Welche Aufgaben nimmt die LLC-Teilschicht primär wahr?
3. Wie nennt man die Bildung von Data Frames beim Sendevorgang im MAC-Sublayer?
4. Die Netzadressen der einzelnen Stationen müssen unbedingt __________________ vergeben werden, damit die Daten die richtigen Adressaten erreichen können. Bitte vervollständigen Sie den Satz.
5. Wie nennt man die hardwareseitig vorgegebene oder einzustellende Netzwerkadresse?
6. Die Hauptaufgabe des Physical Signaling Sublayers liegt in der Zugriffsteuerung. Ist diese Aussage richtig?
7. Welche Schnittstelle besitzt eine MAU zum Endgerät?
8. Prinzipiell gibt es zwei Lösungsvarianten des Zugriffverfahrens: __________________ und __________________.
9. Bei CSMA/CD handelt es sich um ein deterministisches Zugriffsverfahren. Ist diese Aussage richtig?
10. Funktioniert das CSMA/CD-Zugriffsverfahren nur bei einer relativ geringen oder relativ hohen Anzahl von Stationen?
11. Wie heißt der Datenrahmen, mit dem das Token Passing-Zugriffsverfahren die Sendeberechtigung an eine Station übergibt?

# Übungen

**12.** Was passiert in folgender Abbildung:

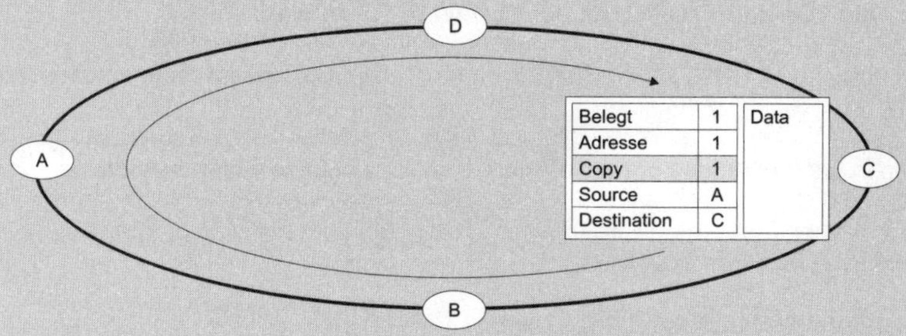


**13.** Wozu wird die Manchester-Kodierung häufig eingesetzt?

**14.** Was kann mit Hilfe des Manchester-Kodierung auf einfache Art implementiert werden?

**15.** Welches Zugriffsverfahren wird im Ethernet genutzt?

**16.** Wie heißen die heute eingesetzten vier Ethernet-Varianten?

**17.** Auf welche dieser Varianten sollten Sie nach Möglichkeit zurückgreifen?

**18.** Vervollständigen Sie bitte die fehlenden Bezeichnungen in der folgenden Abbildung des Grundsystems eines Ethernet-Frames.

| IEEE-Norm | Bezeichnung | Anzahl Bytes |
|---|---|---|
| 802.3 | | 7 |
| 802.3 | | 1 |
| 802.3 | | 6 |
| 802.3 | | 6 |
| 802.3 | | 2 |
| 802.2 | | 4 |
| 802.2 | | variabel |
| 802.3 | | 4 |

Senderichtung

**19.** Zu welcher Art von Adressen zählt die Broadcast-Adresse?

**20.** Wann kann eine Kollision in einem Bussystem nicht erkannt werden?

**21.** Woran muss sich die Auslegung der Distanz der beiden Stationen, die in einem Bus am weitesten auseinander liegen, orientieren?

**22.** Die Anzahl der Stationen und Ringleitungsverteiler in einem Token Ring ist auf __ Ringleitungsverteiler und __ Stationen begrenzt. Bitte ergänzen Sie die fehlenden Zahlen.

# Übungen

**23.** Aus wie vielen Bytes besteht der Token im Token Ring?

**24.** Skizzieren Sie das mittlere Byte des Tokens im Token Ring.

**25.** Anhand welcher Bytes kann zwischen einem Token und einem Frame unterschieden werden?

**26.** Nennen Sie drei Adressformen, die im Token Ring unterschieden werden.

**27.** Durch welches Verfahren wird in einem Token Ring ermittelt, welche Station die Aufgabe des aktiven Monitors übernimmt?

**28.** Wozu dient das NAUN-Verfahren primär?

**29.** Wie oft wird das NAUN-Verfahren vom aktiven Monitor initiiert?

**30.** Das Beaconing (Leuchtfeuer) wird immer dann eingeleitet, wenn das NAUN-Verfahren innerhalb einer vorgegebenen Zeit abgeschlossen ist. Stimmt diese Aussage?

**31.** Was versteht man unter *Streaming*?

**32.** Welche Station wird im Token Claiming-Verfahren als aktiver Monitor eingesetzt, falls mehrere Stationen grundsätzlich in Frage kommen?

**33.** Den Anschaltvorgang einer Station wird in ____________________ Phasen unterteilt. Bitte ergänzen Sie den Satz.

**34.** Wie reagiert eine Station, wenn sie während des Anschaltvorgangs keine Antwort vom Ringparameter *Server* erhält?

**35.** Wie viele Stationen können in einem ARCNet maximal angeschlossen werden?

**36.** Warum kommt das ARCNet heute normalerweise nicht mehr zum Einsatz?

Die Lösungen zu diesen Aufgaben finden Sie im Anhang des Co@ches.

# Modul 8

# Übertragungsprotokolle im WAN/MAN

**Lernen Sie**

- das HDLC-Protokoll einzuordnen
- die Technik von FDDI bzw. CDDI mit ihren Nutzungsfeldern kennen
- das zukünftige Highspeed-Protokoll ATM zu verstehen
- die Funktionsweise und die Einsatzfelder von DQDB zu begreifen

Werden Daten in WAN- oder MAN-Verbünden ausgetauscht, so erfordert dies andere Übertragungsprotokolle als im Bereich der lokalen Netzwerke.

Ein *Wide Area Network* (*WAN*) kann weltumspannend ausgelegt sein und muss damit eine sehr große Anzahl von Benutzern bedienen können. Die Übertragungsraten in solchen Netzen sind oft im Vergleich zum LAN relativ gering, wie z. B. im öffentlichen Telefonnetz. Haben Sie schon einmal das Internet „besucht", wissen Sie sicherlich, welch lange Ladezeiten dort für relativ kleine Datenmengen beansprucht werden.

In einem *Metropolitan Area Network* (*MAN*), aber auch im Primär- und Sekundärbereich einer strukturierten Verkabelung kommen Übertragungsprotokolle zum Einsatz, die eine hohe Datenübertragungsrate ermöglichen. Zukünftige öffentliche MANs werden daneben einen integrativen Charakter aufweisen, d. h., die Netze werden für die parallele Übertragung von Daten, Sprache und Bildern ausgelegt.

Ein Übertragungsprotokoll orientiert und entwickelt sich im Wesentlichen an den technischen Gegebenheiten. Diese unterscheiden sich in Weitverkehrsnetzen deutlich von lokalen Netzwerken.

Im Rahmen dieses Moduls werden Sie sich mit einer Reihe unterschiedlicher Übertragungsverfahren auseinander setzen, die heute bereits verbreitet sind oder aber in Zukunft Bedeutung erlangen werden.

## 8.1 Besonderheiten von WAN/MAN-Protokollen

Wie Sie bereits wissen, kommt einem WAN eine andere Aufgabe zu als einem LAN. Der Hauptvorteil eines WANs liegt in seiner Größe. In einem LAN gibt es meist nur eine kleinere Benutzerzahl (< 100). Ein WAN soll weite Strecke überbrücken und viele Teilnehmer erreichen. Abhängig von der Anzahl der Teilnehmer fällt die Entscheidung für ein bestimmtes System.

Die Anforderungen eines Benutzers an ein WAN unterteilen sich in eine Reihe von Faktoren, die natürlich auch den internen Aufbau des Netzes beeinflussen. Gängige Anforderungen sind etwa die ständige Verfügbarkeit sowie die ausreichende Datensicherheit. Unter Datensicherheit versteht man hier die fehlerfreie Übertragung der Daten, nicht den Datenschutz, der natürlich auch ein wichtiger Aspekt ist.

Viele WAN-Systeme waren ursprünglich überhaupt nicht für die Übertragung von Daten konzipiert (siehe öffentliches Telefonnetz). Daneben existieren einige Systeme schon recht lang und weisen daher Schwächen hinsichtlich der Befriedigung des heute üblichen hohen Anspruchs an die Datenübertragung auf. Insbesondere, wenn bestehende LANs mit Hilfe eines WANs verknüpft werden sollen, entstehen Engpässe aufgrund der schwachen Übertragungsraten.

Betrachtet man die momentan realisierten WANs, so zeichnet sich ab, dass die meisten von ihnen nicht für zukünftige Anforderungen gerüstet sind. Die zurzeit eingesetzte Technik wird wohl mit der Einführung anderer Systeme an Bedeutung verlieren. Hierzu zählt beispielsweise das HDLC-Protokoll, welches die Basis für X.25-Netze wie das DATEX-P-Netz bildet.

Speziell in letzter Zeit gab es immer häufiger den Versuch, schnellere Alternativen am Markt zu etablieren. Es entstehen Highspeed-Protokolle, die in der Lage sind, sowohl bestehende Anforderungen als auch zukünftig zu erwartende Ansprüche abzudecken. Oft werden diese Protokolle dann im Primärbereich der strukturierten Verkabelung, im MAN-Bereich, aber auch im WAN-Bereich eingesetzt. Dazu gehören Systeme wie FDDI, DQDB und ATM.

## 8.2 Burstiness

Die Entwickler von Datenübertragungssystemen richten ihre Aufmerksamkeit speziell auf die prognostizierten Übertragungsraten. Im WAN-Umfeld stoßen sie auf das Problem, dass eine Reihe unterschiedlicher Daten(-formate) mit jeweils anderen Übertragungsraten transportiert werden müssen, wie z.B. Daten aus den Bereichen:

- Telemetrie (Prozesssteuerung)
- Sprache
- Telefax
- Datenübertragung
- LAN-Daten
- Internet (Multimediadaten)
- Musik/Radio
- Bildtelefon
- Videokonferenz
- Video on demand

All diese Dienste stellen unterschiedliche Anforderungen an ein WAN. Eine Grundregel beim Aufbau eines WANs lautet: Die bestehenden Leitungen müssen von einer größeren Anzahl von Benutzern gleichzeitig genutzt werden können. Sollen nun alle oder eine ganze Reihe der oben genannten Dienste bereitgestellt werden, so gälte es eigentlich, sich an dem Dienst zu orientieren, der den höchsten Anspruch an die Transferrate stellt. Damit würde man Datenkanäle mit mehreren Hundert Mbit/s Übertragungskapazität benötigen. Eine einfache Telefonverbindung braucht allerdings nur 64 Kbit/s. An dieser Stelle würde also viel Bandbreite verschenkt.

Führen Sie sich einen weiteren Faktor bezüglich der Auslegung eines Netzes vor Augen. In modernen Systemen wird versucht, die Menge der zu übertragenden Daten durch geeignete Komprimierungsverfahren zu minimieren. Da diese Verfahren häufig online arbeiten, schwankt die resultierende Datenrate recht stark.

Als Beispiel sei hier die Videokompression MPEG angeführt. Oft unterscheiden sich in einem Video oder einem Film die Einzelbilder nur unwesentlich voneinander. Diesen Umstand macht man sich zunutze, um in bestimmten zeitlichen Abständen ein komplettes Bild zu übertragen. Die Zwischenbilder werden als Veränderung zu diesem Grundbild berechnet.

**Hinweis**

Das bedeutet, die aktuelle, variable Datenrate und damit die Auslegung des Netzes muss vor der Übertragung neu berechnet werden. Der in diesem Zusammenhang ermittelte Wert wird *Burstiness* genannt.

Zur Berechnung der Burstiness wird die natürliche Datenrate (*NDR = Natural Data Rate*) festgestellt. Dies ist die Rate, welche übertragen wird, wenn keine Beschränkungen aufgelegt werden bzw. keine Kompression stattfindet. Innerhalb der NDR bestehen Spitzenwerte, bezeichnet mit S, dem Maximum über eine bestimmte Zeitspanne. Daneben steht der durchschnittliche Wert E[s(t)]. Die Burstiness B ergibt sich aus S/E[s(t)]

| Dienst | Durchschnittliche Übertragungsgrate E[s(T)] | Burstiness |
|---|---|---|
| Sprache | 32 Kbit/s | 2 |
| Interaktive Dateien | 1–100 Kbit/s | 10 |
| Massendaten | 1–10 Mbit/s | 1–10 |
| Standard-Video | 1,5–15 Mbit/s | 2–3 |
| High quality Videotelefonie | 0,2–2 Mbit/s | 5 |

Sie sehen, dass sich die Burstiness zwischen den jeweiligen Diensten deutlich unterscheidet. Dies liegt in der Tatsache begründet, dass nicht alle Daten gleich stark komprimiert werden können bzw. teilweise verlustreiche Kompressionsverfahren eingesetzt werden (siehe Modul 11 „Anwendungsprotokolle"). Die Burstiness tritt in keinem Dienst konstant als 1 auf. Insbesondere Kompressionsverfahren verursachen einen Unterschied zwischen dem Durchschnitt natürlicher Datenraten und dem Spitzenwert.

Für die Auslegung eines Netzes ergeben sich unterschiedliche Konsequenzen:

- Das Netz kann so ausgelegt werden, dass alle S übertragen werden, dadurch wird Bandbreite verschenkt, da B = 1.
- Das Netz kann auf E[s(t)] ausgelegt werden, dadurch entstehen Qualitätsverluste, da nicht alle Anforderungen befriedigt werden können.

Die optimale Auslegung eines Übertragungsprotokolls liegt in einem gelungenen Verhältnis von geringer verschenkter Bandbreite einerseits und möglichst niedrigem kalkulierten Qualitätsverlust andererseits.

# 8.3 HDLC

Das *HDLC-Verfahren* beschreibt ein Übertragungsprotokoll der OSI-Schicht 2 und wird in einer Reihe von WAN-Systemen eingesetzt. Das Protokoll existiert schon länger und basiert ursprünglich auf einer Entwicklung von IBM. Dadurch wurde es stark verbreitet. Sogar neuere Systeme stellen das Verfahren vielfach als Emulation zur Verfügung.

HDLC steht für ***H**igh **D**ata **L**ink **C**ontrol* und bietet verschiedene Varianten. Eine Variante – die *LAP/B* (***L**ink **A**ccess **P**rocedure **B**alanced*) – kommt als Schicht-2-Protokoll in X.25-Netzen zum Einsatz.

Hierbei kommunizieren zwei gleichberechtigte (*balanced*) Stationen mit Hilfe des LAP/B. Diese Konfiguration wird als *ABM* (*Asynchronous response Balanced Mode*) bezeichnet.

## Aufbau des High Data Link Control (HDLC)

Das *HDLC-Protokoll* bietet eine Voll- und Halbduplex-Datenübertragung (s. auch Modul 5 „Basiswissen Nachrichtentechnik"). Dabei ist die Datenübertragungsprozedur bitorientiert und synchron. Die Fehlerkorrektur wird mittels wiederholter Übertragung fehlerhafter Blöcke realisiert.

Das Verfahren eignet sich für Punkt-zu-Punkt-Verbindungen sowie Mehrpunktverbindungen und Ringstrukturen. Die ITU hat das HDLC-Protokoll im Rahmen ihrer X.25-Spezifikation standardisiert. Sie schreibt allerdings keine physikalische Auslegung der Übertragungswege vor.

| O | A | C | I | FCS | C |
|---|---|---|---|---|---|
| Flag<br>8 Bits | Adresse<br>n * 8 Bits | Steuerung<br>8 bzw. 16 Bits | Text<br>variable Anzahl Bits | Blockprüfung<br>16 Bits | Flag<br>8 Bits |
| opening flag | address flag | control flag | information field | frame check-field | closing flag |

Bei näherer Betrachtung des Protokollrahmens fallen einige Aspekte ins Auge: Zum einen entdeckt man keine Beschreibung, wie eine Adressinformation auszusehen hat. Dies muss natürlich bei der Implementierung entsprechend vorgenommen werden. Daneben beinhaltet der Datenrahmen ein Informationsfeld von variabler Länge, allerdings findet keine Angabe zu der Länge der Daten statt. Eine Längenangabe ist auch nicht notwendig, da die festgelegten Flags *Open* und *Close* die Größe des Rahmens bestimmen.

### Bitstuffing-Verfahren

Die Bitfolge der *Open*- und *Close*-Flags im HDLC-Protokollrahmen lautet „01111110". Damit nicht zufällig im Frame auftretende gleiche Bitfolgen auf der Empfangsseite fälschlicherweise als *Close*-Flag interpretiert werden, wird mit einem Trick gearbeitet. Während der Übertragung laufen die Daten zuerst in einen Zwischenpuffer. Wird hier erkannt, dass fünfmal hintereinander ein Bit mit dem Wert „1" übertragen werden soll, fügt der Zwischenpuffer automatisch hinter den Einsen ein Bit mit dem Wert „0" ein. Aus einer Bitfolge von beispielsweise „11111111" wird dann „111110111", d.h., die Reihe verlängert sich um ein Bit. Auf der Empfangsseite arbeitet ein ähnliches Verfahren. Nach fünf gelesenen „1"-Bits wird ein folgendes „0"- Bit verworfen; ein folgendes „1"-Bit markiert hier dann eindeutig das *Close*-Flag und damit das Ende des Datenrahmens. Dieses Verfahren heißt *Bitstuffing*.

# 8.4 ATM

Der *Asynchronous Transfer Mode* (*ATM*) entwickelt sich sicherlich zu einer Schlüsseltechnologie im Rahmen zukünftiger WAN- bzw. MAN-Systeme. Für die Spezifikation des Breitband-ISDN (B-ISDN) hat sich die ITU bereits für ATM als Grundverfahren entschieden. Das B-ISDN soll in den nächsten Jahren aufgebaut werden, um zukünftige Kommunikationsanforderungen zu befriedigen. Interessant ist, dass die ersten ATM-Aufbauten im LAN-Bereich eingesetzt wurden. Hierdurch konnten Erfahrungen gesammelt werden, die eine erfolgreiche Einführung in den WAN-Bereich bestimmt positiv beeinflussen.

ATM ist als System konzipiert, das unterschiedliche Dienste und damit Datenmengen übertragen soll. Hieraus folgen Anforderungen an verbindungsorientierte (z.B. Telefon) sowie verbindungslose (z.B. Fernsehen) Transferbereiche. Zudem sollen Dienste mit unterschiedlichen Burstiness-Faktoren sowie verschiedenen Ansprüchen an die Echtzeitfähigkeit unterstützt werden. Diese Anforderungen differieren stark, vergleicht man beispielsweise eine Fernsteuerung mit nur wenigen Bytes in der Sekunde mit einer Fernsehübertragung von ca. 300 Mbit/s.

Der Aufbau von ATM muss variabel an die unterschiedlichen Anforderungen anpassbar sein. Sollen sehr hohe Datenraten realisiert werden, setzen sich Verkabelungstechniken auf der Basis von Lichtwellenleitern durch. LWL-Technik stellt dann hohe Datenübertragungsraten zu einem relativ geringen Preis zur Verfügung. Neue Datenkompressionsverfahren senken gleichzeitig den Bandbreitenbedarf.

## Eigenschaften von ATM

Als universelles Übertragungsprotokoll besitzt ATM die folgenden Eigenschaften:

- Paketorientierung (die zu übertragenden Daten werden in Zellen zusammenfasst)
- Unabhängigkeit von Bitraten
- möglicher Betrieb auf jedem ausreichend fehlerfreien digitalen Übertragungsweg
- einfaches Verfahren

Im Gegensatz zur Softwaresteuerung etwa in einem X.25 System ermöglicht die relativ simple Verfahrensweise des ATM-Systems eine rein auf Hardwarekomponenten basierende Vermittlung aufzubauen. Die Paketgröße von ATM ist sehr klein, wodurch etwa bei einer Transferrate von 150 Mbit/s ca. 400.000 Zellen je Sekunde transportiert werden müssen. Dies ist eine extreme Belastung für die verwendeten Komponenten.

Die Zellenvermittlung entspricht im Wesentlichen der im folgenden Modul in Abschnitt 9.4 beschriebenen Paketvermittlung, d.h., die zu übertragenden Daten werden in Pakete eingeteilt. Im ATM ist die Paketgröße genau festgelegt, sie kann nicht verändert werden. Daneben umfasst die Länge der Zelle nur wenige Bytes (insgesamt 53). Die Aufgabe einer Vermittlungseinrichtung besteht im Multiplexing von Paketen unterschiedlicher Quellen auf einen gemeinsamen Zielweg.

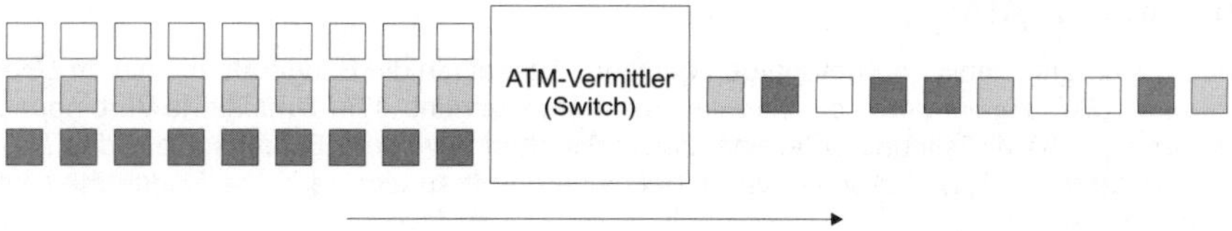


ATM-Switch-Prinzip des Zellenmultiplexing

## Aufbau einer ATM-Zelle

Eine ATM-Zelle besteht aus insgesamt 53 Bytes, wobei 5 Bytes den Header bilden, der zuerst übertragen wird. Danach folgen 48 Bytes mit beliebigem Inhalt. Den Informationsanteil wird *payload* genannt.

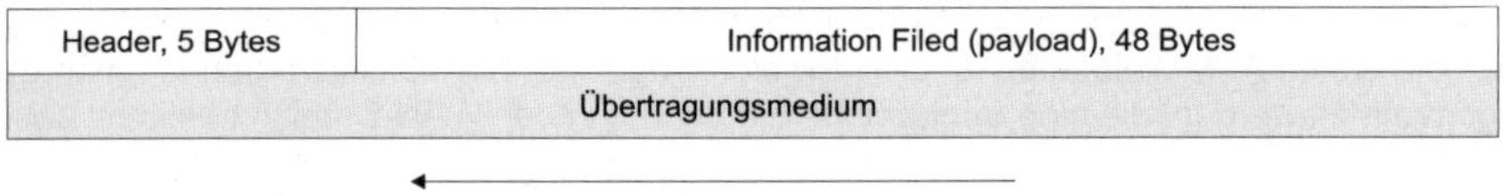


Aufbau einer ATM-Zelle

## Aufbau des ATM-Headers

| GFC | VPI | VCI | PT | Res | CLP | HEC |
|---|---|---|---|---|---|---|
| 4 Bit | 8 Bit | 16 Bit | 2 Bit | 1 Bit | 1 Bit | 8 Bit |

Der 5 Byte große ATM-Header wird, wie Sie aus der Abbildung ersehen können, in mehrere Unterbereiche mit folgenden Funktionen eingeteilt:

- Die *GFC* (***G**eneric **F**low **C**ontrol*) wird im Rahmen der Flusssteuerung eingesetzt.
- Der *VPI* (***V**irtual **P**ath **I**dentifier*) dient zur Vermittlung auf einem virtuellen Pfad. Im ATM werden die Zellen immer über die gleichen Verbindungswege übertragen. Hierdurch ist gewährleistet, dass die Daten in der Sendereihenfolge beim Empfänger ankommen.
- Der *VCI* (***V**irtual **C**hannel **I**dentifier*) bestimmt einen virtuellen (= logischen) Kanal in einer bestehenden Verbindung. Der Auf- und Abbau eines VCI belastet die Vermittlungsstelle nicht.
- Der *PT* (***P**ayload **T**ype*) bestimmt den Typ der übertragenden Informationen. Er definiert folgende Typen: *Assigned Cells* (benutzte Zellen), *Unassigned Cells* (nicht benutzte Zellen), *Meta Signallings Cells* (für Verbindungsaufbau) sowie *Physical Layer Operation and Management Cells*.
- Das *Res* (***Res**erved*) ist zurzeit noch nicht benutzt.
- Die *CLP* (***C**ell **L**ost **P**riority*) bestimmt, wenn gesetzt, dass verloren gegangene oder fehlerhafte Zellen wiederholt angefordert und gesendet werden. Bei Anwendungen wie Video-Übertragungen ist unter Umständen eine fehlerhafte Zelle zu verschmerzen.
- *HEC* (***H**eader **E**rror **C**ontrol*) realisiert die CRC-Prüfsumme des Headers. Bitte beachten Sie: In einer ATM-Zelle ist lediglich der Header durch eine Prüfsumme geschützt. Für den Payload-Bereich wird keine Fehlererkennung durchgeführt.

## Netzaufbau mittels ATM

Im ATM sind zwei unterschiedliche Knotentypen definiert: Zum einen die Endgeräte mit einem *User Network Interface* (*UNI*), zum anderen die Vermittlungsknoten namens *ATM-Switch*. Die Verbindung zweier oder mehrerer ATM-Switches untereinander realisiert eine weitere Schnittstelle – das *Network Node Interface* (*NNI*). Physikalisch entsteht bei diesem Aufbau ein Stern. Die Endgeräte sind um einen Switch angeordnet.

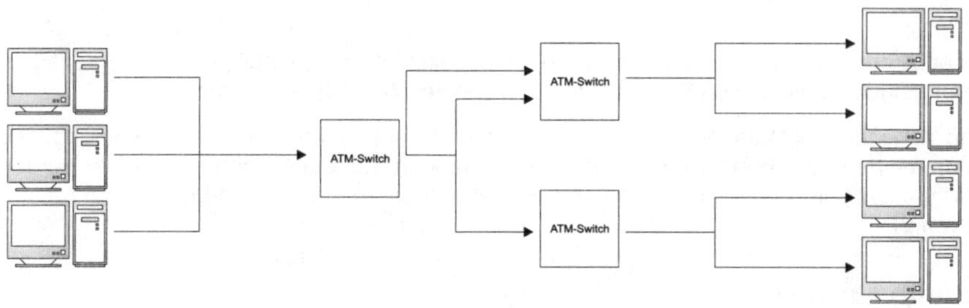


ATM-Switches

Während der Übertragung sendet ein Endgerät mit einer festgelegten Transferrate Zellen an den Switch und gibt mit Hilfe des VPI den Ausgang im Switch an, zu dem die Zellen transportiert werden sollen. Der Switch schaltet die Zellen auf dem entsprechenden Weg durch. Treffen gleichzeitig andere Zellen für einen Ausgang ein, werden diese entweder vom Switch kurzfristig gespeichert oder verworfen. Liegen zwischen Sender und Empfänger mehrere Switches, setzen diese den VPI entsprechend dem Weg durch den folgenden Switch um.

Nutzen mehrere Verbindungen den gleichen Weg, d.h. den gleichen VPI, können sie durch den VCI unterschieden werden.

Ein Endgerät muss wissen, über welchen VPI ein Empfänger zu erreichen ist. Auch die Switches müssen bei einer Verbindung untereinander Kenntnis darüber haben, wie eine eingehende Zelle auf einem ausgehenden VPI umzusetzen ist. Der VPI kann entweder durch einen Administrator vorgegeben sein oder aber während eines Verbindungsaufbaus ausgehandelt werden.

## Einordnung in das OSI-Referenzmodell

Das ATM zählt zu den Schichten 1 und 2 des OSI-Modells. Dabei werden mehrere Teilschichten unterschieden :

- ATM – Adaption Layer (OSI 2)
- ATM – Layer (OSI 2)
- ATM – Transmission Convergence Sublayer (OSI 1)
- ATM – Physical Medium Sublayer (OSI 1)

## ATM-Physical Medium Sublayer

Die physikalische Ausformung der Übertragungstechnik ist, wie oben angerissen, im ATM nicht festgelegt, es wird lediglich von einem ausreichend fehlerfreien digitalen Medium ausgegangen. Der Layer unterteilt sich in den *Physical Medium Sublayer* und den *Transmission Convergence Sublayer*. Der *Physical Medium Sublayer* beschreibt die vom Medium abhängigen Teile des Physical Layers und kann, je nach Medium, unterschiedlich sein.

## ATM-Transmission Convergence Sublayer

Der *Transmission Convergence Sublayer* bildet die ATM-Zellstruktur auf die Rahmenstruktur des Übertragungsmediums ab. Daneben wird hier die *Header Error Control Information* erzeugt und überprüft.

### ATM-Layer

Die wichtigsten Aufgaben des ATM-Layers liegen im Multiplexen und Demultiplexen von Zellen, in der Generierung und Extraktion von Zell-Headern sowie in der VPI/VCI-Umsetzung.

Eine logische Verbindung ist eindeutig durch den VCI identifiziert. Laufen auf einer Vermittlungseinrichtung Daten mit dem gleichen VCI von mehreren Eingängen auf den gleichen Ausgang, werden diese vom ATM-Layer umgesetzt. Eine ähnliche Aufgabe übernimmt der ATM-Layer auch bei der Umsetzung von VPI.

### ATM-Adaption Layer (AAL)

Der *ATM-AAL* stellt den ATM-Dienst für höhere Schichten bereit. Dieser Layer wird wiederum in zwei weitere Teilschichten unterschieden. Der *SAR-Sublayer* (*Segmentation and Reassembly*) realisiert die Aufteilung in Zellen. Die zweite Teilschicht – der *Convergence Sublayer* (*CS*) – beschreibt die so genannten *ATM-Dienstklassen*.

<table>
<tr><th>Class A</th><th>Class B</th><th>Class C</th><th>Class D</th></tr>
<tr><td colspan="2">zeitkritisch</td><td colspan="2">nicht zeitkritisch</td></tr>
<tr><td>konstante Bitrate</td><td colspan="3">variable Bitrate</td></tr>
<tr><td colspan="3">verbindungsorientiert</td><td>verbindungslos</td></tr>
</table>

ATM-Dienstklassen

Nutzungsbeispiele für die Klassen sind:

- Class A: Sprache/Audio/Video mit fester Bitrate
- Class B: Audio/Video mit variabler Bitrate
- Class C: verbindungsorientierte Datenübertragung
- Class D: verbindungslose Datenübertragung

Der *Adaption Layer* kann durchaus auch weitere Aufgaben besitzen, beispielsweise das Hinzufügen von Datensicherungsprotokollen. Dies kann insofern wichtig sein, als dass ATM keine Datensicherung für die Payload-Daten definiert. Auch die Emulation bestehender Techniken mit Hilfe des AAL-Sublayers ist möglich. So wird etwa auf dieser Ebene ein System wie FDDI emuliert, d.h., bestehende FDDI-Netze können einfach in ATM-Lösungen integriert bzw. schrittweise auf ATM-Technik umgestellt werden.

## 8.5 DQDB

Der Begriff *DQDB* steht für ***D****istributed* ***Q****ueue* ***D****ual* ***B****us* und beschreibt ein Highspeed-Übertragungsprotokoll, welches durch IEEE 802.6 im Rahmen der MAN-Aktivitäten standardisiert wurde.

Die Anforderungen, die durch DQDB realisiert werden können, sind:

- Betrieb als „LAN-Ersatz" bei großem Bandbreitenbedarf
- Betrieb von LAN-zu-LAN-Verbindungen (MAN, Backbone)
- Vorläufer bzw. Zugang zum Breitband-ISDN

DQDB unterstützt dabei sowohl den für LAN-Anwendungen typischen asynchronen Betrieb (paketvermittelnder Dienst) als auch einen isochronen Betrieb (leitungsvermittelnder Dienst), auf den man vor allem in den Bereichen Sprache/Telefon/Kommunikation trifft.

# Topologischer Aufbau DQDB

DQDB basiert auf einer doppelten Auslegung digitaler Übertragungswege im unidirektionalen, gegenläufigen Betrieb. Eine Station kommuniziert jeweils über einen Vor- und Rückkanal mit einer anderen Station. Aufgrund der Topologie des DQDB wird eine Vollduplex-Verbindung bereits auf der Ebene 1 implementiert.

DQDB legt kein Übertragungsmedium direkt fest. Eine Anpassung an bestehende Übertragungsmedien wird durch die Funktionen des Physical Convergence Layers wahrgenommen. Allerdings ist definiert, dass der Aufbau aus zwei gegenläufig gerichteten Bussen bestehen muss. Jeder Bus ist durch einen Terminator abgeschlossen. Am Anfang des Busses befindet sich jeweils ein Framegenerator. Die Framegeneratoren (oder Slot-Generatoren) erzeugen im Takt von 125 Sekunden leere Rahmen. Die erzeugten Rahmen durchlaufen den Bus in Richtung Terminator.

Jede Station kann mittels ihrer *Access Unit* (*AU*) lesend und schreibend auf beide Busse zugreifen.

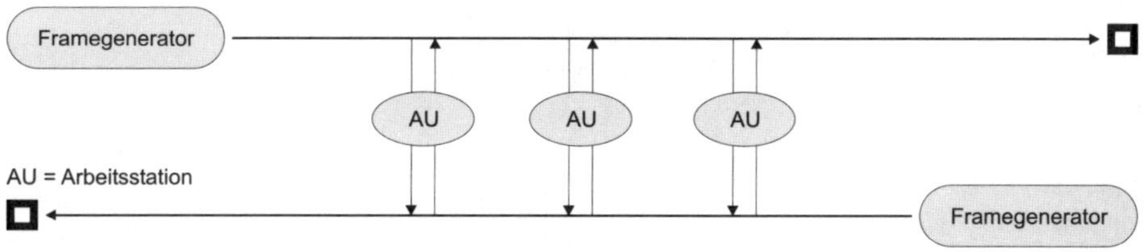


DQDB als LAN

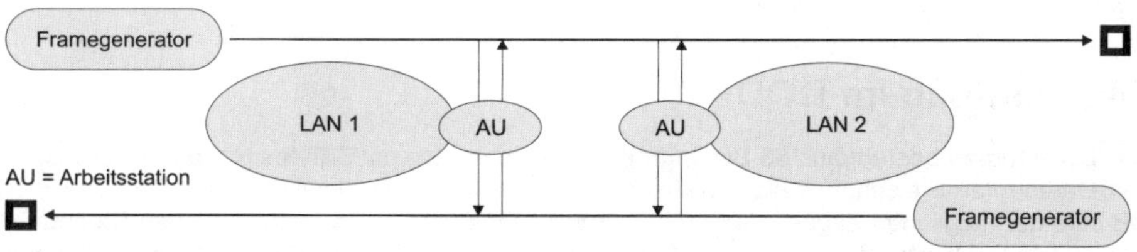


DQDB als Backbone

# Physikalischer Aufbau DQDB

Sie kennen bereits die Nachteile, die ein Bus hinsichtlich der Ausfallsicherheit aufweist. MAN-Systeme, die DQDB einsetzen, verlangen eine hohe Verfügbarkeit. Daher wurde im DQDB ein Aufbau gewählt, der in gewissem Maße eine Rekonfigurationsfähigkeit ermöglicht.

Die Knoten werden dabei ringförmig angeordet. Für eine vollständige Rekonfigurationsfähigkeit müssen alle Stationen die Fähigkeit der Slot-Generierung und der Termination besitzen.

Wurde ein Kabelbruch erkannt, schalten die Knoten ober- und unterhalb der Unterbrechung die eigenen Terminatoren bzw. Generatoren ein. Der Knoten, der ursprünglich diese Aufgaben innehatte, schaltet auf Durchgang. Hierdurch entstehen dann wieder zwei intakte Busse. Treten solche Unterbrechungen an mehreren Stellen auf, tritt das gleiche Verfahren in Aktion, allerdings entstehen dann mehrere Teilsysteme, die nicht mehr alle Knoten miteinander verbinden.

Die nachfolgenden Grafiken veranschaulichen den Datenfluss in einem intakten und einem rekonfigurierten MAN-System mit DQDB-Technik.

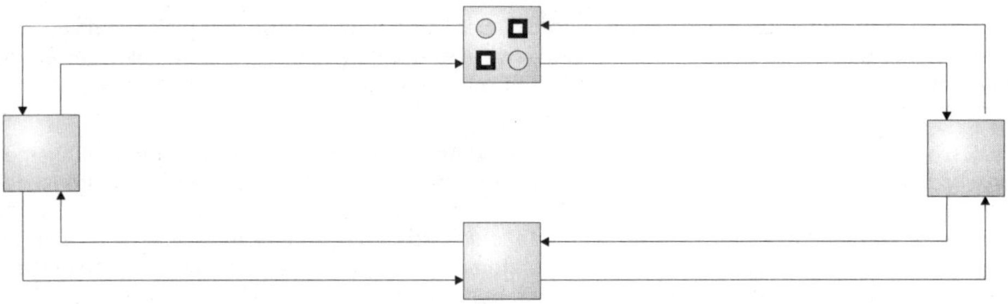

Intakte Konfiguration

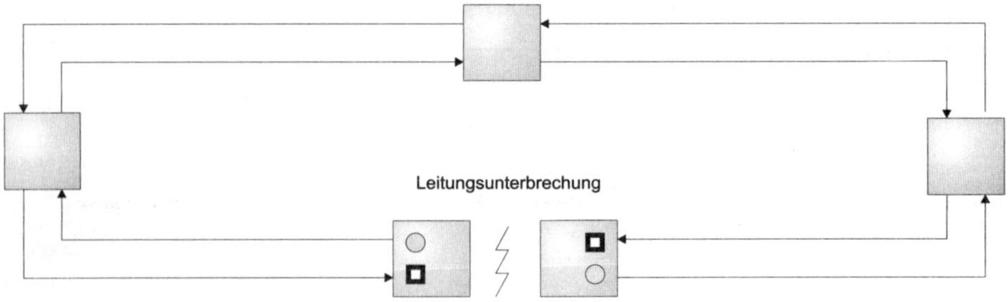


Rekonfiguration nach Leitungsunterbrechung

## Rahmenaufbau im DQDB

Der DQDB-Rahmen besteht aus 53 Bytes großen Zellen, jeweils mit 5 Bytes Header und 48 Bytes langem Datenanteil. Sie sehen, dass sich hier ein ähnlicher Aufbau wie im ATM ergibt. Tatsächlich ist DQDB eine der möglichen Zugangsformen zu einem ATM-System. Unterstützt werden Datenraten von 1,5 Mbit/s, 2,048 Mbit/s, 34 Mbit/s, 45 Mbit/s und 140 Mbit/s. Dies bezieht sich auf die Gesamtbandbreite des Netzes und steht dadurch nicht allen Stationen zeitgleich zur Verfügung.

| 1 Byte | 4 Bytes | 48 Bytes |
|---|---|---|
| | | |

Aufbau des DQDB-Rahmens

| Bit 0 | Bit 1 | Bit 2 | Bit 3 | Bit 4 | Bit 5 | Bit 6 | Bit 7 |
|---|---|---|---|---|---|---|---|
| Busy | Slottype | Reserved | | Request | | | |

DQDB Access Control Field (ACF)

| 20 Bit | 2 Bit | 2 Bit | 8 Bit |
|---|---|---|---|
| Virtual Channel Identifier (VCI) | Payload Type | Segment Priority | Header Check Sequence |

DQDB Segment Header

DQDB definiert in seinem Protokoll zwei unterschiedliche Slot-Typen, *Pre-Arbitrated (PA)* und *Queued Arbitrated* (*QA*). PA-Slots finden im isochronen Verkehr (konstante Bitrate), QA-Slots hingegen im paketvermittelnden (asynchronen) Verkehr Verwendung.

Entsprechende Slots beider Typen werden jeweils in den Framegeneratoren erzeugt und zwar unabhängig davon, ob sich Knoten sendewillig erklärt haben oder nicht.

## DQDB im Pre-Arbitrated-Betrieb

Knoten, die im PA-Slots-Mode arbeiten möchten, müssen eine entsprechende Anforderung für einen Kanal stellen. Das Management des DQDB stellt daraufhin einen entsprechenden VCI für diese Verbindung zur Verfügung. Steht nicht genügend Bandbreite bereit, können keine weiteren VCIs angefordert werden.

Die Generierung der PA-Slots sowie die Markierung mit den entsprechenden VCIs ist Aufgabe des Framegenerators. Hier wird auch sichergestellt, dass die Periode, mit der Slots eines bestimmten VCIs erzeugt werden, der angeforderten Bandbreite entspricht.

Im PA-Mode können auch mehrere Knoten Zugriff auf den gleichen PA-Slot haben. Das DQDB-Management informiert die an der Verbindung beteiligten Stationen, welche Bytes innerhalb des Payloads bei einem bestimmten VCI für sie relevant sind.

Ein Byte in einem Slot eines 125-s-Rahmens entspricht einer Datenrate von 64 Kbit/s; die Zuordnung der Datenrate erfolgt damit in Schritten zu 64 Kbit/s.

## DQDB in QA-Slot-Mode (Queued Arbitrated Access)

In diesem Modus wird der asynchrone Betrieb realisiert. Er steht zurzeit im Vordergrund des Interesses an DQDB. Die Verteilung der Gesamtbrandbreite erfolgt über eine verteilte Warteschlange (*distributed queue*).

In LAN-Betrieb wird innerhalb des Payload-Segments eine Unterteilung in *PDUs* (*Payload Data Units*) vorgenommen. Wie zuvor bei anderen Übertragungsprotokollen werden wiederum verschiedene Segmente wie Header, Nutzdaten und Trailer mit den notwendigen Adressen und Fehlerkorrekturmöglichkeiten unterschieden.

### Funktionsweise der Distributed Queue

Da die beiden Busse gerichtet sind, muss jeder Knoten wissen, über welchen Bus ein anderer Knoten erreicht werden kann. Der Zielknoten liegt auf dem zu nutzenden Bus unterhalb des sendewilligen Knotens (downstream). Steht die Senderichtung fest, werden die upstream gelegenen Knoten über den entgegengesetzt gerichteten Bus über den Sendewunsch (request) informiert.

Innerhalb einer DQDB-Zelle befindet sich eine Reihe von Bit-Flags, welche die oben beschriebenen Aufgaben realisieren. Wichtig sind vor allem das *Request-Bit* und das *Busy-Bit*. Das Busy-Bit zeigt an, dass in der Zelle Daten transportiert werden. Das Request-Bit wird zur Signalisierung des Sendewunsches genutzt. Jeder Knoten darf dieses Flag setzen, falls es noch nicht gesetzt war.

Alle Knoten hören ständig beide Busse ab und merken sich die Anforderungen für einen bestimmten Bus anhand der vorbeilaufenden Zellen mit gesetzten Request-Bit. Dadurch sind die Knoten in der Lage, für einen evtl. Sendewunsch eine für sie gültige Warteschlangenposition zu ermitteln.

Jeder Knoten enthält für jeden Bus jeweils drei Zähler:

- RQ (**R**equest **C**ounter)
- CD (**C**ountdown **C**ounter)
- ORQ (**O**utstanding **R**equest **C**ounter)

Ein Knoten kann zu jedem Zeitpunkt drei verschiedene Zustände haben :

- Der Knoten will nicht selbst übertragen.
- Der Knoten will übertragen.
- Der Knoten überträgt Daten.

Schauen Sie sich die drei unterschiedlichen Zustände näher an. Dabei legen Sie folgendes Modell zugrunde:

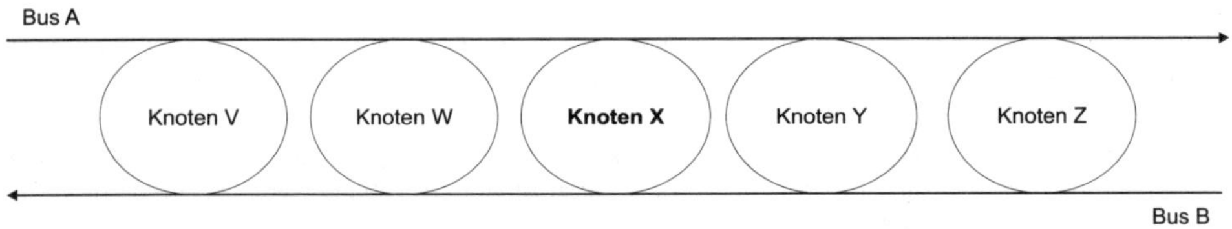


Knotenmodell

Die Funktionsweise wird hier lediglich bezogen auf den Knoten X und die Warteschlange für eine Übertragung über den Bus A betrachtet. Für den anderen Bus kann das Verfahren entsprechend abgeleitet werden. Daneben laufen natürlich auch in den anderen Knoten die gleichen Vorgänge ab.

Der Knoten X will nicht selbst übertragen:

Auf Bus B passiert ein Slot mit gesetztem Request-Bit. Hierdurch wird der Request Counter des Busses A heraufgesetzt. Der Request erfolgt lediglich von Y für eine Übertragung an Z.

Anweisung: RQA = RQA + 1

Auf Bus A passiert ein Slot mit nicht gesetztem Busy-Bit, folglich wird der Request Counter des Busses A heruntergesetzt, falls er noch nicht auf 0 steht. Hier kann dann die Anforderung von Y befriedigt werden.

Anweisung: RQA = RQA – 1, falls RQA > 0

Der Request Counter (RQA) enthält damit stets die Anzahl der von anderen Knoten angeforderten noch ausstehenden Übertragungen auf dem Bus A. Dies ist sozusagen die Reihefolge in der Warteschlange.

In vorliegendem Fall bezieht sich dies lediglich auf eine Sendeanforderung des Knotens Y in Richtung des Knotens Z. Slots, die im Generator des Busses A erzeugt und bis zum Knoten X nicht belegt wurden (Busy-Bit = 0), müssen an den weiter unten liegenden Knoten (hier lediglich Y) geleitet werden. Durch diesen Slot kann Y dann an Z Daten versenden.

Der Knoten X will an den Knoten Z senden:

Durch die Konfiguration weiß X, dass Z nur über den Bus A erreicht werden kann. Es muss also ein freier Slot genutzt werden, der vom Generator des Busses A erzeugt wurde. Über den Bus B wird daher dem darunter liegenden Knoten (V und W) der Sendewunsch mitgeteilt.

Der Knoten X speichert die Anforderung im Zähler ORQA, erhöht diesen also um 1. Jetzt wartet X auf ein Slot ohne Request-Bit auf dem Bus B. Konnte hier die Anforderung durch Setzen des Request-Bits abgesandt werden, wird der ORQA herabgesetzt.

Anweisung: RB setzen, wenn noch nicht gesetzt und ORQA = ORQA – 1, wenn ORQA > 0

Durch die Beobachtung des Busses enthält RQA seine eigene Position in der Warteschlage. Diese Position wird nach CDA (Countdown Counter) transferiert und RQA wird auf 0 gesetzt. Für jeden Slot, der ohne gesetztes Busy-Bit auf A passiert, zählt der Countdown Counter herunter. Faktisch bedeutet dies, dass dieser Slot von Y genutzt werden wird. Steht CDA auf 0, so wird der nächste freie Slot für die Übertragung genutzt.

**Hinweis**

Für die Beobachtung des Busses B und für die Handhabung der Übertragung stehen auch hier drei Zähler bereit. Das Grundverfahren arbeitet gleich, es bezieht sich allerdings jeweils auf den anderen Bus und die dazugehörenden Zähler.

Eine Station kann zu einem Zeitpunkt immer nur einen Übertragungswunsch im Gesamtnetz anstehen haben. Alle weiteren Anforderungen werden im ORQ lokal registriert. Erst nach Befriedigung des Wunsches darf ein neuer Wunsch geäußert werden.

In der Beschreibung des Headers und des ACF sehen Sie, dass insgesamt vier Request-Bits vorhanden sind. Sie stehen zur Realisierung verschiedener Prioritäten zur Verfügung. Die IEEE-Standardisierung schlägt dazu vier Stufen vor, entsprechend den einzelnen Bits im ACF. Die AUs müssen eine entsprechende Anzahl von RQ-Zählern jeweils für einen Bus bereitstellen, sie können so die einzelnen Request-Bits getrennt speichern. Somit steht dann jeweils eine Warteschlange für Slots der unterschiedlichen Prioritätsstufen zur Verfügung.

Das vorgestellte Verfahren ist außerordentlich leistungsfähig und verteilt die Verantwortung auf die einzelnen Stationen (Distributed Queue). Es existiert eine Reihe weiterer Funktionen, deren Darstellung hier zu weit führen würde. Eine Funktion besteht beispielsweise darin, festzustellen, mit welchen Anfangswerten die Zähler besetzt sein sollen, wenn ein Knoten in das Netz aufgenommen wird. Daneben wird auch bekannt gegeben, wie viele Knoten sich im Netz befinden und über welchen Bus sie erreicht werden können.

# 8.6 FDDI

Physikalisch wird *FDDI* (***F**iber **D**istributed **D**ata **I**nterface*) auf der Basis eines doppelten Rings aufgebaut. Zur Verbindung der Stationen wird Fiber, also ein LWL eingesetzt. Die Übertragung liegt bei 100 Mbit/s bei einer Ausdehnung von maximal 100 km Ringlänge und max. 500 Stationen im Netz. Wird kein Backup-Ring eingesetzt, kann die Anzahl der Stationen sowie die Ringlänge verdoppelt werden.

Neben der LWL-Variante werden zurzeit auch Implementierungen auf Kupferbasis, *CDDI* genannt, eingesetzt, wobei das C hier für Copper (engl. für Kupfer) steht.

> **Hinweis**
> FDDI findet in der Regel nur im so genannten *Backbone-Bereich* Verwendung. Die Gründe liegen primär in den hohen Kosten für die LWL-Verkabelung und die entsprechenden Netzwerkkarten.

FDDI wurde vom *Accredited Standards Committee* (*ASC*) als X3T9.5 entworfen. Es ist ein ANSI-Standard (ANSI ist die amerikanische Entsprechung des DIN). FDDI beschreibt ein Protokoll, welches auf der OSI-Schicht 2 mit einem Token Passing-Zugriffsverfahren arbeitet. Inzwischen wurde FDDI von der ISO übernommen (ISO 9314).

> **Hinweis**
> Die ANSI-Empfehlung beschreibt einen 100-Mbit/s-Token Ring. Das Protokoll basiert auf einem geringfügig modifizierten Token Ring nach IEEE 802.5. Wie beim Token Ring liegt eine logische Ringstruktur vor. Die einzelnen Stationen dürfen bis zu 2 km auseinander liegen.

Das Zugriffsverfahren von FDDI unterscheidet sich vom Token Ring insofern, als nach dem Sendeabschluss sofort ein Freitoken-Token generiert wird. Die Vernichtung des gesendeten Tokens bleibt jedoch Aufgabe des Senders. Dies entspricht im Wesentlichen dem „Early Token Release“- Prinzip des 16-Mbit-Token Ring.

FDDI stellt eine der wenigen Zugriffsmethoden dar, die speziell für eine hohe Bandbreite und für die Verwendung von LWL entworfen wurden. Die physikalische Topologie von FDDI beruht auf einem doppelt ausgelegten LWL-Ring, der in den Primärring und den Sekundärring unterschieden wird.

Der Sekundärring dient in Regel als Backup-Ring; d.h.,bei einem Ausfall übernimmt er die Funktionen des Primärrings (s. auch Modul 4 „Netzwerktopologien“). ANSI schließt jedoch die gleichzeitige Verwendung zur Leistungssteigerung nicht aus (Dual-MAC-Option).

Für die Versorgungsbereiche (tertiäre Bereiche, s. auch „Strukturierte Verkabelung“ in Abschnitt 6.6) können Endgeräte auch mit Twisted-Pair-Kabeln angeschlossen werden. Dann wird das Übertragungsprotokoll auf der Basis von Kupferleitungen realisiert; damit liegt das zuvor erwähnte CDDI (***C**opper **D**istributed **D**ata **I**nterface*) vor.

Im Rahmen der Spezifikation von ATM wurde auch ein Übergang ATM zu FDDI festgelegt. Eine bestehende FDDI-Installation kann so in ein ATM-Netz integriert werden.

## Einordnung in das OSI-Referenzmodell

Die FDDI Empfehlung besteht aus vier Sublayern:

| | | |
|---|---|---|
| OSI-Schicht 2 | Physical Layer | LLC, IEEE 802.2 |
| | | FDDI MAC |
| OSI-Schicht 1 | Data Link Layer | FDDI PHY |
| | | FDDI PMD |

Einordnung von FDDI in OSI

### FDDI PMD Sublayer

Der *Physical Layer Medium Dependent Sublayer* spezifiziert die optischen Komponenten wie den einzusetzenden LWL (ursprünglich Gradientenfaser-LWL) und das entsprechende Anschlusszubehör (Stecker, Buchsen, Verbindungselemente).

### FDDI PHY

Das *FDDI Physical Layer-Protokoll* beschreibt die Protokollmechanismen der physikalischen Schicht, d. h. die Abbildung des Rahmens auf das Medium, soweit diese vom physikalischen Medium abhängig sind.

### FDDI MAC

Der *Media Access Control* definiert das Zugriffsverfahren und die Rahmenformate. Auf FDDI MAC kann LLC aufgesetzt und derart die Funktionsweise nach IEEE 802.2 zur Verfügung gestellt werden. Die Integration von FDDI in bestehende LAN-Umgebungen, die mit Protokollen der IEEE 802 (z. B. Ethernet und Token Ring) arbeiten, erweist sich so als relativ einfach.

### FDDI SMT

Das *FDDI Station Management* beschreibt die in jeder Station für einen geordneten Betrieb erforderlichen Managementfunktionen (Aktivierung, Initialisierung, Error-Check, Fehlerbehandlung, Shutdown etc.). SMT ist dabei in allen Sublayern partiell realisiert.

Daneben wurde das ursprüngliche FDDI um weitere Funktionen ergänzt:

- SMF-PMD = Single Mode Fiber PMD

  Expliziert den Einsatz von Monomodefasern im Gegensatz zu Gradientenfasern im ursprünglichen Entwurf. Ausdehnung und Stationsabstand steigen dadurch um den Faktor 30.

- SPM = SONET Physical Layer Mapping

  Legt die Nutzung von FDDI auf SONET-Basis fest. SONET ist ein amerikanischer nationaler Standard für öffentliche LWL-Netze.

- HRC = Hybrid Ring Control

  Definiert eine erweiterte FDDI-Variante, die neben dem asychronen Verkehr (Paketvermittelung) einen isynchronen Dienst (leitungsvermittelt) anbietet. FDDI-HRC wird im Allgemeinen als *FDDI-II* bezeichnet.

## Beschreibung der Leistungskomponenten von FDDI

### DAS (Dual Attachment Station)

Bei einer *DAS* handelt es sich um eine vollwertige Ringstation mit Anschluss an beide Ringe (A/B-Ports). Im Fehlerfall (Leitungsunterbrechung) kann die DAS den Ring neu konfigurieren (*Wrap-mode*). Beim Funktionsausfall einer Station wird der Ring mittels eines Bypass-Switch an der Station vorbeigeleitet. Damit der maximale Stationsabstand gewahrt bleibt, gilt es zu prüfen, ob durch den Bypass der Maximalabstand überschritten wird. Im Extremfall müssen die Nachbarstationen (up- und downstream) in den Wrap-mode geschaltet werden.

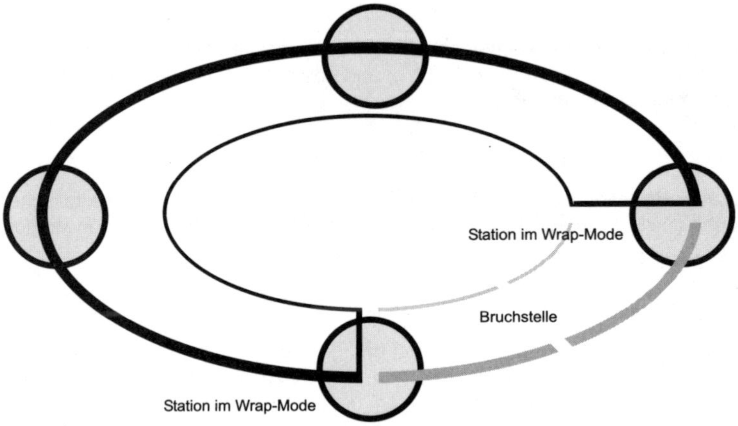


FDDI-Ring im Wrap-Modus

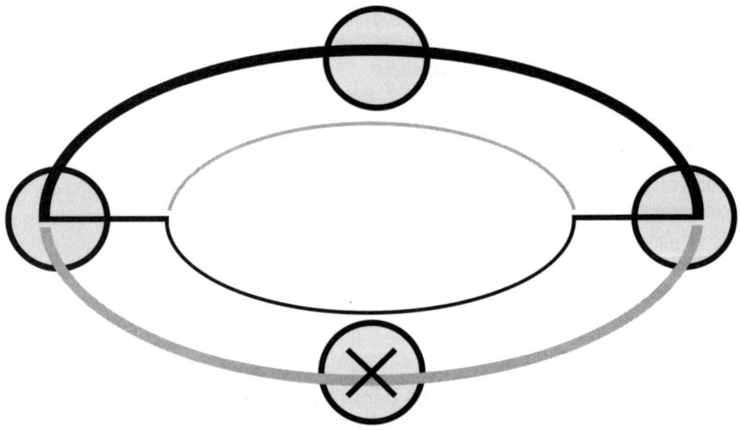

FDDI-Ring mit Bypass

## SAS (Single Attachment Station)

*SAS* ist die preiswerte Variante, um einen FDDI-Anschluss zu realisieren. SAS besitzen lediglich einen S-Port (Slave Port) und können nur über den M-Port (Master Port) eines Konzentrators an den Ring angeschlossen werden.

## DAC (Dual Attachment Concentrator)

Eine *DAC* als vollwertige DAS stellt darüber hinaus eine Anzahl von MPorts zur Verfügung, über die Single Attachment Stations via S-Ports angeschlossen werden können. Beim Ausfall einer SAS koppelt die DAC die entsprechende Station aus dem Ring aus.

### SAC (Single Attachment Concentrator)

Dieser Konzentratortyp bietet Anschlussmöglichkeiten für weitere *SAS*- bzw. *SAC*-Stationen, kann allerdings als untergeordnetes Element lediglich an einem DAC bzw. einem anderen SAC betrieben werden.

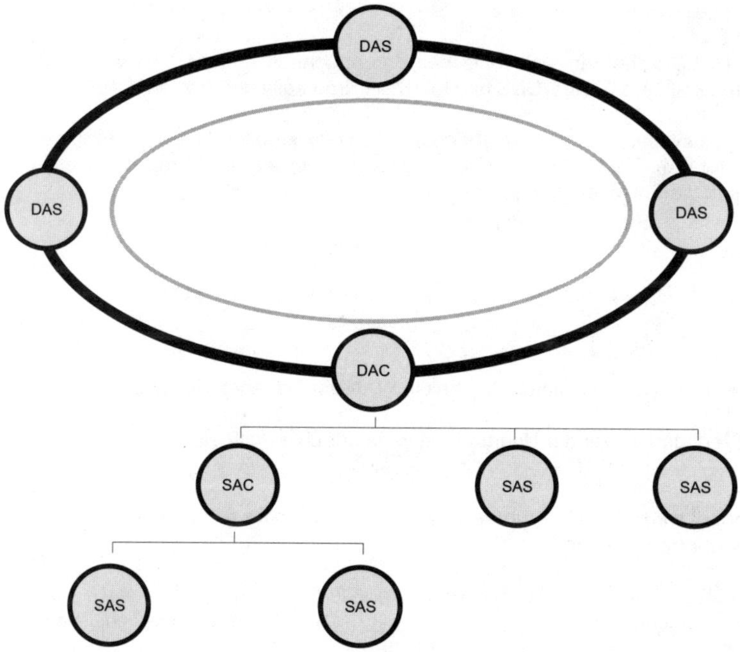


FDDI-Ring mit Thrunk und Tree Area

Der Hauptbereich des FDDI-Rings mit DAS und DAC wird als die *Thrunk Area* bezeichnet, die durch die Kaskadierung von DAC und SAC entstehende Baumstruktur als die *Tree Area*. In der Tree Area werden zwecks Kostensenkung meist Twisted-Pair-Kabel (CDDI) eingesetzt.

## Weitere Konfigurationsmöglichkeiten

Anstatt eine DAS „direkt" im Ring zu konfigurieren, besteht auch die Möglichkeit, sie mit den beiden Ports an unterschiedlichen DAC bzw. SAC zu betreiben. Hierdurch entstehen dann redundante Strukturen.

## Zusammenfassung

- ✓ Sie haben in diesem Modul die wichtigsten Protokolle der OSI-Schichten 1 und 2 im WAN und MAN-Bereich in ihrer Struktur und Funktionalität kennen gelernt. Im Gegensatz zum LAN müssen diese Protokolle die Bedienung weiter Strecken und wesentlich höherer Teilnehmerzahlen realisieren.
- ✓ Während das HDLC-Verfahren wohl bald der Vergangenheit angehören wird, stellen High-speed-Protokolle wie ATM, DQDB und FDDI die Protokolle der Zukunft dar.
- ✓ Hinsichtlich der Auswahl eines problemadäquaten Protokolls gelten dieselben Grundbedingungen wie im LAN-Bereich: Die gegebene Infrastruktur und die finanzielle Ausstattung beeinflussen die Entscheidung wesentlich.

## Übungen

1. Welche Dienste finden Sie als Anforderung an ein WAN vor? Nennen Sie bitte vier.
2. Wie heißt der Wert, den es vor der Übertragung variabler Daten auf einem Netz zu ermitteln gilt?
3. Mit welcher Formel wird dieser Wert berechnet? Geben Sie bitte auch die vollständigen Bezeichnungen der Variablen an.
4. Die optimale Auslegung eines Übertragungsprotokolls liegt in einem gelungenen Verhältnis von geringer verschenkter ____________________ einerseits und möglichst niedrigem kalkulierten ____________________ andererseits.
5. Wofür steht das Kürzel *HDLC* und auf welcher Ebene des OSI-Modells finden Sie dieses Verfahren vor?
6. Das HDLC-Protokoll eignet sich für Punkt-zu-Punkt-Verbindungen, Busnetze, Mehrpunktverbindungen und Ringstrukturen. Welcher Begriff ist in dieser Auflistung falsch?
7. Wie viele Bits belegt das Frame Check Field im Protokollrahmen des HDLC-Protokolls?
8. Wie lautet die Bitfolge der *Open*- und *Close*-Flags im HDLC-Protokollrahmen?
9. Welches Verfahren verhindert, dass eine zufällig im Frame auftretende gleiche Bitfolge auf der Empfangsseite fälschlicherweise als *Close*-Flag interpretiert wird?
10. Nennen Sie bitte zwei Eigenschaften des Asynchronous Transfer Mode.
11. Die Länge einer Zelle im ATM-Übertragungsprotokoll umfasst nur __ Bytes. Ergänzen Sie bitte die fehlende Zahl.
12. Nennen Sie mindestens drei Unterbereiche des ATM-Headers und ihre Bitlänge.

# Übungen

**13.** Für den Payload-Bereich des ATM-Headers wird eine Fehlererkennung durchgeführt. Ist diese Aussage richtig?

**14.** Wie heißen die beiden Knotentypen im ATM, wie ihre Schnittstellen?

**15.** Zu welcher Schicht des OSI-Modells gehört das ATM?

**16.** Benennen Sie bitte zwei Teilschichten des ATM.

**17.** Wovon ist der Physical Medium Sublayer abhängig?

**18.** Nennen Sie die wichtigsten Aufgaben des ATM-Layers?

**19.** Wofür steht das Kürzel *DQDB*?

**20.** Welcher Layer nimmt die Anpassung an das Übertragungsmedium im DQDB-Verfahren vor?

**21.** Warum bietet das DQDB-Verfahren eine Möglichkeit zur Rekonfiguration auf?

**22.** Aus wie viel Bytes besteht ein DQDB-Rahmen?

**23.** Bitte ergänzen Sie die fehlenden Begriffe in folgender Abbildung des DQDB-Rahmens:

| 1 Byte | 4 Bytes | 48 Bytes |
|---|---|---|
| | | |

**24.** Wie heißen die beiden Slot-Typen, welche DQDB in seinem Protokoll definiert?

**25.** Welche beiden Bit-Flags erweisen sich innerhalb einer DQDB-Zelle als besonders wichtig?

**26.** Ein Knoten kann zu jedem Zeitpunkt drei verschiedene Zustände haben. Welche Zustände sind das?

**27.** Wie verändert sich der Zähler auf Bus A, wenn ein Slot mit gesetztem Request-Bit Bus B passiert?

**28.** Wie viele Übertragungswünsche kann eine Station zu einem Zeitpunkt im Gesamtnetz anstehen haben?

**29.** Welche topologische Struktur weist FDDI auf?

**30.** Welche Verkabelungsart kommt in der Regel bei FDDI zum Einsatz, welche Alternative gibt es dazu?

# Übungen

**31.** Wie hoch ist die maximale Ausdehnung mit wie vielen Stationen in einem doppelten FDDI-Ring?

**32.** Wie können diese Maximalwerte verdoppelt werden?

**33.** Was spezifiziert der FDDI PMD Sublayer?

**34.** Welcher Modus wird im Fehlerfall bei einer DAS angewandt, um den Ring neu zu konfigurieren?

**35.** Wie nennt man das Element, mit dem der Ring einer DAS an einer ausgefallenen Station vorbeigeleitet werden kann?

Die Lösungen zu diesen Aufgaben finden Sie im Anhang des Co@ches.

# Modul 9

# Netzvermittlungstechniken

**Lernen Sie**

- die Leitungsvermittlung kennen
- das Prinzip der Nachrichtenvermittlung zu verstehen
- die Paketvermittlung von anderen Technologien abzusetzen

Im Laufe der Entwicklung der verschiedenen Netzwerkdienste hat sich bis heute eine Reihe unterschiedlicher Formen des Nachrichtenaustauschs entwickelt.

Für den Ablauf des Informationsaustauschs ist es dabei wesentlich, ob das Übertragungsmedium ausschließlich einer Kommunikationsverbindung vorbehalten ist oder ob über das Medium mehrere Verbindungen geführt werden.

Für die Koordination unterschiedlicher Verbindungen werden Technologien aus dem Bereich der Vermittlungstechnik eingesetzt, die in diesem Modul betrachtet werden sollen.

## 9.1 Vorbemerkungen

Die verschiedenen Netzvermittlungstechniken kommen in Teilstreckennetzen zum Einsatz, wenn die Nutzung von Teilstrecken – hier ist die Übertragung von Nachrichten gemeint – nicht über ein exaktes Verfahren geregelt ist, also entweder keine Schaltung im Netz vorliegt oder etwa mit einer Sendeberechtigungsmarke gearbeitet wird.

Ein weiterer Grund für die Nutzung von Nachrichtenvermittlungstechniken ist die Übertragung von Daten, bei denen der Weg nicht eindeutig festgelegt ist. Stehen für die Wahl des Weges mehrere zur Verfügung, wie es typischerweise in einem Maschennetz der Fall ist, bedarf es besonderer Techniken, um eine erfolgreiche Kommunikation zu gewährleisten.

## 9.2 Leitungsvermittlung

Die *Leitungsvermittlung* basiert auf einer physikalischen End-to-End-Verbindung zwischen einem Sender und einem Empfänger. Nachdem die Verbindung zwischen den beiden Knoten durchgeschaltet wurde, sind die einzelnen Teilstrecken dieser Verbindung während der gesamten Verbindungsdauer reserviert. Die Möglichkeit des Verbindungsaufbaus zwischen einem zweiten Sender und Empfänger auf diesen Teilstrecken besteht dann nicht mehr.

## Ablauf der Leitungsvermittlung

Der Ablauf einer Leitungsvermittlung wird in vier Schritte unterteilt:

1. Im ersten Schritt fordert der Sender eine Verbindung an und schaltet diese zum Empfänger durch.
2. In einem zweiten Schritt bestätigt der Empfänger dem Sender den Verbindungsaufbau bzw. signalisiert ihm seine Empfangsbereitschaft. Damit steht die Leitung für die Datenübertragung zur Verfügung.
3. Im dritten Stadium werden die Nachrichten, d.h. die Daten zwischen Sender und Empfänger ausgetauscht, wobei sich der Vorgang auch umkehren kann. Nicht unerwähnt sollte hier bleiben, dass der Empfänger ggf. den Erhalt der Daten dem Sender auch bestätigt.
4. Im letzten und vierten Schritt wird bei Aufforderung durch eine der beiden Seiten (oder auch beider) die Leitung wieder abgebaut und für weitere Verbindungen zur Verfügung gestellt.

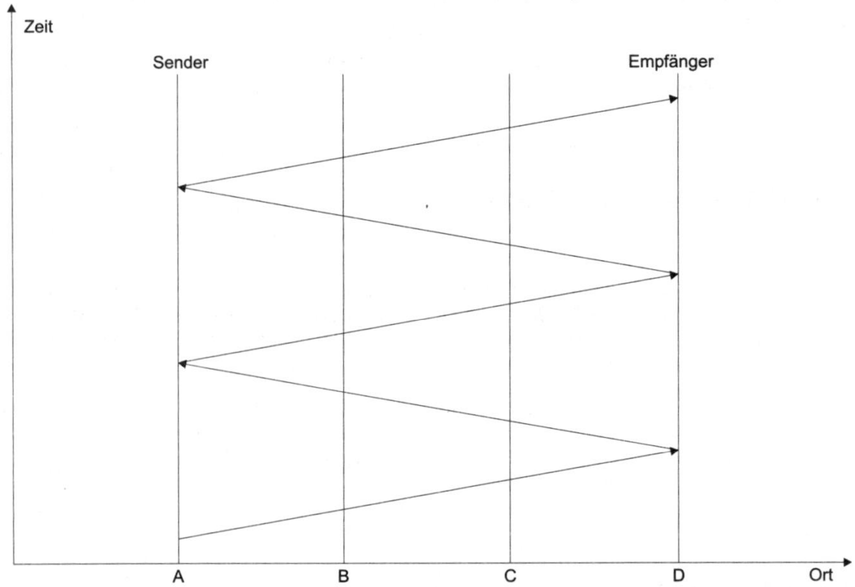


Zeitverlauf der Leitungsvermittlung

# 9.3 Nachteile der Leitungsvermittlung

Ein großer Nachteil der Leitungsverbindung ist, dass die Verbindung auch dann bestehen muss, wenn keine Daten übermittelt werden. Selbstverständlich müssen diese Sendepausen, falls es sich um ein öffentliches Netz wie z.B. das Telefonnetz handelt, mitbezahlt werden.

Ein weiterer Nachteil ist sicherlich, dass die einzelnen Teilstrecken selbst in den Sendepausen nicht von anderen Teilnehmern genutzt werden können, d.h., während der gesamten Verbindung ist diese Teilstrecke blockiert. Es kann auch vorkommen, dass eine Verbindung nicht zustande kommt, weil ein Teilstück belegt ist. Abhilfe schaffen hier aber in der Regel mehrere Übertragungskanäle zwischen zwei nebeneinander liegenden Knoten. In der Praxis erfolgt dies durch den Einsatz mehrerer paralleler Leitungen oder über Multiplexing auf nur einer Leitung.

Nicht unerwähnt soll in diesem Zusammenhang bleiben, dass es zu erheblichen zeitlichen Verzögerungen bei der Leitungsvermittlung durch das Warten auf einen Verbindungsaufbau kommen kann, sowohl bei der Anforderung einer Verbindung als auch beim Warten auf eine freie Leitung.

# 9.4 Nachrichtenvermittlung

Die *Nachrichtenvermittlung* ist im Gegensatz zur Leitungsvermittlung ein Vermittlungssystem, bei dem komplette Nachrichten bzw. die Daten in theoretisch beliebiger Größe vom Sender zum Empfänger übermittelt werden können, ohne dass dazu eine End-to-End-Verbindung aufgebaut wird.

## Prinzip Nachrichtenvermittlung

Generell arbeitet die Nachrichtenvermittlung nach dem Store-and-Forward-Prinzip. Bei diesem Prinzip werden die Nachrichten bzw. Daten auf Netzwerkknoten zwischengespeichert und irgendwann an den nächsten Knoten weitergegeben. Dieser Vorgang erfolgt allerdings nicht online, sondern offline und ist somit zeitverzögert.

Die Weitergabe zwischen den Knoten erfolgt häufig über das automatische *Polling*. Dieser Begriff bezeichnet ein Verfahren, bei dem ein Knoten regelmäßig bei seinem Nachbarn nach neuen Nachrichten anfragt. Umgekehrt ist es allerdings auch denkbar, dass ein Knoten seinen Nachbarn darüber informiert, wenn neue Nachrichten für ihn eintreffen.

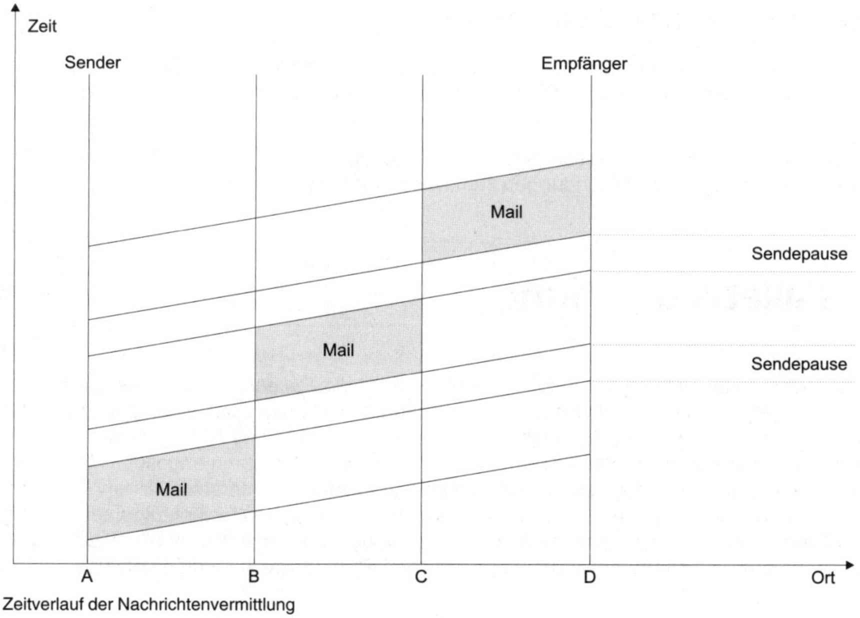


Zeitverlauf der Nachrichtenvermittlung

## Beispiele für verschiedene Nachrichtenvermittlungen

Die folgende Aufzählung gibt Ihnen einen Überblick über die verschiedenen Nachrichtenvermittlungstechniken:

- Der Knoten A nimmt sofort Kontakt zum Knoten B auf, falls er für diesen eine Nachricht hat.
- Der Knoten A nimmt in vordefinierten Zeitabständen Kontakt zum Knoten B auf, auch wenn er für diesen keine Nachricht hat. So stellt er fest, ob auf Knoten B eine Nachricht für ihn vorliegt.
- Der Knoten A nimmt nur dann Kontakt zum Knoten B auf, falls er eine gewisse vordefinierte Anzahl von Nachrichten für ihn hat.
- Der Knoten A verhält sich rein passiv, d.h., er wartet auf eine Kontaktaufnahme durch den Knoten B.
- Knoten A und Knoten B sind online miteinander verbunden, d.h., Nachrichten können ohne ausdrückliche Kontaktaufnahme weitergeleitet werden. (Diese Technik wird allerdings nur bei zentral gelegenen oder häufig genutzten Teilstrecken und Vermittlungsrechnern eingesetzt.)
- Eine Möglichkeit ist auch die Kombination verschiedener Techniken. Beispiel: Der Knoten B verhält sich passiv; der Knoten A nimmt sofort Kontakt auf, wenn er selbst Nachrichten für den Knoten B hat, ansonsten in regelmäßigen Abständen, um festzustellen, ob Knoten B Nachrichten vorliegen hat.

Bitte beachten Sie, dass für alle oben genannten Nachrichtenvermittlungstechniken auf einzelnen Teilstrecken folgende Kriterien gelten:

- die Übertragungsgeschwindigkeiten können unterschiedlich sein,
- das Verfahren zur Kontaktaufnahme variiert,
- die Übertragungstechnik muss situationsbedingt gewählt werden.

## Nachteile der Nachrichtenvermittlung

Ein Nachteil der Nachrichtenvermittlung ist sicherlich die unter Umständen erhebliche Verzögerung bei der Nachrichtenübertragung, da eine Onlineverbindung zwischen Sender und Empfänger kaum möglich ist.

Die Knoten, auf denen Nachrichten zwischengelagert werden, benötigen sehr hohe Speicherkapazitäten, vor allem dort, wo seltener Verbindungen zum Nachbarn aufgenommen werden.

# 9.5 Paketvermittlung

Eine weitere Technik, Nachrichten im Netz zu verschicken, ist die *Paketvermittlung*, wie sie z.B. im Maschennetz eingesetzt wird. Das Prinzip der Paketvermittlung basiert auf einer Zerlegung der Nachrichten in kleine Datenpakete, die unabhängig voneinander über das Netz geschickt werden können. Beim Empfänger angekommen, werden sie von ihm wieder zusammengesetzt. Allerdings kann es vorkommen, dass verschiedene Pakete einer Nachricht über unterschiedliche Wege vom Sender zum Empfänger gelangen und dadurch nicht in der ursprünglichen Reihenfolge ankommen. In diesem Fall muss der Empfänger über eine Intelligenz verfügen, die es ihm ermöglicht, die einzelnen Pakete zwischenzuspeichern und in der ursprünglichen Reihenfolge zusammenzusetzen.

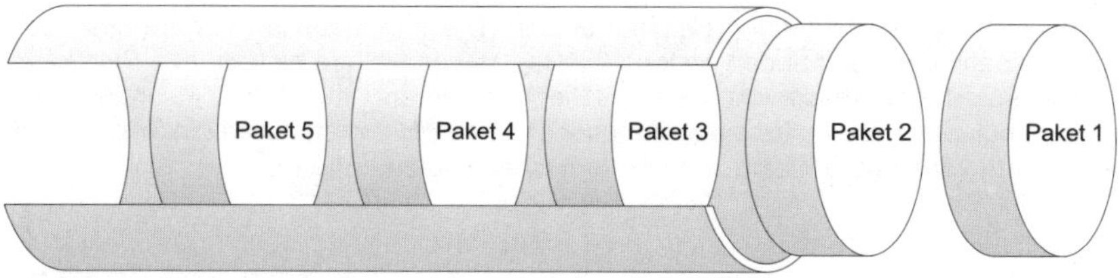


Aufteilung einer Nachricht in Pakete

Zur Veranschaulichung wird im Folgenden der zeitliche Verlauf einer Übertragung eines Pakets über eine Teilstrecke in mehreren Schritten erklärt.

- Der Knoten (entweder der Sender selbst oder irgendein Knoten auf dem Weg zwischen Sender und Empfänger) am Anfang der Teilstrecke hat eine Verbindung zu mehreren anderen Knoten. Um zu entscheiden, an welchen dieser Nachbarknoten er das Paket weiterleiten muss, wird er dem Paket Informationen über den Empfänger entnehmen und daraus den Weg ableiten. Zur Wahrnehmung dieser Aufgabe müssen Informationen über die Position der Knoten im Vermittler gespeichert sein.
- Sobald der Knoten die Informationen kennt und weiß, an welchen Nachbarknoten er das Datenpaket senden muss, wird das Paket versendet. Ein Verbindungsaufbau ist hierzu nicht nötig, da ja zu jedem Nachbarknoten eine ständige Verbindung über eine eigene Leitung besteht. Sollte die Verbindung dennoch beschädigt sein, so hat der Knoten die Möglichkeit, das Datenpaket über einen anderen Weg weiterzuleiten.
- Der Nachbarknoten bestätigt dem Knoten den Empfang des Datenpakets und kann es jetzt nach dem gleichen Verfahren weiterleiten.

**Hinweis**

Die Paketvermittlung nutzt Onlineverbindungen und versucht, die bestehenden Leitungen effektiver zu nutzen, als dies mit der Nachrichtenvermittlungstechnik möglich ist. Einsichtig wird dies am Beispiel eines öffentlichen paketorientierten Netzes, wo nicht die Verbindungsdauer, sondern die übertragene Datenmenge abgerechnet wird.

Die Kontrolle der Übertragung erfolgt hier Punkt-zu-Punkt auf den einzelnen Teilstrecken. Darüber hinaus ist auch noch eine End-to-End-Kontrolle sinnvoll, um sicherzustellen, dass alle Datenpakete den Empfänger erreicht haben und nicht einzelne Pakete oder Paketsegmente im Netz verloren gegangen sind. Sie werden im nächsten Abschnitt sehen, warum diese Art der Kontrolle ein wichtiger Garant für die vollständige Übertragung von Daten sein kann.

Die Bestätigung erfolgt wiederum in Form eines Pakets vom Empfänger über das Netz zum Sender hin.

## Zwischenspeicherung auf Knoten

Aufgrund der Onlineverbindung sollte die Zwischenspeicherung so kurz wie möglich sein. Im Idealfall dauert dieser Schritt nicht länger, als bis der nächste Knoten empfangsbereit ist und zuvor eingetroffene Pakete desselben Knotens oder anderer Kommunikationsverbindungen weitergeleitet hat.

Eventuell können Pakete auch schon weitergeleitet werden, ehe sie komplett am Zwischenknoten eingetroffen sind. Voraussetzung ist allerdings, dass alle zur Weiterleitung nötigen Informationen am Anfang des Pakets stehen.

> **Hinweis**
>
> Zur Verdeutlichung soll folgendes Beispiel dienen: Die Informationen der Adresse des Empfängers befinden sich auf den ersten 10 Bytes. Jedes weitere eintreffende Byte kann theoretisch sofort weitergeschickt werden. Die Verzögerung auf dem Zwischenknoten beträgt also nur die 10 Bytes für die Informationen und selbstverständlich die Zeit, die der Zwischenknoten braucht, um eine Transportentscheidung zu treffen.

Ein Nachteil dieser schnellen Weitervermittlung von Datenpaketen ist der Umstand, dass der Zwischenknoten das Paket nicht komplett einliest und daher keine Prüfsummenkontrolle durchführt, ehe er es weitersendet. So ist es möglich, dass auch unvollständige Pakete vermittelt werden. Hier greift dann allerdings die schon oben erwähnte End-to-End-Kontrolle.

## Übertragungsmöglichkeiten der Pakete

Bei der Übertragung von Paketen wird zwischen verschiedenen Übertragungsmöglichkeiten unterschieden.

Zum einen können alle zu einer Nachricht gehörenden Datenpakete über den gleichen Weg gesendet werden. Dadurch senken sich die Anforderungen an die Intelligenz des Empfängers in Bezug auf seine Fähigkeit, die Datenpakete zu sortieren und zusammenzusetzen.

Die andere, oben schon beschriebene Möglichkeit ist die Versendung der Datenpakete einer Nachricht über unterschiedliche Wege. Bei dieser Methode wirkt sich die Wahl unterschiedlicher Wege oft vorteilhaft auf die Auslastung des Netzes aus. Ebenso können, falls Teilstrecken für die Benutzung ausfallen, Datenpakete alternative Wege suchen und nutzen

Gegen den Einsatz dieser Technik spricht gegebenenfalls die Tatsache, dass Pakete, die nicht in ihrer ursprünglichen Reihenfolge beim Empfänger eintreffen, wieder zusammengesetzt werden müssen, was in der Regel zu Performanceverlusten führt. Ein weiterer Nachteil ist die erhöhte Informationsverfügbarkeit der Zwischenknoten über die Wege im Netz und deren Zustand.

## Mögliche Fehlerquellen

Bei einer Paketvermittlung existieren zwei unterschiedliche Fehlerquellen, auf die durch geeignete Maßnahmen reagiert werden muss. Zum einen sind dies verloren gegangene Pakete (*lost packets*), zum anderen falsch vermittelte Pakete (*inserted packets*).

Beide Probleme resultieren entweder aus Übertragungsfehlern auf den physikalischen Leitungen oder aus Fehlfunktionen der beteiligten Übertragungskomponenten und der hier eingesetzten Vermittlungssoftware.

# Zusammenfassung

- Sie haben hier unterschiedliche Techniken für die Netzwerkvermittlung in der DV kennen gelernt: die Leitungsvermittlung, die Nachrichtenvermittlung und die Paketvermittlung.
- Der Einsatz der Leitungsvermittlung ist bei kurzzeitigen Übertragungen mit hohem Datendurchsatz, wie er beim File Transfer zu erwarten ist, sinnvoll, zumal wenn der Durchsatz mit Komprimierungsverfahren gesteigert werden kann. Dasselbe gilt für zeitkritische Verbindungen, bei denen eine Forderung nach gleichmäßiger Übertragungsgeschwindigkeit wie z. B. Sprach- und Bildübertragung besteht.
- Die Nachrichtenvermittlung ist eine Technik, bei der Nachrichten auf so genannten Zwischenknoten gespeichert und zeitunkritisch an den nächsten Knoten weitergeleitet werden. Anwendungen, die auf diesem Verfahren beruhen, sind z. B. E-Mail oder auch Fernstapelbetrieb.
- Die Paketvermittlung ist durch die Aufteilung einer Nachricht in diverse Datenpakete gekennzeichnet. Anwendungen, die auf dieser Technik basieren, sind oft durch so genannte Onlineverbindungen geprägt, die über einen längeren Zeitraum bestehen, aber nur unregelmäßig wenige Nachrichten übertragen. Der Einsatz erfolgt z. B. bei der Anbindung von Terminals an entfernte Großrechner oder Steuerungen von Geräten oder Anlagen.

# Übungen

1. Für die Koordination unterschiedlicher Verbindungen werden verschiedene Technologien aus dem Bereich der Vermittlungstechnik eingesetzt. Um welche handelt es sich dabei?
2. Die Leitungsvermittlung basiert auf einer physikalischen ____________________ Verbindung zwischen Sender und Empfänger. Bitte ergänzen Sie den fehlenden Begriff.
3. Beim Leitungsaufbau und der Leitungsvermittlung bestätigt der Empfänger dem Sender den Verbindungsaufbau bzw. signalisiert ihm seine Empfangsbereitschaft. Trifft diese Aussage zu?
4. Die Leitungsverbindung bei der Leitungsvermittlung zwischen Sender und Empfänger ist eine permanente; daher können während der Nutzungszeit keine weiteren Teilnehmer diese Leitungsverbindung nutzen. Welche Möglichkeiten werden in der Praxis angewendet, um diesen Zustand zu beheben?
5. Welches sind die Gründe für zeitliche Verzögerungen bei der Leitungsvermittlung?
6. Wird bei der Nachrichtenvermittlung zwischen Sender und Empfänger eine End-to-End-Verbindung aufgebaut?
7. Wie wird das Prinzip der Nachrichtenvermittlungstechnik genannt, bei der Nachrichten bzw. Daten auf Netzwerkknoten zwischengespeichert und irgendwann an den nächsten Knoten weitergegeben werden?

# Übungen

**8.** Im Folgenden finden Sie einige Beispiele für verschiedene Nachrichtenvermittlungen. Welche Aussagen treffen zu?

a) Der Knoten A nimmt sofort Kontakt zu B auf, falls er für diesen einen Nachricht hat.

b) Der Knoten A nimmt nur dann Kontakt zu Knoten B auf, falls er eine unbestimmte Anzahl von Nachrichten für ihn hat.

c) Der Knoten A verhält sich rein passiv, d.h., er wartet auf eine Kontaktaufnahme durch den Knoten B.

**9.** Gibt es verschiedene Verfahren zur Kontaktaufnahme bei der Nachrichtenvermittlung?

**10.** Die Knoten, auf denen Nachrichten zwischengelagert werden, benötigen sehr hohe ____________________, vor allem dort, wo seltener Verbindungen zum Nachbarn aufgenommen werden.

**11.** Auf welchem Prinzip basiert die Paketvermittlung, um Nachrichten im Netz zu versenden?

**12.** Warum können bei der Paketvermittlung die Daten in einer nicht ursprünglichen Reihenfolge beim Empfänger ankommen?

**13.** Woher stammen die Informationen, die ein Knoten zur erfolgreichen Weiterleitung eines Datenpakets an den Empfänger benötigt?

**14.** Die Kontrolle der Übertragung erfolgt hier Punkt-zu-Punkt auf den einzelnen Teilstrecken, eine weitere Kontrolle findet nicht statt. Trifft diese Aussage zu?

**15.** Bei der Paketvermittlung ist es möglich, dass ein Knoten nur die Adresse des Empfängers ausliest und sofort mit der Weiterleitung des Pakets beginnt. Welches ist der große Nachteil bei diesem Verfahren?

**16.** Wieso ist der Einsatz der Paketvermittlungstechnik in störungsanfälligen Netzen besonders vorteilhaft?

Die Lösungen zu diesen Aufgaben finden Sie im Anhang des Co@ches.

# Modul 10

# Transportprotokolle

**Lernen Sie**

- die Funktionsweise von NetBIOS
- das IBM-Protokoll NetBEUI für PC-Serversysteme kennen
- wie Novells Transportprotokoll SPX/IPX aufgebaut ist
- wann AppleTalk eingesetzt wird
- welche OSI-Schichten SNA umfasst
- wichtige Details zum Internetprotokoll TCP/IP kennen

In den letzten Modulen haben Sie sich intensiv mit den unterschiedlichen physikalischen und topologischen Erscheinungsformen auseinander gesetzt. Des Weiteren haben Sie gelernt, dass sich aus diesen Faktoren bestimmte Übertragungsprotokolle und Vermittlungstechniken ableiten.

Basierend auf den bereits bekannten Techniken lassen sich schon funktionsfähige Netzwerke aufbauen und betreiben. Es existieren jedoch zwei wesentliche Aufgabenstellungen, die hier bisher noch nicht besprochen wurden. Zum einen lassen Protokolle wie Ethernet oder Token Ring keine Unterscheidung von kleineren Netzwerken zu. Zum anderen fehlen Angaben über die Menge der zu versendenden Daten. Auch hier beschränken die Protokolle auf eine bestimmte Datenmenge.

Zur Behebung dieser Mankos werden die Transportprotokolle eingesetzt, die sich in die Schichten 3 und 4 des OSI-Referenzmodells einordnen lassen.

Zu den im Folgenden zu beschreibenden Protokollen gehören etwa TCP/IP, welches die Kommunikationsgrundlage z. B. des Internets bildet, und Novells SPX/IPX sowie weitere Protokolle, die insbesondere im LAN-Bereich zum Einsatz kommen.

Besondere Beachtung findet das recht „alte“ Protokoll TCP/IP, das im Zuge des Internet-Booms eine Renaissance erlebt. Rückblickend auf die letzten Jahre betrachtet, haben sich fast alle Hersteller von den eigenen – proprietären – Protokollen entfernt und die eigenen Produkte an TCP/IP angepasst. Aus der Sicht einer einfacheren Inkooperation der Systeme untereinander sicherlich ein lobenswerter Schritt. Es sollte allerdings nicht vergessen werden, dass TCP/IP ein eher veraltertes Protokoll darstellt und teilweise die „proprietären“ Protokolle wesentlich leistungsfähiger sind. Gerade aus diesem Grund wird diesen Protokollen hier Platz eingeräumt, auch wenn der Schwerpunkt natürlich bei TCP/IP liegt.

## 10.1 NetBIOS

*NetBIOS* steht für ***N**etwork **B**asic **I**nput **O**utput **S**ystem* und ist ein Protokoll der Firma IBM. Das Protokoll nutzt NetBEUI als Transportprotokoll und erstreckt sich dabei von der OSI-Schicht 3 bis hin zur Schicht 5. Es ist damit kein Transportprotokoll im engeren Sinne. Es besteht aber auch die Möglichkeit, NetBIOS lediglich als anwendungsorientiertes Protokoll der OSI-Schicht-5 auf anderen Transportprotokollen wie SPX/IPX oder TCP/IP aufzusetzen.

Auf der Schicht 4 stellt das NetBIOS so genannte *Streams* (engl. für Ströme) dar. Diese Streams sind eine Sammlung von Funktionen für den bidirektionalen Datentransport zwischen zwei Kommunikationspartnern. Jedem Stream wird deshalb ein eindeutiger Name, bestehend aus einer Stream-ID, dem Namen des Netzwerks (Domain) und dem Namen der Station (NetBIOS-Stationsname) zugeordnet.

NetBIOS ermöglicht die Bindung an unterschiedliche Systeme auf der Ebene 2 und damit die Nutzung unterschiedlicher Topologien und Übertragungsprotokolle. Wichtig auf dieser zweiten Ebene ist die Kombination von einem NetBIOS-Namen mit den physikalischen Hardwareadressen (MAC-Adressen) der beteiligten Netzwerkadapter.

Ursprünglich wurde NetBIOS als Peer-to-Peer-Kommunikationsprotokoll zwischen einem Main-frame und einem Terminal entwickelt.

## 10.2 NetBEUI

*NetBEUI* steht für ***Net**B**IOS **E**xtended **U**ser **I**nterface* und ist ebenso wie das zuvor beschriebene Protokoll ein Protokoll der Firma IBM. Man findet dieses Protokoll heute bei den PC-Server-Systemen der Firma IBM (LANManager, OS/2) genauso wie bei Microsoft-Netzwerksystemen (XP, 2000, NT, WfW, Win 95/98), bei diesen allerdings in leicht abgewandelter Form. Hier liegt NetBEUI dann auf den Schichten OSI 3 und 4 und deckt die Transportaspekte ab. Darauf wird dann NetBIOS in der Schicht 5 aufgesetzt.

NetBEUI fügt neue Verwaltungsfunktionen wie etwa das *SAP* dem ursprünglichen NetBIOS hinzu. *SAP* steht für ***S**erver **A**dvertising **P**rotocol* und ermöglicht die Suche nach einem Server in einem Netzwerk. Daneben hat NetBEUI den Vorteil des *Sliding Window Algorithm*; hier wird die Größe der auf der Ebene 3 erzeugten Datenpakete stets den Erfordernissen angepasst. Parallel dazu ist es möglich, Datenpakete kontinuierlich zu versenden, ohne dass jedes Paket sofort bestätigt werden muss (Kreditrahmen). Stattdessen wird eine vordefinierte Anzahl Pakete auf einmal bestätigt, was zu einer Erhöhung der Übertragungsgeschwindigkeit führt.

Besonders im Microsoft Umfeld fällt hier auch oft der Begriff *NBT*. *NBT* steht für *NetBIOS over TCP/IP*, also die Bereitstellung von NetBIOS-Funktionalitäten unter Nutzung von TCP/IP in OSI 3 und 4.

## 10.3 IPX/SPX

Auch das *IPX/SPX-Protokoll* ähnelt dem NetBIOS Protokoll. Die Abkürzung steht dabei für ***I**nternetwork **P**acket **E**xchange/**S**equenced **P**acket **E**xchange*.

IPX liegt auf der Schicht 3 und ist für die Abbildung der IPX-Adresse auf die MAC-Adressen sowie für die Wegewahl zwischen Netzen zuständig. Eine IPX-Adresse besteht dabei aus zwei 32-Bit-Zahlen: eine, die die einzelnen Teilnetze benennt, und eine weitere für die einzelnen Knoten.

SPX hingegen liegt auf der Schicht 4 und stellt hier Streams für die Kommunikation zur Verfügung. Ähnlich dem NetBEUI stehen auch hier SAP-Funktionalitäten zur Verfügung.

Das IPX/SPX war ursprünglich das Standardprotokoll in Novell-Netzwerken. Auf diesem Protokoll setzten die Novell-Requester für die Netzwerkdienste unter Novell auf. Mittlerweile hat sich auch in diesem Bereich TCP/IP als Grundlage durchgesetzt. IPX/SPX existiert wohl weiterhin, hat aber sehr stark an Bedeutung verloren.

# 10.4 AppleTalk

Basis für *AppleTalk* ist wiederum NetBIOS. Der Name AppleTalk deutet auf seine Verwendung, nämlich den Einsatz in Netzwerken, die Apple Macintosh-Rechner verbinden, hin.

AppleTalk bezeichnet eine Reihe von unterschiedlichen Protokollen. Dazu gehört das zur Peer-To-Peer-Kommunikation eingesetzte *LocalTalk* und *EtherTalk*, die als Übertragungsprotokolle der OSI-Schicht 2 eingesetzt werden.

AppleTalk erfordert beim Einsatz von EtherTalk in einem Ethernet die Protokollvariante Ethernet SNAP und kann dann parallel zu anderen Varianten auf einem Ethernet verwendet werden, z. B. neben Ethernet 802.2.

LocalTalk nutzt zur Kommunikation ein TP-Kabel, wie es in den USA als Telefonleitung eingesetzt wird.

Als Transportprotokolle werden das *Datagram Delivery Protocol* (*DDP*) auf der OSI-Schicht 2 und das *AppleTalk Transaction Protocol* (*ATP*) eingesetzt.

AppleTalk teilt ein Gesamtnetznetz in mehrere Teilnetze, die so genannten *zones* ein. Innerhalb dieser zones, die auch als *domain* bezeichnet werden kann, liegen die einzelnen Knoten wie Rechner, Server, Drucker etc.

Nach der Orientierung von Apples Betriebsystem hin zu einem UNIX-Kern (Mac OS X) tritt natürlich auch hier der Wandel zu TCP/IP-basierten Netzen ein. Mit AppleShare IP liefert der Hersteller hier ein integratives Produkt, welches die Netzfunktionalitäten der Macintoshs, iMacs etc. auch auf der Basis von TCP/IP abbilden kann. Dadurch wird sicherlich auch AppleTalk in naher Zukunft kaum noch Bedeutung haben.

# 10.5 SNA

*SNA* (***S**ystem **N**etwork **A**rchitecture*) ist Teil der IBM-Strategie SAA und umfasst alle sieben OSI-Schichten. SNA ist aufgrund seiner historischen Entwicklung an die Benutzung des IBM-Token Rings gebunden.

Die Schicht 7 wird innerhalb dieses Systems als *User-System* bezeichnet. Auf den Schichten 1 bis 3 werden so genannte *PUs* (*Physical Units*) definiert. Diese entsprechen bekannten Knoten eines Netzwerks wie Hosts, Server, Workstations, Terminals und Drucker.

Hinweis

Auf den Schichten 4 bis 6 liegen über den PUs mehrere logische Verbindungen, die *LUs* (*Logical Units*). Jeder Teilnehmer im Netzwerk, z. B. eine Person oder auch eine Applikation, wird mit einer LU bezeichnet.

Auf einer PU können eine oder mehrere LUs auch unterschiedlicher Typen aufsetzen. Wichtig ist hier der Type LU6.2, welcher Peer-to-Peer-Kommunikation und die Nutzung von verteilten Anwendungen (*distributed processing*) ermöglicht.

# 10.6 TCP/IP

## Die TCP/IP-Protokollfamilie

TCP/IP bezeichnet ursprünglich einen ganzen Satz unterschiedlicher Protokolle. Der Zweck des Ganzen war und ist, die Kommunikation zwischen einer Reihe unterschiedlicher Rechnersysteme mittels eines Standardprotokolls zu gewährleisten.

Dabei umfasst die so genannte *TCP/IP-Protokollsuite* Regeln für den Kommunikationsauf- und -abbau innerhalb eines Netzes sowie Regeln für die Kommunikation in unterschiedlichen Netzen, die miteinander verbunden sind.

*TCP* – das ***T**ransmission **C**ontrol **P**rotocol* – stellt eine gesicherte Verbindung zwischen zwei Rechnersystemen her.

Auf der Basis dieser Verbindung können dann weitere Programme aufsetzen. Zu diesen Programmen gehören etwa der Dateitransfer (FTP) oder der Austausch von E-Mail mittels SMTP. Aber auch die im Zusammenhang mit der World Wide Web (WWW) interessanten Systeme wie HTTP nutzen TCP als Transportmittel. Neben diesen eher anwendungsorientierten Systemen werden in der Protokollsuite auch Systeme für die internen Netzaspekte beschrieben.

## Entstehung

Die Entstehung von TCP/IP ist eng mit der Entwicklung des Internets und des Betriebssystems UNIX verbunden. Etwa Mitte der 70er Jahre wurde mit der Entwicklung von TCP/IP als Experimentalprojekt des US-amerikanischen Verteidigungsministeriums (Departement of Defense, DoD) begonnen.

Ziel war die Entwicklung eines herstellerunabhängigen Standards für die Kommunikation zwischen unterschiedlichen Hard- und Softwaresystemen.

Durch das starke Wachsen des Internets, dessen Basis TCP/IP bildet, steht dieses Protokoll heute auf fast allen Rechnerplattformen zur Verfügung.

In UNIX-Systemen gehört TCP/IP zur Grundausstattung, aber auch die Hersteller anderer Netzwerkbetriebssysteme (wie etwa Microsoft und Novell) bieten TCP/IP als das Standardprotokoll an.

Leider bringt die relativ weit zurückliegende Entwicklung von TCP/IP aber auch eine Reihe von Nachteilen mit sich. In den 70er Jahren, noch vor der Einführung des PCs, konnte man es sich kaum vorstellen, dass innerhalb von 20 Jahren ein Rechner mit der Leistungskapazität sämtlicher der damaligen Großrechner zusammengerechnet unter jedem Schreibtisch stehen würde.

So ist der Adressraum mit 32 Bit sehr knapp gewählt, insbesondere dadurch, dass durch strukturelle Vorgaben hier die Grenzen fast erreicht sind. Sicherlich ist daher innerhalb der nächsten Jahre mit einer neuen Generation von TCP/IP zu rechnen, die einige Veränderung in den Bereich der Netzwerktechnik bringen wird. Dieses neue TCP-Protokoll wird unter dem Namen *IPv6* eingeführt werden.

## Einordnung von TCP/IP in das OSI-Referenzmodell

Die Entwicklung des OSI-Referenzmodells liegt etwa in der Mitte der 80er Jahre und somit ca. 10 Jahre nach der Geburt von TCP/IP. Das Protokoll orientiert sich aber bereits an den von OSI festgeschriebenen Regeln. Man kann sogar so weit gehen, TCP/IP als einen der Vorläufer des OSI-Referenzmodells zu verstehen.

Auch TCP/IP liefert ein Schichtenmodell, das nach dem militärischen Ursprung als *DoD-4-Schichtenmodell* bezeichnet wird.

Es folgt der Versuch einer Gegenüberstellung :

| | | | | | |
|---|---|---|---|---|---|
| Application | Process / Application | Telnet | FTP | SMTP | HTTP |
| Presentation | | | | | |
| Session | | | | | |
| Transport | Host-To-Host | TCP | | UDP | |
| Network | Internet | IP | | | |
| Data Link | Network Access | Ethernet | Tokenring | PPP | |

Schichtenmodelle

## Host-to-Host Layer

- **TCP**
  Das *Transmission Control Protocol* (*TCP*) ist ein Protokoll für eine gesicherte Verbindung zwischen zwei Systemen. Die Sicherung besteht in der Bestätigung für empfangene Datenpakete. Erhält der Sender innerhalb einer bestimmten Zeitspanne keine Bestätigung, wird von einem Fehler ausgegangen und das entsprechende Paket erneut versandt. Daneben garantiert TCP die Erhaltung der Sequenzreihenfolge zwischen den einzelnen Datenpaketen einer Datenübertragung.

  Im Rahmen einer TCP-Kommunikation wird eine logische Verbindung zwischen den Endsystemen herstellt. Da auf einem Rechnersystem durchaus mehrere Programme parallel TCP-Verbindungen zu anderen Systemen nutzen können, werden die einzelnen logischen Verbindung durch eine spezielle Nummer, die *Port-Adresse,* weiter unterschieden. Eine ausführliche Beschreibung dieses Adresstyps erfolgt im Abschnitt „Die Port-Adresse" in diesem Modul.

- **UDP**
  Das *User Datagram Protocol* (*UDP*) ist im Gegensatz zu TCP ein ungesicherter verbindungsloser Dienst. Damit verzichtet UDP auf den bei TCP notwendigen Overhead, allerdings auf Kosten der Datensicherung. TFTP oder NFS nutzen UDP für den Datenaustausch.

## Internet Layer

Der *Internet Layer*, der in der Gegenüberstellung des OSI-Referenzmodells und des DoD-4-Schichtenmodells mit der Network-Schicht verglichen wurde, arbeitet mit den folgenden Protokollen:

- **IP**
  Das *Internet Protocol* (*IP*) übernimmt die Datenpakete aus der weiter oben liegenden Ebene und versendet diese über das Netzwerk. Die Hauptaufgabe von IP liegt dabei im Routing, also der Suche des idealen Weges zwischen den beiden beteiligten Stationen.

- **ICMP**
  Das *Internet Control Message Protocol* (*ICMP*) dient dem Austausch von Servicemeldungen etwa zwischen Routern oder Hostsystemen.

- **ARP**
  Das *Address Resolution Protocol* (*ARP*) übersetzt die IP-Adressen in MAC-Adressen. Oft wird hier auch von einer Umsetzung von Softwareadressen in Hardwareadressen gesprochen.

  Für den Weg eines IP-Pakets durch die unterschiedlichen Transitnetze wird für die Adressierung lediglich die IP-Adresse verwendet. Ist ein IP-Paket im Zielnetz angekommen, gilt es, die Hardwareadresse des Empfängersystems zu ermitteln und damit die Daten zuzustellen. Für die Zuordnung von IP- zu MA-Adressen wird mit Hilfe von ARP eine Tabelle aufgebaut.

- **RARP**
  Das *Reverse ARP* dient der Umsetzung von Hardwareadressen in IP-Adressen. Der Einsatz ist dabei primär auf Diskless-Workstations begrenzt, die beim Systemstart die eigene IP-Adresse via RARP bei einem anderen System erfragen und dann TCP/IP nutzen können, um die Initialisierung abzuschließen.
- **Network Access Layer**
  Neben den bereits bekannten Übertragungsprotokollen wie Ethernet und Token Ring wird TCP/IP mittlerweile auf allen gängigen Systemen eingesetzt. Bei der Verwendung dieser Systeme wird eventuell die Verwendung einer bestimmten Protokollvariante vorgeschrieben. Beim Ethernet ist dies etwa der Frametyp *„Ethernet II“* oder *„Ethernet SNAP“*.
- **PPP/SLIP**
  Dieses Protokoll hat insbesondere in Zusammenhang mit dem Internet an Bedeutung gewonnen. Das *Point-to-Point Protocol* (*PPP*) und das *Serial Line Internet Protocol* (*SLIP*) werden immer dann genutzt, wenn anstatt von LAN-Verbindungen analoge Leitungen, z.B. Telefonleitungen, verwendet werden müssen.

  Daneben existieren aber auch Lösungen, die eine Datenübertragung über eine ISDN-Leitung oder andere (digitale) Leitungsformen wie X.25 etc. ermöglichen. Oft wird hier dann auf der Schicht 2 das bereits bekannte HDLC-Protokoll eingesetzt.

## Adressen und TCP/IP

Ein Netzwerk bzw. eine Paketvermittlung wie das Internet kann nur dann funktionieren, wenn alle Teilnehmer eindeutig identifizierbar sind. Im Rahmen der Betrachtung von TCP/IP haben Sie es mit einer Reihe von Adressen zu tun. Beginnen wir von unten nach oben mit den Adressen der Hardwareebene, den MAC-Adressen.

### Die MAC-Adresse

Mit *MAC* ist der Begriff ***M**edia **A**ccess **C**ontrol* gemeint und damit die Hardwareebene. Alle Netzwerkkarten sind weltweit eindeutig vom Hersteller kodiert.

Nutzen Sie aber ein Modem etwa über eine PPP-Verbindung, besitzt das Modem keine Hardwareadresse, sondern kommuniziert direkt auf der IP-Ebene.

### Die IP-Adresse

Die *IP-Adresse* ist eine Softwareadresse, die aus vier Bytes gebildet wird. Diese Adresse kann entsprechend eingestellt werden und muss eindeutig sein, wobei sich die Eindeutigkeit auf alle erreichbaren Netzwerkknoten beziehen muss. Grundsätzlich können die IP-Adressen frei vergeben werden, wenn ein Rechner nicht direkt mit anderen Netzen verbunden ist.

Befindet sich ein Rechner im direkten Anschluss an das Internet, muss auf die weltweite Eindeutigkeit der IP-Adresse beachtet werden. Die verwendbaren Adressen müssen deshalb von bestimmten autorisierten Stellen angefordert werden.

Normalerweise wird die IP-Adresse in der „conial form“ angegeben. Dabei werden die vier Bytes jeweils einzeln in dezimaler Schreibweise mit Punkten getrennt angegeben, beispielsweise: 149.172.211.5. Die Vergabe einer IP-Adresse wird in größeren Netzen meist automatisch, etwa durch DHCP vorgenommen.

## Die Port-Adresse

Die *Port-Adresse* wurde schon kurz beim Protokoll TCP angesprochen. Die Aufgabe der Port-Adressen ist die Trennung der einzelnen TCP-Verbindungen eines Systems voneinander. Daneben lässt sich mit Hilfe der Port-Nummern gezielt eine bestimmte Anwendung auf einem Hostsystem aufbauen.

Stellen Sie sich die folgende Situation vor:

Ein Benutzer an einer Arbeitsstation möchte bestimmte Dateien von einem Server auf die lokale Station kopieren. Auf dem Server wurden TCP/IP und ein entsprechender Serverdienst eingerichtet. Natürlich wurden Server- und Clientstation jeweils mit eindeutigen IP-Adressen ausgestattet.

Der Benutzer startet sein FTP-Clientprogramm und wählt die IP-Adresse des Servers als Ziel aus.

Die Frage, die sich stellt, ist, wie denn nun die Verbindung aufgebaut werden kann. Die Antwort ist die Port-Nummer. Alle Anwendungen, die TCP nutzen und Serverdienste anbieten, nutzen eine ganz bestimmte Port-Nummer. Wird eine Verbindung zu einem TCP-System mit einer bestimmten Port-Nummer aufgebaut, reagiert das System mit dem Start des Serverdienstes, der unter dieser Nummer registriert wurde. Bestimmte Dienste haben fest zugeordnete Port-Nummern (man spricht hier auch von den *Well-known ports* und zwar zwischen 1 und 255). FTP ist etwa unter dem Well-known port 21 zu erreichen. Insgesamt sind Port-Nummernzwischen 1 und 65.535 (also 16 Bit) möglich.

Damit muss der Client lediglich eine TCP-Verbindung mit der Anforderung an den Port 21 stellen und kann so eine FTP-Verbindung aufbauen.

Solange der Client lediglich eine FTP-Verbindung zu einem Server besitzt, ist dies auch schon alles. Was aber, wenn mehr als eine FTP-Verbindung zu dem gleichen Server aufgebaut werden soll? Dann sind die Daten nicht mehr eindeutig einem Client-FTP-Programm zuzuordnen. Zur Vermeidung des Problems wählt der Client einfach aus dem Pool der Port-Nummern eine zufällig aus. Das Ergebnis ist eine Kombination aus jeweils einer IP-Adresse und einer Port-Nummer auf beiden Seiten der Verbindung.

Der Server arbeitet ähnlich. Ein FTP-Server hört den Port 21 ab, man sagt hier, der Server steht im Listen (engl. für Abhören)-Modus. Beim Verbindungsaufbau kommt die Anfrage des Clients mit der zufälligen Ursprungs-Port-Adresse und mit Port 21 als Ziel. Der Server wählt nun aus seinem Vorrat wiederum zufällig einen freien Port und startet einen Kindprozess, der dann die Verbindung mit diesem Port herstellt. Danach wartet der FTP-Server wieder auf Port 21 auf die nächste Anfrage. Daraus ergibt sich, dass zu einem definierten Zeitpunkt nur die Anfrage von einem Client bedient wird und zwar so lange, bis die Kontrolle an den Kindprozess übergeben wurde. Auch bedeutet dies, dass die Anzahl von Verbindungen zwischen einem Server und seinen Clients beschränkt ist. Viele Protokolle – wie auch HTTP – entgegnen diesem Umstand, indem die Verbindungsdauer möglichst kurz gehalten wird.

# Network und Host

Es wurde bereits angedeutet, dass die IP-Adresse aus zwei Teilen besteht. Sie wird in die Anteile *Network* und *Host* eingeteilt, wobei die Teilung stets an den Bytegrenzen erfolgt. Das *Network* bezeichnet eine logische oder organisatorische Einheit von Rechnern, wie etwa eine Firma oder eine Organisation, der *Host*-Anteil bezeichnet dann die einzelnen Rechner in dieser Einheit.

Oft wird der Network-Anteil auch mit *Domain* bezeichnet. Verwirrend ist sicherlich auch der Begriff *Host*. Unter einem Host stellen Sie sich vielleicht nur einen Server vor, aber gemeint ist hier jeder Rechner, der mit einer IP-Adresse ausgerüstet werden soll. Historisch ist der Begriff aus der Entstehung von TCP/IP abgeleitet. Es gab damals nur Hostsysteme (mit TCP/IP) und Terminals.

Pro Anteil muss immer mindestens ein Byte verwendet werden. Je kleiner der Network-Anteil, umso mehr Hosts können sich in einem Network befinden und umgekehrt.

Aus der 4-bytigen IP-Adresse ergeben sich dann die folgenden Kombinationen (jeweils in Bytes):

| Network-Anteil | Host-Anteil |
|---|---|
| 1 | 3 |
| 2 | 2 |
| 3 | 1 |

Damit unterschieden werden kann, um welche Kombination es sich handelt, werden die ersten drei Bits des ersten Bytes verschlüsselt.

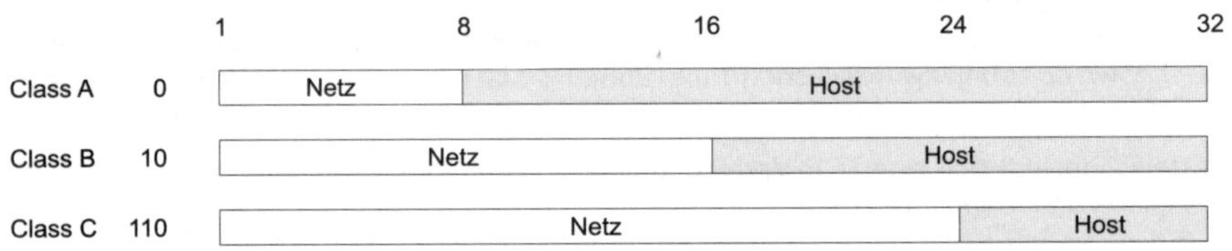


Bit-Verschlüsselung der Netzklasse

## Subnet-Mask

Nach der Einteilung in verschiedene Adressklassen ist die kleinste Einheit ein Netz mit 255 Hosts. Auf Wunsch kann der Host-Anteil weiter aufgeteilt werden, wobei dies allerdings nur netzintern bekannt ist. Mit Hilfe der *Subnet-Mask* wird festgelegt, was (innerhalb des Host-Anteils) als netzinterner Network-Anteil und was als netzinterner Host-Anteil gelten soll. Dieser Vorgang wird mit *Subclassing* bezeichnet.

Das Subclassing ist normalerweise nur dann notwendig, wenn das Netzwerk logisch geteilt werden soll. Gründe hierfür können z.B. die physische Trennung von Teilen des Netzes sein (Zentrale und Filialen) oder wenn das Netzwerk bewusst logisch getrennt werden soll. Durch die physikalischen Eigenschaften einer Vernetzung ergibt sich etwa, dass sich nur eine gewisse Anzahl von Knoten in einem Netz befinden dürfen. Werden nun mehrere Netze aufgebaut, müssen diese z.B. durch Router wieder verbunden werden, und genau diese Router benötigen die Aufeilung in (logische) Subnetze und somit das Subclassing.

Die Subnet-Mask muss auf allen Rechnern des Netzwerks gleich eingestellt werden. Die Subnet-Mask ähnelt einer IP-Adresse und besteht ebenfalls aus vier Bytes, auch die Schreibweise gleicht den IP-Adressen. Sie müssen die Bedeutung der Subnet-Mask binär verstehen; eine „EINS" bedeutet dann Network-Anteil, eine „NULL" bedeutet Host-Anteil. Wird das Netz etwa als Class-CNetz eingestuft, dann sind die ersten drei Bytes als Network-Adresse definiert. Eine Subnet-Mask 255.255.255.0 nimmt dann keine Veränderung an der Zuordnung vor. Definieren Sie als Subnet-Mask 255.255.255.240 (binär also 1111,1111.11111111.11111111.1111000), dann reservieren Sie vier Bits plus drei Bytes als Network-Anteil und für die Adressierung der Rechner bleiben weitere vier Bits. Anders ausgedrückt können Sie 16 Subnetze mit jeweils 16 Rechnern bilden.

## Namen und IP-Adressen

Sicherlich sind die IP-Adressen notwendig, aber ein wenig unhandlich. Nur ein paar Menschen können sich vielleicht einige hundert 4-Byte-Zahlenkombinationen merken. Anstatt der Zahlen werden üblicherweise Namen eingesetzt, wie etwa *host1*. Hiermit ist dann ein Rechner mit einer ganz bestimmten IP-Adresse gemeint. Auch dabei wird eine Trennung zwischen Host und Network vorgenommen und so kommt man etwa zu Bezeichnungen wie *host1.rz.orga.de*. Der Name vor dem ersten Punkt bezeichnet den Host, der Rest den Network-Anteil der „Adresse". Prinzipiell sind dabei auch Konstrukte wie *sun1.ding.dongs.zing.zapp.ping.pong.com* möglich; d.h. die vier Bytes werden nicht unbedingt einzeln in Namen übersetzt.

Da ein Rechner intern weiterhin mit den nummerischen IP-Adressen arbeitet, ist es notwendig, hier entsprechende Übersetzungsmöglichkeiten zur Verfügung zu stellen. Dazu werden Konfigurationsdateien genutzt oder Dienste wie DNS in Anspruch genommen.

## Die Konfigurationsdateien

Für die Nutzung der unterschiedlichen Dienste und die Konfiguration eines Rechners in einem TCP/IP-Netzwerk wird eine Reihe von Konfigurationsdateien genutzt.

Auf jedem Rechner finden sich nach der Einrichtung von TCP/IP vier Dateien. Diese heißen *HOSTS, NETWORKS, SERVICES* und *PROTOCOL*.

Der Aufbau der Dateien ist bei allen Betriebssystemen gleich. Da es sich stets um reine ASCII-Dateien handelt, ist es ebenso unproblematisch, diese zwischen den Plattformen auszutauschen. Ein Hash-Zeichen (#) dient zur Einleitung eines Kommentars. Diese Kommentare stehen jeweils in einzelnen Zeilen. Achten Sie bitte darauf, dass die betreffenden Dateien keine Endung besitzen.

**Hinweis**

Achten Sie bitte darauf, dass sich in der letzten Zeile der Datei stets ein einzelner Umbruch befindet (also eine Leerzeile). Dies ist eine absolute Notwendigkeit, da sonst die Datei zum Teil nicht richtig interpretiert werden kann.

## HOSTS

Zur Verdeutlichung soll hier den Aufbau der Datei *HOSTS* dargestellt werden. Diese beschreibt die Zuordnung von Namensangaben von Rechnern zu IP-Adressen. Da ein Rechner nur mit IP-Adressen arbeitet, ist aber weiterhin eine Umsetzung von Name auf IP-Adresse notwendig.

```
#
# HOSTS unter Windows95
#
127.0.0.1 localhost
192.168.0.1 gateway
192.168.0.3 carstenh
192.168.0.222 zeus.intra.net zeus www
```

Der Aufbau ist einfach: In einer Zeile steht zuerst die IP-Adresse eines Rechners. Dahinter folgen dann die Namen, die hierfür als Alias verwendet werden sollen. Soll ein Rechner mit mehreren Namen ansprechbar sein, können Sie die entsprechende Liste jeweils durch Leerzeichen getrennt aufbauen.

Achten Sie bitte darauf, dass Sie insbesondere dann, wenn DNS zur Namensauflösung eingesetzt wird, hier keine Namen verwenden, die bereits benutzt werden. Bei der Namensauflösung hat die HOSTS-Table auf dem lokalen Rechner die höhere Priorität.

Der große Nachteil dieser Konfiguration besteht darin, dass auf allen Rechnern im Netzwerk entsprechende Dateien gepflegt werden müssen. Falls sich ein Name oder eine IP-Adresse ändert, ist dies mit einem größeren Aufwand verbunden. Daneben folgt, dass für jeden Rechner, der über einen Namensalias genutzt werden soll, ein Eintrag in der HOSTS-Table notwendig ist. Mit den mehreren Millionen Hostrechnern im Internet ist das Verfahren nicht umsetzbar.

## DNS

Die Arbeit mit den Konfigurationsdateien ist zwar funktionell, aber ein Netzwerk ist heute stetiger Veränderungen unterworfen. Bei einem neuen Server oder einer Änderung von IP-Adressen müssten daher die Dateien von allen Rechnern auf den neuesten Stand gebracht werden.

Einen Ausweg aus diesem Dilemma bietet der *Domain Name Service.* Für jede Domäne ( = Netzwerk) wird ein Rechner so konfiguriert, dass dieser auf Anforderung einen Namen in eine IP-Adresse umsetzt. Der Rechner führt eine Datenbank mit den Namen sämtlicher Rechner im Netzwerk und den entsprechenden IP-Adressen.

Veränderungen innerhalb der Domäne müssen dann lediglich einmal in der Datenbank des DNS-Servers vorgenommen werden. Jedem Client muss lediglich die IP-Adresse des DNS-Servers bekannt sein, um auf dem neuesten Stand zu sein.

Für jedes Netzwerk werden stets zwei Maschinen als DNS konfiguriert. Dabei spricht man von einem *Primary* und einem *Secondary DNS*. Der sekundäre DNS-Server dient dabei als Backup-System.

## Struktur von Domainnamen

Die *Domainnamen* bezeichnen einen Abschnitt in einem Netzwerk. Für die Namensauflösung sind jeweils die DNS-Server innerhalb der Domain zuständig. Ist ein Netz ins Internet eingebunden, so werden auch die DNS-Server in die globale und verteilte DNS-Struktur eingebunden.

Diese Struktur ähnelt einem Dateiverzeichnis. An der Spitze befindet sich die Root-Domain. Direkt unterhalb finden wir die Top-Level-Domains, die wiederum auf die einzelnen Domänen verweisen. Bei der Namensauflösung wird diese, falls sie nicht beantwortet werden kann, an den höherliegenden DNS-Server delegiert.

Es existieren zwei unterschiedliche Typen von Top-Level-Domänen – die geographischen und die organisatorischen.

### Geographische Domänen

Hier wurde für jeden Staat der Erde eine eigene Domäne eingerichtet. Direkt unterhalb dieser Domäne finden Sie dann die einzelnen Organisationen, Institutionen oder Firmen in diesem Land.

Jede geografische Domäne wird mit einem Namen bezeichnet, so steht DE etwa für die deutsche Domäne.

### Organisatorische Domänen

Innerhalb der USA werden die Domänen in einer anderen Struktur zusammengefasst. Die Top-Level-Domänen beschreiben die Zugehörigkeit zu einer bestimmten Organisationsform. Es ist allerdings nicht ausgeschlossen, auch außerhalb der USA etwa eine *.com*-Domäne zu erhalten. Lediglich die vergebene Organisation ist eine andere.

Zurzeit werden hier folgenden Namen genutzt :

| | |
|---|---|
| *com* | Kommerzielle Organisationen |
| *edu* | Bildungseinrichtungen wie Schulen und Universitäten |
| *gov* | Staatliche Einrichtungen |
| *mil* | Militärische Einrichtungen |
| *net* | Organisationen, die direkt mit dem Betrieb des Internets zu tun haben, z. B. Internet Provider |
| *org* | Andere Organisationen |

Neu hinzugekommen (oder kurz vor der Freigabe) sind:

| | |
|---|---|
| *biz* | Kommerzielle Organisationen |
| *info* | Keine Einschränkung, beliebig |
| *int* | Internationale Organisationen |
| *name* | Persönliche Websites |

## Namensregistrierung

Soll ein Rechner mit dem Internet verbunden werden, wird hierfür normalerweise, falls noch nicht vorhanden, eine eigene Domäne gebildet. Die Namen der Rechner und Sub-Domänen innerhalb einer Domäne müssen zwangsläufig eindeutig sein.

Für die Registrierung eines Domain-Names wendet man sich an ein *NIC* (***N**etwork **I**nformation **C**enter*). Diese Organisation ist für die Namensvergabe zuständig und achtet auf die Eindeutigkeit. Oft wird diese Registrierung als Dienstleistung von einem Internet Provider wahrgenommen.

Wurde eine Domäne registriert, so übernimmt eine verantwortliche Person die weitere Einrichtung von Sub-Domänen.

Die Domänenstruktur bildet eine logische Struktur ab, die nicht unbedingt mit der Unterteilung in IP-Subnetze korrespondiert.

## Bildung von Domänennamen

Bei der Bildung des Namens für einen Rechner bzw. eine Domäne wird aus der hierarchischen Struktur abgeleitet. Der Name der Top-Level-Domäne steht ganz rechts; jeweils durch Punkte getrennt folgen die Namen der untergeordneten Sub-Domänen. Ganz links folgt danach der Name des Rechners, z. B.:

```
Zeus.verkauf.verwaltung.intra.net
```

## DHCP – Wie bekommt eine Station ihre Adresse?

Was für die Namen umständlich und fehleranfällig ist, gilt ebenso für die Vergabe von IP-Adressen. Auch hier ist es schwierig, ab einer gewissen Größe den Überblick über freie IP-Adressen zu behalten. Für dieses Problem gibt es wieder einen speziellen Dienst.

Das *Dynamic Host Configuration Protocol* (*DHCP*) ermöglicht einem Host, beim Start des TCP/IP zuerst nach einer freien IP-Adresse zu fragen. Ein spezieller Server verwaltet dazu eine Liste mit einem IP-Adressenpool und teilt die Adresse auf Anforderung einem Host zu. Die Adresse des DNS-Servers muss allerdings auf jeder Station in der IP-Adressform konfiguriert werden.

# Zusammenfassung

- ✔ Sie haben in diesem Modul die wichtigsten Netzwerkprotokolle NetBIOS, NetBEUI, IPX/SPX und TCP/IP kennen gelernt. Insbesondere in einer stark heterogenen Struktur ist es wichtig, die Eigenarten der einzelnen Protokolle zu verstehen und hiermit den Einsatzpunkt für Vermittlungssysteme zu finden.
- ✔ Bei TCP/IP handelt es sich um eine Protokollsuite, die mehrere Protokolle wie das Internet Protocol, Transmission Control Protocol, Point-to-Point Protocol etc. umfasst.
- ✔ Sie können jetzt die Unterschiede zwischen einer IP-Adresse und den Domänennamen erklären. Ebenso verfügen Sie über das Wissen, diese zu bilden bzw. zu entschlüsseln.

# Übungen

1. Warum ist das NetBIOS kein Transportprotokoll im eigentlichen Sinne?
2. Welche Bezeichnung gibt es beim NetBIOS für eine Sammlung von Funktionen für den bidirektionalen Datentransport zwischen zwei Kommunikationspartnern?
3. Woraus setzt sich ein Stream zusammen?
4. Was ermöglicht das Server Advertising Protocol, das das NetBEUI dem NetBIOS zufügt?
5. Wie heißt das Standardprotokoll in Novell-Netzwerken?
6. Welches Protokoll wird in Netzwerken eingesetzt, die Apple Macintosh-Rechner miteinander verbinden?
7. *SNA* (*System Network Architecture*) ist Teil der IBM-Strategie SAA und umfasst alle sieben OSI-Schichten. Ist diese Aussage richtig?
8. Die so genannte *TCP/IP-Protokollsuite* umfasst Regeln für den ____________________ und ____________________ innerhalb eines Netzes sowie Regeln für die ____________________ in unterschiedlichen Netzen, die miteinander verbunden sind.
9. Nennen Sie bitte zwei Programme, die auf die TCP/IP-Protokollsuite aufsetzen?

# Übungen

**10.** Was war das Ziel der Entwicklung von TCP/IP Mitte der 70er Jahre durch das Department of Defense?

**11.** Welches Schichtenmodell liefert TCP/IP und kann dem OSI-Referenzmodell gegenübergestellt werden?

**12.** Das Transmission Control Protocol (TCP) ist ein Protokoll für eine gesicherte Verbindung zwischen zwei Systemen. Woraus besteht diese Sicherung beim Datenversand?

**13.** Das User Datagram Protocol ist im Gegensatz zu TCP ein ungesicherter verbindungsloser Dienst. Welchen Nachteil weist dieses Protokoll auf?

**14.** Was ist die Hauptaufgabe des Internet Protocols?

**15.** Wozu dient das Internet Control Message Protocol?

**16.** Welches Protokoll übersetzt IP-Adressen in MAC-Adressen (auch als Umsetzung von Softwareadressen in Hardwareadressen bezeichnet)?

**17.** Wann werden das Point to Point Protocol (PPP) oder das Serial Line Internet Protocol (SLIP) genutzt?

**18.** Was verbirgt sich hinter der Bezeichnung MAC-Adresse?

**19.** Normalerweise wird die IP-Adresse in der „conial form“ angegeben. Mit wie vielen Bytes wird diese, jeweils einzeln in dezimaler Schreibweise durch Punkte getrennt, angegeben?

**20.** Bitte geben Sie den Well-known Port an, unter dem FTP zu erreichen ist.

**21.** Aus welchen zwei Teilen besteht eine IP-Adresse?

**22.** Das Network bezeichnet eine logische oder organisatorische Einheit von Rechnern, wie etwa eine Firma oder eine Organisation. Der Host-Anteil bezeichnet dann die einzelnen Rechner in dieser Einheit. Trifft diese Aussage zu?

**23.** Wie wird der Vorgang bezeichnet, bei dem mit Hilfe der Subnet-Mask festgelegt wird, was als netzinterner Network-Anteil und was als netzinterner Host-Anteil gelten soll?

**24.** Statt IP-Adressen mit Zahlenkombinationen anzugeben, werden häufig Namen verwendet. Bitte geben Sie ein Beispiel dafür an.

**25.** Welche vier Dateien finden Sie auf Ihrem Rechner, nachdem TCP/IP installiert wurde?

**26.** Die Datei *HOSTS* beschreibt die Zuordnung von Namen zu IP-Adressen. Worauf muss bei der Anlegung dieser Zuordnungen besonders geachtet werden?

**27.** Was muss jeder Client im Netz wissen, um die Dienste des *DNS-Servers* (Domain Name Service-Server) zu nutzen?

# Übungen

**28.** Die DNS-Struktur ähnelt einem Dateiverzeichnis. In welche Gruppen kann diese Struktur unterteilt werden?

**29.** Jede geografische Domäne wird mit einem Namenskürzel unterschieden. Wie wird dieser Name gebildet?

**30.** Innerhalb der USA werden die Domänen in einer anderen Struktur zusammengefasst. Die Top-Level-Domänen beschreiben die Zugehörigkeit zu einer bestimmten Organisationsform. Bitte nennen Sie die Namen für eine kommerzielle Organisation, eine staatliche Einrichtung und andere Organisationen.

**31.** Das Dynamic Host Configuration Protocol (DHCP) ermöglicht einem Host, beim Start des TCP/IP zuerst nach einer vergebenen IP-Adresse zu fragen. Ist diese Aussage richtig?

Die Lösungen zu diesen Aufgaben finden Sie im Anhang des Co@ches.

# Modul 11

# Anwendungsprotokolle

**Lernen Sie**

- TCP/IP basierte Anwendungen kennen
- was ein Remote Procedure-Verfahren ist
- Verschlüsselungsysteme einzuordnen
- Komprimierungssysteme zu verstehen

Alle bisher besprochenen Protokolle und Techniken sind sehr technisch gehalten. Ein Endanwender arbeitet nur selten direkt mit diesen Ebenen. Anders stellt sich die Situation natürlich für Programmierer dar, die häufig etwa auf der Basis der Transportprotokolle neue Anwendungen entwickeln.

Die Aufgabe der Anwendungsprotokolle, die zu den Schichten 5 bis 7 des OSI-Referenzmodells zählen, besteht darin, eine einfachere Schnittstelle für die Anwender bereitzustellen.

Anders als in den zuvor beschriebenen Ebenen zergliedern sich Implementationen der Anwendungsprotokolle nur selten in die im OSI-Modell festgelegten Schichten. Vielmehr werden die Funktionen oft als komplettes System, z.B. in Form eines Anwendungsprogramms oder einer Betriebssystemerweiterung, bereitgestellt.

Es existiert eine Vielzahl von Anwendungsprotokollen, und es entstehen täglich neue. Einen kompletten Überblick vermögen wir deshalb nicht zu geben. Sie werden in diesem Modul nur eine Auswahl einiger weniger, aber häufig eingesetzter Protokolle kennen lernen. Wie schon im vorherigen Modul „Transportprotokolle" konzentrieren wir uns auf einige wichtige Internetprotokolle, da diesem Bereich die Zukunft gehört.

## 11.1 Die TCP/IP-Application Layer-Protokolle

*TCP/IP* besteht aus einer ganzen Reihe unterschiedlicher Protokolle und Programme. Neben den beiden prominenten Vertretern TCP und IP gehören Programme wie FTP oder E-Mail-Systeme dazu.

Die Spezifikationen der einzelnen Systeme sind in den so genannten *RFCs (**R**equest for **C**omments)* festgelegt. Das Internetmanagement und die damit einhergehende Standardisierung der TCP/IP-Protokolle unterlag ursprünglich dem *SRI (**S**tanford **R**esearch **I**nstitute)*. Heute zeichnet die *IETF (**I**nternet **E**ngineering **T**ask **F**orce)* für die RFC und die Einführung neuer Standards verantwortlich.

Protokolle auf der Ebene der Process/Application Layer dienen zwar unterschiedlichen Zwecken, weisen aber fast alle eine Gemeinsamkeit auf: Die Übertragung wird anhand des 7-Bit-ASCII-Codes vorgenommen. Häufig besteht zwar die Möglichkeit zur Umschaltung in binäre Darstellung (8-Bit-Codes), jedoch können diese Protokolle nur schlecht mit anderen Zeichensätzen (etwa Unicode) umgehen.

In den Protokolldefinitionen des Layers wird oftmals ein Satz von Befehlen definiert, mit dem der Datenaustausch vorzunehmen ist.

Zudem arbeiten sämtliche Protokolle auf Basis des Client-Server-Prinzips. Ein Client baut meist aktiv eine Verbindung zu einem Server auf. Der Server antwortet mit einer bestimmten Identificationszeichenkette. Jetzt kann der Client mit Hilfe definierter Befehle Dienste auf dem Server anfordern.

Der Aufbau der Daten, die der Server an den Client bzw. umgekehrt sendet, lässt sich aus der Protokolldefinition ableiten. Wichtige Informationen für die Implementierung sind etwa der Port, auf dem ein Server die Anfrage eines Clients erwartet.

## FTP

Das *File Transfer Protocol (FTP)* ermöglicht den Austausch von Dateien zwischen zwei Rechnern. Der Zugriff auf bestimmte Benutzer kann eingeschränkt werden (Benutzer und Passwort). Daneben bietet FTP eine Reihe weiterer Funktionen, wie etwa das Auflisten der Dateien in einem Verzeichnis oder die Möglichkeit, Datei- bzw. Verzeichnisnamen anzulegen, zu verändern oder zu löschen. FTP setzt dabei auf TCP auf.

Problematisch, insbesondere im Internet, ist die Tatsache, dass FTP das Benutzerpasswort unverschlüsselt überträgt.

Im Zusammenhang mit FTP taucht oft der Begriff des *anonymous FTP* auf. Da FTP heutzutage stark für die Verbreitung von Software genutzt wird und die Anzahl der Internetnutzer stetig wächst, ist es kaum sinnvoll, jedem Benutzer auf jedem Server ein entsprechendes Konto bereitzustellen. Per Konvention bieten viele FTP-Server einen Gastzugang mit dem Benutzernamen „anonymous“ an. Als Passwort wird dann die E-Mail-Adresse des Benutzers angegeben. So können beliebige Benutzer auf den Dateivorrat auf einem FTP-Server zugreifen.

## UUCP

Das *UNIX-to-UNIX-Copy Protocol* dient der Übertragung von Daten zwischen unterschiedlichen UNIX-Maschinen. Mittlerweile stehen Implementierungen aber auch unter anderen Betriebssystemen zur Verfügung. UUCP wird etwa zur Übertragung von E-Mail-Daten zwischen unterschiedlichen SMTP-Servern verwendet.

## SMTP/POP3

Das *Simple Mail Transfer Protocol* kommt zur Übermittlung von E-Mail-Dateien zwischen einem lokalen und einem entfernten (remote) System zum Einsatz. SMTP nutzt dabei TCP. Ein Mailserver, der das SMTP-Protokoll unterstützt, nimmt E-Mail-Nachrichten von Benutzern entgegen und versucht, diese an den Empfänger bzw. dessen Mailserver mittels UUCP weiterzuleiten. Wichtig ist, dass E-Mail, basierend auf SMTP, stets mit ASCII-Dateien (7 Bit) arbeitet und daher binäre Anhänge entsprechend kodiert werden müssen.

Das *Postoffice Protocol Version 3 (POP3)* ermöglicht den Anwendern, an sie adressierte E-Mail-Nachrichten von einem Server aufzurufen. Da nicht alle Benutzer ständig mit dem Internet verbunden sind, speichern E-Mail-Server die Nachrichten, bis ein Benutzer mit Hilfe von POP3 seine Nachrichten abholt.

Für die Implementierung von Internetmail ist also eine Kombination von SMTP (zur Verschickung) und POP3 (zur Annahme) notwendig.

## NNTP

Das *Network News Transport Protocol* wird zur Nutzung der Newsgroups verwendet. Newsgroups sind Foren bzw. schwarze Bretter mit den unterschiedlichsten Zielsetzungen. Es gibit diese im Support-Bereich ebenso wie auf der Ebene des Informationsaustausches mit anderen Benutzern.

Man unterscheidet zwischen lokalen und globalen Newsgroups. Die lokalen Gruppen befinden sich lediglich auf einem Server, die globale Gruppen werden hingegen weltweit verbreitet. So werden Nachrichten an den NNTP-Server „gepostet“ (geschickt) und von dort mit Hilfe von UUCP an andere NNTP-Server weitergeleitet. Die Benutzer abonnieren eine Newsgroup und nutzen NNTP zum Abruf der „News“. Sobald ein Benutzer auf einem Newsserver eine Newsgroup abonniert, wird der Server diese Gruppe auch bei seinem eigenen Newsserver abonnieren. Bei diesem Austausch werden dann auch die neuen Beiträge der lokalen Benutzer weitergeleitet. So verbreiten sich neue Diskussionsbeiträge in wenigen Stunden weltweit über die einzelnen Newsserver.

## HTTP

Das *Hyper Text Transport Protocol* ist die Grundlage für *das WWW (World Wide Web)* und damit sicherlich das Protokoll, das heute weltweit am häufigsten eingesetzt wird. Aufgabe ist der Transfer von WWW-Dokumenten von einem Server zu einem Client. In diesem Zusammenhang ist auch das S-HTTP-Protokoll zu nennen, das im Gegensatz zu HTTP die Daten in einer verschlüsselten Form über das Netz versendet.

## IRC

Der *Internet Relay Chat* ermöglicht als Protokoll mehreren Benutzern, online miteinander zu kommunizieren. Dabei meldet sich ein Benutzer an einem IRC-Server in einem so genannten Channel an. Das System ist am ehesten mit dem CB-Funk zu vergleichen, nur halt über das geschriebene Wort.

## TELNET

Das Programm *TELNET* verhilft zum Aufbau einer Terminalsitzung auf einem Server. Normalerweise wird es zur Arbeit auf einem UNIX-Host verwendet. TELNET setzt auf TCP auf.

## NFS

Das Protokoll *NFS (**N**etwork **F**ile **S**ystem)* ist ein Protokoll der Firma SUN zur gemeinsamen Nutzung von Dateisystemen, die über unterschiedliche Server verteilt sein können.

## SNMP

Das *Simple Network Management Protocol* dient zur Verwaltung und Konfiguration der unterschiedlichsten Netzwerkkomponenten. So können etwa Router, Bridges und andere Komponenten, die in der Regel weit verstreut platziert werden, von einem zentralen Arbeitsplatz verwaltet werden.

## VoIP

Voice over IP beschreibt eine Technologie, die oft auch als „Telefonieren über das Internet“ bezeichnet wird. Netzwerkverbindungen auf der Basis von TCP/IP übertragen hier digitalisierte Sprache und können damit herkömmliche Telefonverbindungen ersetzen. Interessant ist der Einspareffekt, wenn bereits breitbandige Datenleitungen bereitstehen.

# 11.2 Remote Procedure-Verfahren

Mit Hilfe von *Remote Procedure-Verfahren* wird einem Endsystem ermöglicht, Dienste anderer Systeme in Form eines Prozeduraufrufs in Anspruch zu nehmen. Diese Verfahren stellen letztendlich einem Programmierer, und damit indirekt dem Benutzer, Anwendungen etwa eines Servers zur Verfügung. Daneben realisieren diese Verfahren und Schnittstellen so genannte *Back-End-Anwendungen*, die Netzwerkfunktionalitäten in die Arbeitsumgebung des Benutzers integrieren. Der Zugriff auf ein Netzlaufwerk kann beim Einsatz von Remote Procedure-Verfahren kaum noch von einem lokalen Laufwerk unterschieden werden.

## NCP

Das *Netware Core Protocol (NCP)* stellt die Funktionen etwa eines Netware-Servers auf der Benutzerseite zur Verfügung. Im Rahmen des NCP-Verfahrens wird eine Vielzahl unterschiedlicher Funktionen definiert, wie An-und Abmeldefunktionen, Informationsfunktionen und Funktionen, die Dienste zur Dateiübertragung oder Ansteuerung eines Netzdruckers ermöglichen.

Alle Funktionen arbeiten nach einem Request-und Reply-Schema. Der Client kann beispielsweise mit Hilfe von „Request Data" den Transfer einer Datei von einem Netzwerkserver auf eine Workstation veranlassen; der Server antwortet mit einer entsprechenden Anzahl von „Reply Data" Antworten mit den Einzelteilen dieser Datei. Im Rahmen einer Anwendungsprogrammierung werden mit Hilfe der NCP-Aufrufe Netzfunktionalitäten in ein Anwendungsprogramm integriert und z.B. über eine grafische Bedienoberfläche dem Benutzer bereitgestellt.

## RPC

Der Begriff *RPC* steht für ***R**emote **P**rocedure **C**all* und beschreibt ein Verfahren, mit dem sich Anwendungen im Rahmen einer Client-Server-Architektur über mehrere Systeme verteilen lassen. Ausgehend von einem Standalone-Programm delegiert RPC mit Hilfe spezieller Werkzeuge einzelne zeitbzw. arbeitsaufwändige Funktionen (Prozeduren) auf andere Maschinen. Damit lassen sich auch ältere Systeme relativ einfach in ein Client-Server-Modell überführen.

Interessant ist RPC speziell im Zusammenhang mit *DCOM* (***D**istributed **C**omponent **O**bject **M**odel*). Die Firma Microsoft stellt mit diesem System die Möglichkeit bereit, Anwendungen auf der Basis eines Client-Server-Modell zu implementieren.

Im Bereich der JAVA-Programmierung wird das *RMI-Verfahren* genutzt (*Remote Method Invocation*).

## Webservices

Ein Webservice ist die Weiterentwicklung von RPC-Technologien und deren Anpassung an die Gegebenheiten des Internets. Ein wesentliches Merkmal ist dabei die Nutzung von bereits etablierten Standards. Die Kommunikation erfolgt zumeist auf dem – auch im WWW eingesetzten – HTTP Protokoll. Für den plattformübergreifenden Datenaustausch stützen sich Webservices auf XML ab.

Ähnlich wie bei einem Remote Procedure Call (RPC) stellt ein Webservice reine Funktionen bereit. Damit sind auch Webservices eher für die Verbindung zwischen Programmen gedacht.

Die Begriffe SOAP, XML-RPC und REST beschreiben sämtlichst unterschiedliche Protokolle, die für die Nutzung von Webservices interessant sein können.

# 11.3 Verschlüsselungssysteme

Verschlüsselung fällt in den Aufgabenbereich der OSI-Schicht 6, der Präsentationsschicht. Neben einfachen Umsetzern, die z. B. einen ASCII-Code in einen anderen Zeichensatz umwandeln können, existiert eine Reihe weiterer Verfahren. Im Folgenden werden lediglich zwei Verfahren mit unterschiedlichen Zielsetzungen erörtert.

## MIME / UUEncoded / BinHex

Die Begriffe stehen für Algorithmen zur Verschlüsselung von Binärdaten in Textdateien. *MIME (**M**ultipurpose **I**nternet **M**ail **E**xtensions)* und *UUEncoded* (*UNIX-to-UNIX-Encoded*) wandeln 8-Bit-Daten, wie etwa EXE-Dateien oder Textverarbeitungsdokumente, in einen 7-Bit ASCII-Code um. Dies ist notwendig, da viele E-Mail-Protokolle auf der Basis von ASCII-Code arbeiten und eine Binärdatei somit nicht direkt via E-Mail verschickt werden kann. Moderne E-Mail-Clientprogramme ermöglichen eine für den Anwender transparente Kodierung und Dekodierung im Hintergrund. Leider existiert in diesem Bereich noch kein echter Standard, MIME scheint sich aber schneller als die anderen Verfahren zu etablieren.

*BinHex* wird als Format sehr häufig auf dem Macintosh eingesetzt.

Neben den hier genannten existieren noch weitere Systeme, die zum Teil gleichfalls mit einer Komprimierung arbeiten.

## RSA

*RSA* ist ein kryptologisches Verfahren zur Ver- und Entschlüsselung von Informationen. Der Name leitet sich aus den jeweils ersten Buchstaben der Nachnamen der drei Erfinder, Rivest, Shamir und Adelmann, ab.

RSA beruht auf einem mathematischen Zusammenhang zwischen Primzahlen. Bei der Anwendung wird mit einem Schlüsselpaar aus einem öffentlichen und einem geheimen Schlüssel gearbeitet. Die Senderseite setzt den öffentlichen Schlüssel zur Verschlüsselung ein, der Empfänger nutzt zur Entschlüsselung seinen geheimen Schlüssel; eine unter sicherheitstechnischen Aspekten höchst interessante Vorgehensweise, da sich die Dekodierung nur mit dem privaten Schlüssel vornehmen lässt, welcher nicht aus dem öffentlichen abzuleiten ist. Das Verfahren zur Ver-und Entschlüsselung ist zudem recht einfach und damit akzeptabel schnell durchzuführen.

Um einen nicht autorisierten Entschlüsselungsversuch zu starten, muss eine Versuchsreihe durchgeführt werden. Die dafür benötigte Zeit steigt mit der Länge der Schlüssel exponeniell an. Schon bald werden Schlüssel mit 1.024 Bit Größe, z. B. für Banktransaktionen, auf den Markt kommen. Deren Herleitung würde heute die Rechenleistung sämtlicher Rechner der Erde für Hunderttausende von Jahren benötigen.

# 11.4 Komprimierungssysteme verstehen

Die zukünftigen Anforderungen an die Übertragungskapazitäten lassen sich wahrscheinlich nur mit Hilfe von ausgeklügelten Komprimierungsverfahren befriedigen. Diese Verfahren, der OSI-Schicht 5 zuzuordnen, werden grob in die verlustfreien und die verlustreichen Verfahren unterschieden. Sie machen sich den Umstand zunutze, dass größere Datenmengen oft eine Reihe semantischer Redundanzen ausweisen. Durch eine geschickte Umstrukturierung werden diese Redundanzen entfernt und damit die Datenmengen reduziert.

## Verlustfreie Kompression

Die *verlustfreie Kompression* arbeitet vollständig reversibel. Das bedeutet, die Eingangs-und Ausgangsdaten sind exakt gleich. Anhand einer Analyse der Eingangsdaten stellen entsprechende Kompressionsverfahren Redundanzen fest und ersetzen sie durch kürzere Darstellungen. Es existieren sehr unterschiedliche Verfahren, die jeweils für bestimmte Daten optimale Ergebnisse liefern.

Als eines der einfachen Verfahren sei hier das so genannte *Runtime-Length-Encoding* (*RLE*) kurz beschrieben. Das RLE sucht innerhalb der Daten nach Abschnitten, in denen die gleichen Informationen mehrfach hintereinander vorkommt. Stellen Sie sich etwa eine Schwarzweiß-Zeichnung (z.B. ein Fax) in einer binären Form vor. Die Zeichnung wird in einzelne Punkte zerlegt. Jeder schwarze Punkt entspricht einer binären 1, die weißen Flächen werden mit einer binären 0 dargestellt. Als Resultat folgt, dass die digitalisierte Fassung der Zeichnung eine Folge von Nullen und Einsen ist.

Das RLE-Verfahren untersucht jetzt die digitale Reihe nach Gruppen aufeinander folgender Einsen bzw. Nullen. Aus einer Folge wie „111111111111" wird dann einfach „12 * 1". Mit Hilfe dieses Verfahrens kann die Datenmenge um ein Vielfaches verringert werden.

**Hinweis**

Auch digitale Farbbilder oder andere Daten lassen sich auf diese Art und Weise komprimieren, indem beispielsweise nach mehrfach nacheinander auftretenden Farbwerten oder anderen Kriterien gesucht wird.

RLE bietet sich natürlich nicht für alle Datenformate an. Zur Komprimierung muss, je nach Ausgangsdaten, vielleicht auf komplexere Verfahren zurückgegriffen werden.

## Verlustreiche Kompression

Die *verlustreiche Kompression* wird angewandt, wenn einerseits eine große Menge an Nutzdaten vorliegt und andererseits der Anspruch an Informationsgehalt und Details sehr gering ist. Stellen Sie sich etwa ein unscharfes Foto vor. Bis zu einer gewissen Unschärfe sind Sie weiterhin in der Lage, die dargestellte Situation zu erfassen. Obwohl die Unschärfe einige Details verbirgt, geht damit die Basisinformation nicht verloren.

**Hinweis**

Im Bereich der Sprachübertragung werden etwa bestimmte Frequenzbereiche mit niedrigen Samplingraten quantisiert, andere, häufiger genutzte, mit höheren Raten. Bestimmte Signale erreichen den Empfänger so mit schlechterer Qualität, andere mit hoher Übertragung. Dem menschlichen Ohr fallen solche Reduktionen kaum auf.

Verfahren im Rahmen der Bewegtbildkompression nutzen die Tatsache, dass sich, etwa bei einer Videoübertragung, die Einzelbilder nur unwesentlich voneinander abheben. Bei der Kompression wird eine Berechnungsvorschrift eingesetzt, welche die Unterschiede zwischen den Bildern ermittelt. Im Rahmen der Dekompression können die Informationen dann mit Hilfe dieser Vorschrift zurückgewandelt werden. Dieses Verfahren führt insbesondere deshalb zu Verlusten, weil es nur große Differenzen zwischen Einzelbildern berücksichtigt. Ein Sekundenzeiger einer Uhr im Hintergrund wird beispielsweise als unwesentlich interpretiert und nicht berechnet.

## Zusammenfassung

- ✓ In diesem Modul wurden wichtige Protokolle auf den OSI-Schichten 5 bis 7 vorgestellt. Aufgrund der Vielzahl der Anwendungsprotokolle wurde dabei hauptsächlich auf Protokolle aus dem zukunftsorientierten Internetbereich eingegangen.
- ✓ Darüber hinaus konnten Sie die Funktionalität gängiger Remote Procedure-Verfahren nachvollziehen.
- ✓ Nicht zuletzt lernten Sie grundlegende Verschlüsselungssysteme und Komprimierungsverfahren kennen.

## Übungen

1. Auf welcher Basis arbeiten die Protokolle des Process/Application Layers?
2. Wozu wird das File Transfer Protocol heutzutage häufig eingesetzt?
3. Per Konvention bieten viele FTP-Server einen Gastzugang mit dem Benutzernamen „____________________“ an. Bitte vervollständigen Sie den Satz.
4. Auf welcher Plattform wird UUCP eingesetzt?
5. Wofür steht SMTP, wofür POP3?
6. In welchem Bereich findet NNTP Verwendung?
7. Warum ist HTTP das weltweit am häufigsten genutzte Protokoll?
8. Welche Aufgabe hat HTTP?
9. Was realisiert S-HTTP im Gegensatz zu HTTP?
10. Was ermöglicht IRC?
11. Mit Hilfe von Remote Procedure-Verfahren wird einem Endsystem ermöglicht, Dienste anderer Systeme in Form eines Prozeduraufrufs in Anspruch zu nehmen. Stimmt diese Aussage?

# Übungen

**12.** NCP, UUCP, RCP und NFS sind Remote Procedure-Verfahren. Welche Kürzel passen nicht in diese Reihe?

**13.** Welche OSI-Schicht übernimmt die Verschlüsselung?

**14.** Warum ist die Umwandlung von Binärdaten in den ASCII-Code notwendig?

**15.** Wie werden die einzelnen Schlüssel des RSA-Schlüsselpaares genannt?

**16.** Welche Grundkategorien werden bei Kompressionsverfahren unterschieden?

**17.** Zu welcher dieser beiden Kategorien zählt das Runtime-Length-Encoding?

**18.** Unter welcher Voraussetzung wird eine verlustreiche Kompression eingesetzt?

Die Lösungen zu diesen Aufgaben finden Sie im Anhang des Co@ches.

# Modul 12

# Protokoll-vermittlung

Moderne Netze bestehen in der Regel aus einem Konglomerat verschiedenster Rechner, die vielfach mit unterschiedlichen Protokollen arbeiten. Eine heterogene Vernetzung zeichnet sich durch Elemente aus, die zwischen diesen unterschiedlichen Systemen vermitteln können.

**Lernen Sie**

- verschiedene Bridge-Typen kennen
- warum Router im Netz eingesetzt werden
- was unter dem Begriff *Gateway* zu verstehen ist
- wie Repeater arbeiten

Sie werden in diesem Abschnitt die gängigsten Verfahren zur Protokollumsetzung kennen lernen.

Nach der Lektüre dieses Moduls können Sie die folgenden Umsetzer unterscheiden und für ein Problem eine adäquate Lösung finden.

## 12.1 Bridges

*Bridges*, so genannte *Brücken,* verbinden zwei Netzwerke miteinander, die dieselbe Technologie verwenden. Allen Brücken gemeinsam ist dabei, dass sie auf der Ebene 2 des OSI-Referenzmodells arbeiten und den Datenfluss zwischen den Subnetzen über die MAC-Adresse der Datenpakete, d.h. die Adresse der Netzwerkkarte steuern. Aus diesem Grund muss die Bridge alle Pakete auf jedem der beiden Netzwerkbusse untersuchen und nach erfolgreicher Erkennung das Datenpaket an die Adresse im Zielnetzwerk senden. Als *MAC-Layer-Bridge* verbindet sie meistens Subnetze mit gleicher MAC-Ebene, z.B. Ethernet mit Ethernet oder Token Ring mit Token Ring. Brücken sind damit transparent (durchlässig) für Protokolle der höheren Schichten (wie TCP/IP oder IPX/SPX). Durch den Einsatz von Brücken beginnt bei einem Ethernet-LAN eine neue Kollisionsdomäne.

### Funktionsweise einer Bridge

Eine Brücke stellt sicher, dass nur Datenpakete übertragen werden, die für Stationen im anderen Segment adressiert sind. Damit die Brücke erkennt, an welchem Port welche Endstation angeschlossen ist, führt sie eine Adresstabelle. In ihr wird von jedem Datenpaket die Quelladresse, d.h. die MAC-Adresse mit Zuordnung des Ports eingetragen, bis alle Stationen erfasst sind. Um Veränderungen in der Tabelle zu ermöglichen (beispielsweise beim Umzug einer Station in ein anderes Segment), erhält jeder Eintrag einen so genannten *Zeitstempel* (*Aging-Verfahren*). Dieser Zeitstempel, auch *Timer* genannt, wird mit jedem Auftreten der Adresse neu gesetzt. Wird von einer Station nach einer bestimmten, einstellbaren Zeit kein Datenpaket mehr empfangen, folgt die Löschung aus der Datenbank.

Die Transportentscheidung einer Brücke geschieht mit Hilfe dieser Adresstabelle. Hierfür wird aus einem Datenpaket sowohl die Quelladresse als auch die Zieladresse ausgewertet. Wenn die Zieladresse bereits eingetragen ist, gibt es zwei Transportmöglichkeiten für die Brücke:

- Der Frame ist auf dem Port angekommen, für den die Zieladresse eingetragen ist. Das Datenpaket wird dann als Lokalverkehr erkannt und nicht weitertransportiert.

Oder

- der Frame ist auf einem anderen als dem Zielport angekommen. In diesem Fall überträgt die Brücke das Datenpaket zum Zielport.

Wenn die Zieladresse noch nicht in der Adresstabelle vorhanden ist, geschieht die Weiterleitung der Daten auf alle Ports.

Broadcast- und Multicastpakete (das sind Datenpakete mit Steuerinformationen, die für alle Stationen oder für eine bestimmte Gruppe von Stationen bestimmt sind) werden von der Brücke grundsätzlich transportiert, auch wenn sie nicht für andere Subnetze bestimmt sind. Dies kann besonders bei einer WAN-Kopplung zu kritischer und teurer Netzlast führen.

Durch Aktivierung von Filterfunktionen in der Brücke ist es möglich, für bestimmte Stationen den Zugang zu anderen Subnetzen zu sperren. Oft lassen sich in Brücken auch Filter für ganz bestimmte Steuerinformationen setzen.

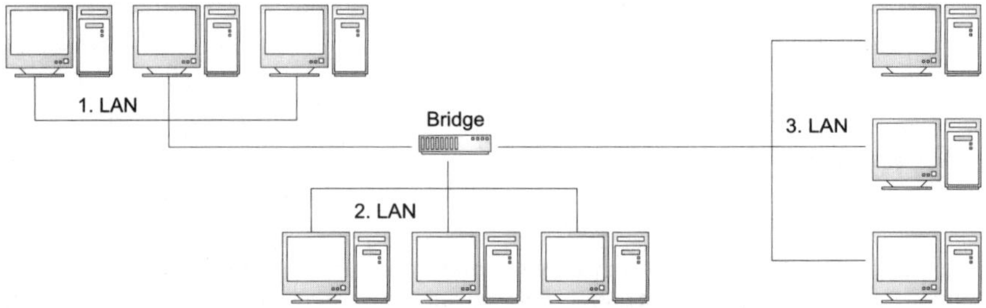


Bridge

## Local Bridges

*Lokale Brücken* verfügen über zwei Anschlüsse für LANs. Sie verbinden damit direkt zwei LAN-Segmente innerhalb eines Unternehmens.

## Remote Bridges

*Remote-Brücken* koppeln Subnetze über eine Weitverkehrsstrecke (WAN) miteinander. Sie sind daher mit einem LAN- und einem WAN-Port ausgestattet. Auf beiden Seiten der WAN-Strecke muss eine Brücke mit gleichen Funktionen, in der Regel Bridges des gleichen Herstellers, installiert sein.

## Multiport Bridges

Vielschichtige Vernetzungen erfordern Brücken mit Anschlussmöglichkeiten für mehrere Netze. Diese *Multiport-Brücken* ermöglichen die sternförmige Kopplung mehrerer LANs. Zur Erhöhung der Anpassungsfähigkeit haben sie häufig einen modularen Aufbau. Multiport-Brücken können auch mit Anschlüssen für Weitverkehrsnetze versehen sein.

## LLC-Sublayer Bridge

Sie hatten im Modul 7 die Verfahren *Ethernet* und *Token Ring* kennen gelernt. Die Standardisierung der IEEE 802.2 ermöglicht eine besondere Form der Bridge. Normalerweise ist eine Bridge nur in der Lage, zwischen Systemen zu vermitteln, die sich auf der Schicht 1 nicht wesentlich unterscheiden. Die Einführung des MAC- und LLC-Sublayer in IEEE 802.2 ermöglicht aber ein System, welches auf LLC, also innerhalb der OSI-Schicht 2, bereits eine vollständige Unabhängigkeit von der Physik erreicht. Werden in einem Netz etwa nur Übertragungsprotokolle nach IEEE 802.2 (z.B. Ethernet, Token Ring, DQDB) eingesetzt, ergibt sich eine Verbindungsmöglichkeit auf dem Sublayer LLC. Die daraus entstehende Bridge wird auch *LLC-Sublayer Bridge* genannt.

## Encapsulation Bridges

*Encapsulation-Brücken* verpacken Daten in einen anderen Protokollrahmen. Dies ist erforderlich, wenn LANs über ein Netz miteinander verbunden sind, in dem eine andere MAC-Schicht als in den Quell- und Zielnetzen verwendet wird.

**Hinweis**

Beispiel: Mehrere Ethernet-LANs werden über ein FDDI-Backbone oder über eine WAN-Verbindung miteinander gekoppelt. Eine direkte Adressierung einer Station im Verbindungsnetz ist dann allerdings nicht mehr möglich.

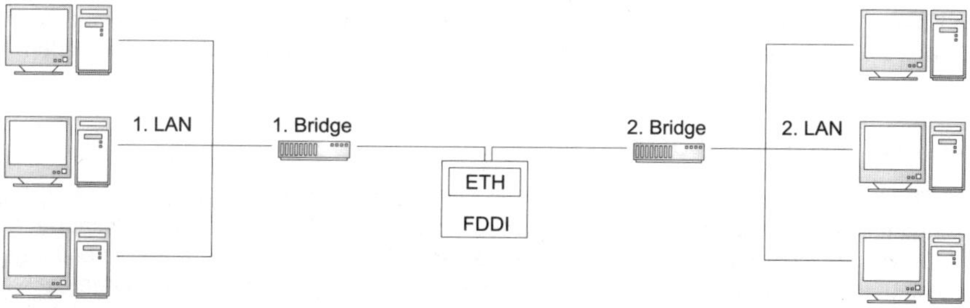


Encapsulation-Brücken

## Schleifenunterdrückung

In einem mit Brücken aufgebauten Datennetz dürfen keine Schleifen, d.h. parallele Brücken gebildet werden. Hierdurch können endlos kreisende Datenpakete entstehen.

Ist aus Verfügbarkeitsgründen eine Schleifenbildung durch redundante (mehrfache) Pfade erforderlich, sind Brücken mit einem eingebauten Schleifenunterdrückungsverfahren zu verwenden. Dieses Verfahren wird auch *Spanning Tree Algorithm* genannt und ist nach IEEE 802.1D standardisiert.

Die Brücken tauschen nach dem Einschalten und später in einstellbaren Zeitintervallen Informationen über den Netzzustand aus. Wird hierbei festgestellt, dass eine Schleife vorhanden ist, wird eine der parallel liegenden Brücken gesperrt. Dabei nimmt diese aber weiterhin am Spanning Tree-Verfahren teil und kann beim Ausfall einer anderen Brücke wieder aktiviert werden. Die Funktion des Netzes bleibt dabei erhalten.

### Source Route Bridging

Der Spanning Tree-Algorithmus wird allerdings nur in Ethernet-Netzwerken eingesetzt. In Token Ring-Netzen wird hier mit dem *Source Routing Bridging* (*SRB*) gearbeitet. Das Source Routing ist unter IEEE 802.5 standardisiert.

Bei diesem Verfahren kann ein Datenpaket maximal 13 Bridges auf dem Weg vom Sender zum Empfänger überspringen. Der Weg muss zuvor mit Hilfe spezieller Signale von der sendenden Station selbst herausgefunden werden. Auf den Endgeräten muss das SRB entsprechend installiert werden. In diesem Fall fällt die Bridge keine Entscheidung über die Weiterleitungsrichtung eines Pakets.

## 12.2 Router

*Router* verbinden Subnetze gemäß Ebene 3 (Netzwerkschicht) des OSI-Referenzmodells. Dies beinhaltet insbesondere Wegewahlmechanismen (Routing) als wichtigste Funktion. Im Gegensatz zur Brücke kann ein Router Broadcast- und Multicastpakete verarbeiten und gezielt dem betreffenden Subnetz zuleiten. Auf der Ebene 3 gibt es eine Vielzahl von verschiedenen Protokollen, die ein Router verarbeiten muss. Diese Tatsache stellt erhöhte Anforderungen an die Leistungsmerkmale eines Routers.

Router der ersten Generation konnten als *Single Protocol Router* nur jeweils ein Protokoll verarbeiten. Heute werden jedoch immer häufiger Mehrfach-Protokoll-Router (*Multi-Protokoll-Router*) in LANs eingesetzt. Dadurch ist es möglich, mehrere Ebene-3-Protokolle zu verarbeiten. Die Protokolle müssen auf Ebene 3 Netzwerkadressen zur Verfügung stellen. Router sind unabhängig von Protokollen der Ebene 2 und können Ethernet-, Token Ring- oder FDDI-LANs untereinander verbinden.

### Arbeitsweise von Routern

Mit Hilfe von Routern können lokale Netze mit redundanter Wegeführung aufgebaut werden. Die Router tauschen mit dem Routingprotokoll ständig Informationen aus. Es werden in einstellbaren Intervallen Werte wie z. B. Leitungskosten, Anzahl der Router im Datenpfad, Fehlerrate und Leitungsgeschwindigkeit übermittelt und in die Routingtabellen eingetragen. So erkennt jeder Router, auch in einem umfangreichen Netz, über welchen Weg ein anderes Subnetz am besten zu erreichen ist. Fällt eine Verbindung aus oder ist der Weg überlastet, wird automatisch auf Ersatzwege umgeschaltet.

### Multi-Protokoll-Router

Bei einem *Multi-Protokoll-Router* ist für jedes aktivierte Protokoll eine eigene Routingtabelle notwendig. Diess erfordert eine erhöhte Rechenleistung des Routers und hat eine Verringerung des Datendurchsatzes zur Folge. Im Gegensatz zu Brücken, die alle Pakete an ihren Ports verarbeiten müssen, wird ein Router direkt vom Endgerät mit seiner MAC-Adresse adressiert. Das Endgerät erkennt an der Ebene-3-Adresse, ob die Zielstation im eigenen Netz oder in einem Subnetz angeschlossen ist. Liegt das Ziel in einem anderen Subnetz, erhält der Router das Datenpaket und muss es anhand seiner Routingtabelle direkt oder über weitere Router zur Zielstation leiten.

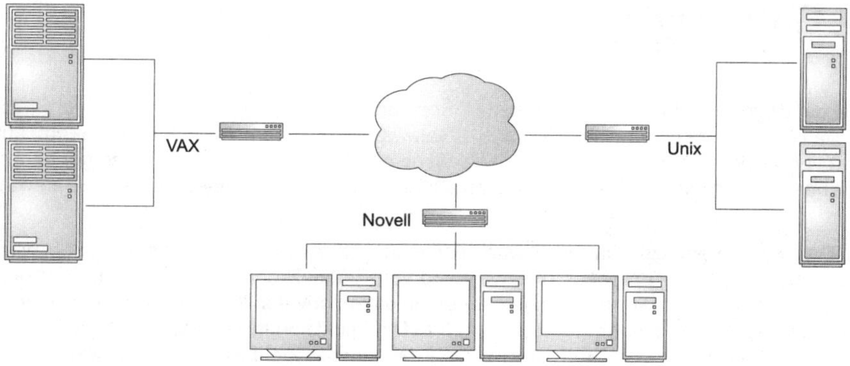


Multi-Protokoll-Router zwischen verschiedenen DV-Welten

## Kein Routing mit SNA

Leider können nicht alle Protokolle der Schicht 3 mittels eines Routers übertragen werden. Zu diesen Protokollen gehört etwa das in der Mainframe- und AS/400-Welt eingesetzte SNA. Eine Umsetzung auf der Schicht 3 reicht hier für ein funktionierendes System nicht aus. Hinzu kommt, dass dieses Protokoll rein für den IBM-Token Ring ausgelegt wurde.

Für diese Problematik existieren zwei Lösungsansätze:

- Für die Kopplung werden nur Bridges eingesetzt. Der Nachteil, der sich dadurch ergibt, ist, dass die gesamte Verkabelung nach dem Token Ring-System aufgebaut werden muss.
- Die andere Möglichkeit ist der Einsatz eines Gateways. Das Gateway ist Teil eines Token Rings, in dem sich auch etwa eine IBM-AS/400 befindet und das rein mit SNA arbeitet. Mit einer weiteren Netzwerkkarte wird das Gateway mit den Subnetzen verbunden. Hier wird dann ein routefähiges Protokoll wie TCP/IP oder SPX/IPX eingesetzt. Da sämtliche Kommunikation zwischen dem User-Netzwerk und der SNA-Welt über das Gateway stattfindet, muss diese Maschine natürlich eine entsprechende Leistungsfähigkeit haben.

## Kein Routing von NetBEUI und NetBIOS

Auch NetBIOS bzw. NetBEUI sind nicht routingfähig, da hier keine klare Trennung der Schichten 3 und 4 erfolgt. Soll Kommunikation mit einer Station in einem anderem Teilnetz stattfinden, muss in diesem Fall also zusätzlich ein routingfähiges Protokoll installiert werden.

## Routing von TCP/IP und IPX/SPX

Die beiden Protokolle TCP/IP und IPX/SPX sind routingfähig. Teilnetze können daher mit einem entsprechenden Gerät verbunden werden.

# 12.3 Gateway

*Gateway* ist ein Begriff, der für drei verschiedene Arten von Netzwerkeinrichtungen gebraucht werden kann. Sie können zum einen einen Router als Gateway bezeichnen. Wenn Sie den Begriff auf diese Weise verwenden, ist ein Gateway identisch mit einem Router, wie er in den vorhergehenden Abschnitten beschrieben wurde. Ein Gateway kann aber auch ein so genanntes *Application Gateway* sein.

Application Gateways übersetzen Daten, die von bestimmten Netzwerkprogrammen verwendet werden. Der gängigste Typ von Application Gateway wird von E-Mail-Programmen genutzt. Zum Beispiel könnten Sie MCI Mail verwenden, um jemandem in einem privaten lokalen Netzwerk in einem anderen Land eine Nachricht zukommen zu lassen. Ihre Nachricht könnte dann von MCI Mail an das Internet weitergeleitet werden. Vom Internet könnte sie dann an das Ziel-LAN übergeben werden. An jeder Schnittstelle würde ein Application Gateway (für E-Mails) Ihre Nachricht in ein Format umwandeln, das für die weitere Übertragung erforderlich ist.

Wie Sie in den Modulen 8 und 9 gesehen haben, benutzen Netzwerke einen Satz von Regeln, so genannte *Protokolle*, anhand derer Daten übertragen werden. Unterschiedliche Netzwerktypen verwenden verschiedene Regeln. Bei dieser dritten Art von Gateway werden Daten von einem Netzwerkprotokoll in ein anderes übersetzt.

Das Produkt Netware for SAA ist in etwa ein solches Produkt, welches ein Gateway zwischen einem Novell-Netzwerk und einem IBM Mainframe bzw. einer AS/400 herstellen kann.

**Hinweis**

Werden lokale Netze wie etwa ein Novell-Netzwerk mit einem Großrechner verbunden, so vermittelt das Gateway oft über alle sieben Schichten und stellt so eine Kommunikation her.

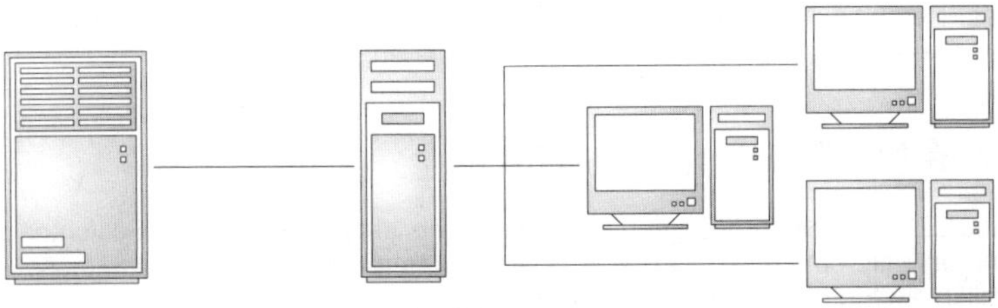


Gateway zwischen einem Novell-Netz und einer IBM AS 400

# 12.4 Repeater

Ein *Repeater* kopiert (wiederholt) alle Signale, die er empfängt. Darüber hinaus verstärkt ein Repeater aber auch alle Signale, bevor er sie weitergibt. Das bedeutet, dass ein Repeater die Größe der analogen Wellenformen erhöht. Durch Vergrößerung der Wellenform (ohne Änderung der Frequenz) gleicht der Repeater den auf dem Weg bis zu ihm aufgetretenen Verlust bzw. die Dämpfung aus. Kurz gesagt, verstärkt der Repeater alle eingehenden Signale, bevor er sie wieder auf den Weg schickt. Durch die Platzierung von Repeatern entlang des Netzwerkbusses kann der Abstand zwischen benachbarten Computern vergrößert werden.

Netzwerke, die sich über große Strecken verteilen, können viele Repeater enthalten. Auch Ethernets verwenden häufig Repeater, um die Länge des Buskabels innerhalb eines lokalen Netzwerks zu vergrößern. Netzwerkadministratoren verwenden Repeater, um Dämpfungsprobleme zu verhindern, die auftreten könnten, wenn zwei Teile desselben Netzwerks verbunden werden sollen. Sie können Repeater also als Teil eines Netzes einsetzen, aber auch innerhalb eines Netzwerks, wie beispielsweise in einem LAN.

Spezielle Repeater können aber auch zur Verbindung von Ethernet-Segmenten, die mit unterschiedlichen Verkabelungssystemen aufgebaut wurden, genutzt werden (etwa 10-Base-2 mit 10-BaseT).

## Remote Repeater

Auch wenn zwei Ethernet-Segmente (bis zu) 1.000 Meter voneinander entfernt liegen, kann man daraus ein einziges Ethernet bilden. Dies geschieht durch die Verwendung sogenannter *Remote Repeater*.

Die gesamte Repeater-Funktion wird über zwei Repeater-Hälften erbracht, die über ein Duplex-Glasfaserkabel miteinander verbunden sind. Bei den meisten auf dem Markt befindlichen Produkten können mehrere Glasfasertypen Verwendung finden.

Die gesamte Strecke inklusive beider Hälften wirkt sich dabei bezüglich der Netzauslegung wie ein einzelner lokaler Repeater aus. Entdeckt eine Repeater-Hälfte auf ihrem Kabelsegment fehlerhafte Signale, so stellt sie deren Übertragung zur anderen Seite ein, was einen zusätzlichen Schutz in Bezug auf die Zuverlässigkeit darstellt.

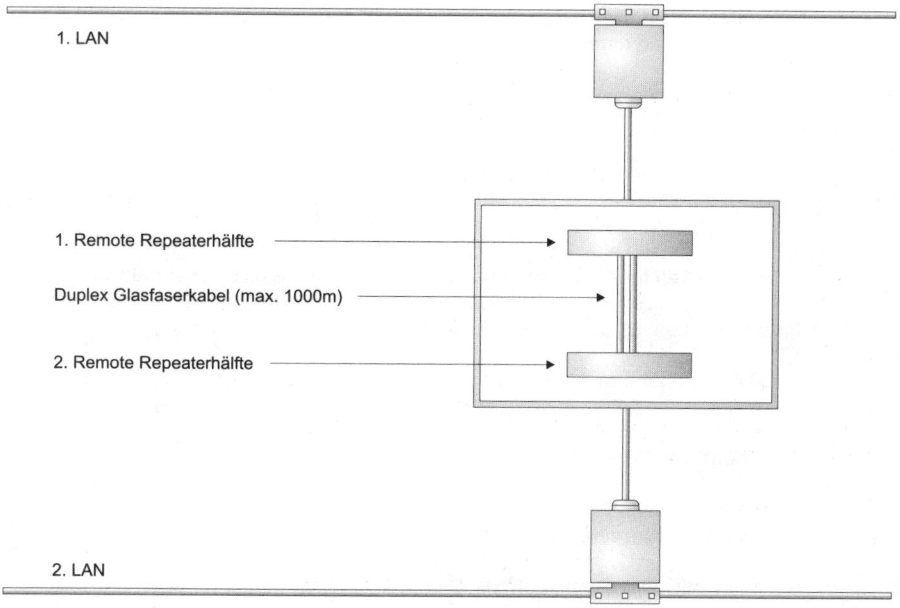


Remote Repeater

Der Begriff *Repeater* gehört eigentlich nicht in diesen Zusammenhang, sondern ist ein Gerät, das hauptsächlich im Ethernet Verwendung findet. Aber die Umsetzung unterschiedlicher Ethernet-Varianten macht einen Repeater u. U. auch zu einer Form des Umsetzers.

## Zusammenfassung

- ✔ Sie haben in der letzten Einheit dieses Kurses verschiedene Vermittlungssysteme zwischen unterschiedlichen Schichten des OSI-Modells kennen gelernt.
- ✔ Komplexe Netze bestehen vielfach aus einer großen Anzahl von Segmenten, Ringen und Bussen, die mit Repeatern, Bridges und Routern verbunden werden müssen. Dem Netzwerkverwalter fällt dabei vielfach auch die Rolle des Troubleshooters (Problemlösers) zu. Daher sollten Sie sich kompetent beraten lassen und die für Ihr Problem am besten geeignete Lösung realisieren.

## Übungen

1. Auf welcher Ebene des OSI-Referenzmodells arbeiten und steuern Brücken, so genannte *Bridges*, den Datenfluss?
2. Wie erkennt eine Bridge, an welchem Port welche Endstation angeschlossen ist?
3. Um Veränderungen in der Adresstabelle zu ermöglichen, erhält jeder Eintrag einen so genannten *Zeitstempel*. Wie nennt man dieses Verfahren?
4. Welche zwei Transportmöglichkeiten gibt es für eine Bridge, wenn die Zieladresse bereits eingetragen ist?
5. Mit welchen Ports sind Remote Bridges zur Kopplung von Subnetzen über eine Weitverkehrsstrecke ausgerüstet?
6. Ist aus Sicherheitsgründen eine Schleifenbildung durch redundante (mehrfache) Pfade erforderlich, sind Brücken mit einem eingebauten Schleifenunterdrückungsverfahren zu verwenden. Dieses Verfahren wird auch *Spanning Tree-Algorithmus* genannt und ist nach ISO 9000 standardisiert. Ist diese Aussage richtig?
7. Der Spanning Tree-Algorithmus wird in Ethernet-Netzwerken eingesetzt. Mit welchen Verfahren wird in Token Ring-Netzen gearbeitet?
8. Auf welcher Ebene des OSI-Referenzmodells verbinden Router Subnetze?
9. Da Router unabhängig von Protokollen der Ebene 2 des ISO-Referenzmodells sind, können sie welche LANs untereinander verbinden?
10. Router tauschen mit dem Routingprotokoll permanent Informationen aus. Um welche Informationen handelt es sich dabei? Nennen Sie bitte mindestens drei Typen.

# Übungen

**11.** Der Grund für die erhöhte Rechenleistung des Routers und die Verringerung des Datendurchsatzes ist bei einem Multi-Protokoll-Router der, dass der Router für jedes aktive Protokoll eine eigene Routingtabelle benötigt. Ist diese Aussage richtig?

**12.** Diskutieren Sie mögliche Lösungen für die Übertragung des Protokolls SNA, wie es in der Mainframe- und AS/400-Welt eingesetzt wird.

**13.** Warum ist ein Routing von NetBEUI und NetBIOS nicht möglich?

**14.** Ist das Protokoll TCP/IP routingfähig?

**15.** Um Daten zwischen Netzwerken übertragen zu können, verwenden diese so genannte *Protokolle.* Unterschiedliche Netzwerktypen verwenden dazu verschiedene Protokolle. Bei dieser Art von ____________________ werden Daten von einem Netzwerkprotokoll in ein anderes übersetzt. Bitte ergänzen Sie das fehlende Wort.

**16.** Welches Produkt von Novell fungiert als Gateway zwischen einem Novell-Netzwerk und einem IBM Mainframe bzw. einer AS/400?

**17.** Ein Repeater ____________________ und ____________________ alle Signale, die er empfängt.

**18.** Welchen Vorteil bietet der Einsatz von Repeatern in einem Netzwerk?

**19.** Was stellt die folgende Abbildung dar?

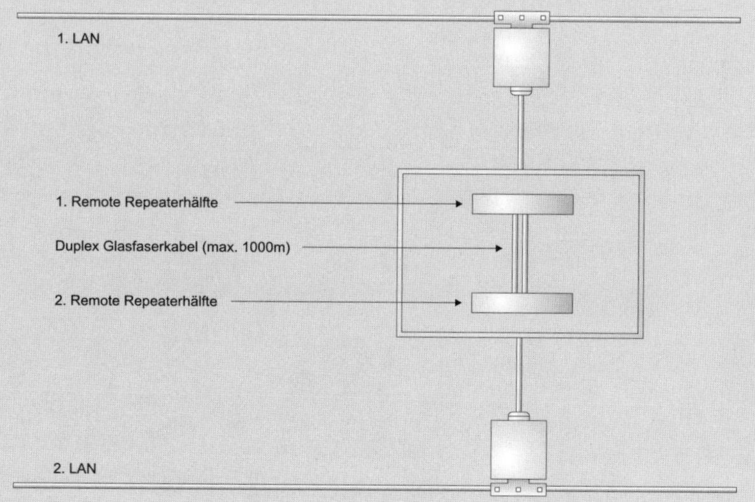

## Übungen

**20.** Wodurch erreicht ein Remote Repeater einen zusätzlichen Schutz hinsichtlich seiner Zuverlässigkeit?

Die Lösungen zu diesen Aufgaben finden Sie im Anhang des Co@ches.

# Glossar

### Analog
Charakterisiert im Gegensatz zu digital einen stetigen Bereich von z.B. Spannungs- oder Stromstärkewerten.

### ANSI
Abkürzung für *American National Standards Institute*. Die US-amerikanische Normierungsbehörde.

### Anwendungsprotokolle
Die Anwendungsprotokolle gehören zu den Schichten 5 bis 7 des OSI-Referenzmodells. Ihre Aufgabe ist die Bereitstellung einer Schnittstelle für den Anwender.

### API
Abkürzung für *Application Programming Interface*, eine Schnittstelle, die speziell für Anwendungsprogrammierer entwickelt wurde und Teil des Application Layers der OSI-Schicht 7 ist.

### AppleTalk
AppleTalk bezeichnet eine Reihe von unterschiedlichen Protokollen. Dazu gehören das zur Peer-To-Peer-Kommunikation eingesetzte LocalTalk und das EtherTalk, die als Übertragungsprotokolle der OSI-Schicht 2 eingesetzt werden.

### Application Layer
In der Anwendungsschicht, dem Application Layer, befinden sich alle Anwendungsprozesse.

### ARCNet
Eine Mischform aus Stern- und Bustopologie.

### ASCII
Abkürzung für *American Standard Code for Information Interchange*.

### ATM
Abkürzung für *Asynchronous Transfer Mode*; ein zellenbasiertes Übertragungsprotokoll mit hoher Datentransferrate.

### AUI-Anschluss
Schnittstellen zur physikalischen Trennung von Transceiver und Controller im Thick Ethernet. Ein AUI-Kabel kann bis zu 50 Meter lang sein.

### Backbone
Mit dem Backbone (engl., Rückgrat) eines Netzwerks wird die Verbindung der zugehörigen Leistungskomponenten, sowie der einzelnen Teilnetze eines sehr großen Netzwerks bezeichnet.

### Bandbreite
Die Bandbreite beschreibt den Frequenzbereich eines Datenübertragungskabels. Je größer die Bandbreite, desto mehr Informationen können in einer Zeiteinheit übertragen werden.

### Basisbandtechnologie
Bei der Basisbandübertragung steht der gesamte Frequenzbereich des Kabels allen angeschlossenen Endgeräten gleichermaßen zur Verfügung.

### Baud
Maßeinheit für die Anzahl von Bits, die in einer Sekunde übertragen werden.

### Baumtopologie
Die Baumtopologie, im Grunde eine Erweiterung der Sterntopologie, besitzt eine hierarchische Struktur.

### Beaconing
Ein Verfahren, mit dem in einem Token Passing-Netzwerk ein schwerwiegender Fehler signalisiert wird.

### B-ISDN
Breitband-ISDN ist ein Standard für ein öffentliches Highspeed-Netz auf der Basis von ATM.

### Bit
Abkürzung für *Binary Digit*. Bezeichnung für die kleinste Darstellungseinheit von Daten in binärer Form. Ein Bit kann die binären Werte Null und Eins annehmen.

### BNC-Stecker
Anschlussstecker für ein Thin-Ethernet-Kabel an Adapterkarten oder andere Komponenten.

### Bps (Bits per second)
Amerikanische Maßeinheit für die Übertragungsgeschwindigkeit. In Deutschland: Bit/s = Bit pro Sekunde.

### Breitbandkabel
Breitbandkabel erlauben die Übertragung mehrerer Datenkanäle gleichzeitig über ein Medium.

### Breitbandtechnologie
Bei der Breitbandtechnologie können zu einem Zeitpunkt mehrere unterschiedliche Übertragungen über ein und dasselbe Kabel erfolgen.

### Bridge
Eine Bridge (Brücke) verbindet zwei gleichartige lokale Netze oder zwei Netzsegmente miteinander. Bridges operieren auf der Ebene 2 des ISO/OSI-Modells und sind von höheren Protokollen (ab Ebene 3) unabhängig.

### Brouter
Ein Brouter ist eine Kombination von Bridge und Router.

### Burstiness
Die Burstiness einer variablen Datenrate ist das Verhältnis des Spitzenwerts der natürlichen Datenrate zu dem durchschnittlichen Wert der natürlichen Datenrate.

### Bustopologie
In einer Bustopologie liegen alle Knoten über Transceiver oder Steckerverbindungen angeschlossen an einem gemeinsamen Kabel.

### Byte
Bezeichnung für die Zusammenfassung von acht Bits zu einer Speicherzelle.

### CCITT
Abkürzung für *Comité Consultatif Internationale de Télégraphie et Téléphonie.*

### Client
Eine Arbeitsstation im Netzwerk.

### Client/Server
Beim Client-Server-Modell wird die Rechenleistung auf das gesamte Netz verteilt.

### Client-Server-Architektur
Verteilung der Rechen- und Speicherleistung auf das gesamte Netzwerk.

### CRC
Abkürzung für *Cyclic Redundancy Check* beschreibt ein Sicherungsverfahren, in dem mittels einer mathematischen, auf der Polynomrechnung basierenden Vorschrift eine Prüfsumme über eine größere Anzahl von Bits berechnet wird.

### CSMA/CD
Bei CSMA/CD handelt es sich um ein nicht deterministisches Zugriffsverfahren, welches primär bei Busnetzen im Ethernet-Bereich eingesetzt wird.

### Dämpfung
Das räumliche oder zeitliche Abklingen von Schwingungen oder Wellen.

### Data Frame
Daten, die von der OSI-Schicht 1 auf der Schicht 2 empfangen werden, werden hier zu Data Frames zusammengefasst.

### Data Link Layer
Die Aufgaben des Data Link Layer sind die Absicherung der einzelnen Datenbits und die Ermöglichung einer Adressierung unterschiedlicher Netzwerkknoten.

### Daten
Daten sind an einen Datenträger gebundene kodierte Informationen. Sie liegen normalerweise in Form von Zeichen/Zeichenkombinationen vor, z.B. im ASCII-Code.

### Daten- und Informationsverarbeitung
Die Daten- bzw. Informationsverarbeitung beschreibt die zielgerechte Verknüpfung von Teilinformationen sowie deren Aufbereitung und damit Darstellung von Informationen.

### Datenpaket
Das Datenpaket ist Teil einer Information.

### Dezentrales Konzept
Rechen- und Speicherleistung verteilen sich auf verschiedene Systeme.

### DHCP
Abkürzung für *Dynamic Host Configuration Protocol*, ermöglicht einem Host, beim Start des TCP/IP zuerst nach einer freien IP-Adresse zu fragen.

### Diffusionsnetz
In einem Diffusionsnetz sind alle Stationen an ein gemeinsames Medium angeschlossen. Ge-

sendete Nachrichten breiten sich im gesamten Netz aus.

### Digital
Eigenschaften eines Elements, nur diskrete, d. h. nicht stetig veränderbare Werte annehmen zu können. Die digitale Übertragung von Daten z. B. erfolgt über genau zwei Zustände, die als Null (0) und Eins (1) definiert werden.

### Dispersion
Mit Dispersion wird die zeitliche Differenz der Laufzeiten mehrerer Lichtstrahlen mit unterschiedlichen Einfallwinkeln in einer Glasfaser bezeichnet.

### DIX-Stecker
Steckerverbindungen, die nach ihren Entwicklern *Digital*, *Intel* und *Xerox* benannt wurden.

### Downsizing
Übergang von großrechnerbasierten zu PC- oder PC-Netzwerk-basierten Anwendungen; wird heute *Rightsizing* genannt.

### Drahtloses Netz
Der Kommunikationsweg zwischen den einzelnen Knoten ist in einem drahtlosen Netz körperlich nicht greifbar.

### Duplex
Bidirektionale Kommunikationsmethode, die gleichzeitige Datentransfers in beide Richtungen zulässt. Statt des Begriffs *Duplex* wird auch der Begriff *Vollduplex* verwendet.

### Ethernet
Ein Basisbandnetz mit Bustopologie, das je nach Verkabelungsart zwischen Thick bzw. Thin Ethernet differenziert wird.

### FDDI
Abkürzung für *Fiber Distributed Data Interface*, das physikalisch mit Hilfe von Lichtwellenleitern auf der Basis eines doppelten Rings aufgebaut wird.

### Fileserver-Architektur
Der Server stellt lediglich ein Speichermedium zur Verfügung, die Rechenleistung übernimmt eine „intelligente" Arbeitsstation.

### Flusskontrolle
Die Flusskontrolle, engl. flow control, reguliert die Datenübertragung mit Endgeräten unterschiedlicher Datenübertragungsgeschwindigkeiten.

### Frame
Ein Frame ist ein Datenpaket der OSI-Schicht 2, das auf der OSI-Schicht 1 über ein Netz versendet wird.

### Frequenzmultiplexing
Bei dieser Form des Multiplexings wird die Aufteilung einer Verbindung durch ein Frequenzteilungsverfahren realisiert. Jedem Nutzer steht hier ein bestimmtes Frequenzband der Leitung zur Verfügung.

### FTP
Abkürzung für *File Transfer Protocol*; ein Protokoll, das auf das Transmission Control Protocol (TCP) aufsetzt.

### Gateway
Ein Gateway, in der Regel eine Kombination aus Hard- und Softwarebestandteilen, ermöglicht die Kommunikation zwischen heterogenen Rechnerwelten. Es konvertiert bis zu sieben Schichten des ISO/OSI-Modells.

### Gigabyte
Entspricht exakt 1.099.511.627.776 Bytes.

### Glasfaser
Glasfaser ist ein meist aus Glas bestehender optischer Wellenleiter zur Fortleitung von Licht über große Entfernungen.

### HDLC
Abkürzung für *High Data Link Control*; ein Übertragungsprotokoll, das die OSI-Schicht 2 beschreibt und in einer Reihe von WAN-Systemen eingesetzt wird.

### Hertz
Hertz ist die Maßeinheit, angegeben in Hz, für Signalschwingungen pro Sekunde, benannt nach dem deutschen Physiker Heinrich Hertz.

### Heterogene Vernetzung
Vernetzung von Computern mit verschiedenen Betriebssystemen (wie UNIX, Apple Macintosh, DOS, Windows) und/oder verschiedenen eingesetzten Netzwerkprotokollen.

### Homogene Vernetzung
Vernetzung von Computern, die auf demselben Betriebssystem basieren oder dieselben Netzwerkprotokolle einsetzen.

### HTTP
Abkürzung für *Hypertext Transport Protocol*; beschreibt die Methode, mit der WWW-Seiten über das Netz versendet werden.

### Hub
Ein Hub ist ein zentraler Verteiler, an den sternförmig LAN-Stationen angeschlossen werden. Je nach Repeater-Leistung und Anzahl der Anschlüsse wird zwischen aktiven und passiven Hubs unterschieden.

### Information
Information ist die zweckgebundene Kenntnis bestimmter Sachverhalte.

### IP
Abkürzung für das *Internet Protocol*, dessen Hauptaufgabe das Routing, also die Suche des idealen Weges zwischen den zwei Stationen im Netz ist.

### IPX/SPX
Abkürzung für *Internetwork Packet Exchange/ Sequenced Packet Exchange*, das Standardprotokoll in Novell-Netzwerken.

### ISDN
Abkürzung für *Integrated Services Digital Network*; ein digital arbeitendes Datennetz, das eine Vielzahl von Kommunikationsdiensten mit hoher Übertragungsgeschwindigkeit ermöglicht.

### ISO
Abkürzung für *International Standards Organization*; Internationales Normierungsgremium zur Festlegung technischer Standards.

### Key
Schlüssel, so genannte *keys,* werden in Verschlüsselungsverfahren eingesetzt.

### Kilo (K)
Bedeutet Eintausend und wird als Vorsatzzeichen für diverse Einheiten verwendet.

### Kilobit (Kbit)
Entspricht 1.024 Bits.

### Kilobyte (Kbyte)
Entspricht .024 Bytes.

### Knoten
Als Netzwerkknoten wird ein speziell für die Vermittlung und Übertragung von Daten entwickeltes Datenverarbeitungssystem bezeichnet.

### Koaxialkabel
Ein Koaxialkabel besteht aus einem Innenleiter, meist Kupfer, einer isolierenden Hülle, z.B. Keramik, und einem Außenleiter.

### Kommunikation
Als Kommunikation wird der Austausch von Informationen zwischen den Einheiten eines arbeitsteiligen Systems bezeichnet.

### LAN
Abkürzung für *Local Area Network*; Netzverbund, der rechtlich unter der Kontrolle des Benutzers steht und räumlich auf ein (Büro-)Gebäude bzw. (Firmen-)Gelände begrenzt ist. Die bekanntesten LANs sind Ethernet, Token Ring und ARCNet. Sie arbeiten mit verschiedenen Zugriffsprotokollen auf unterschiedlichen Topologien.

### Leitungs-Splitter
Komponente, die ein elektrisches oder optisches Signal von einem Eingang auf mehrere Ausgänge ohne deren Interpretation dupliziert.

### Lichtwellenleiter (LWL)
Physikalische Verbindung, bei der die Signale mittels Lichtimpulsen in einer Glasfaser übertragen werden.

### LLC Sublayer
Abkürzung für *Logical Link Control Sublayer*; nimmt funktionell die Aufgaben eines OSI-2-Elements wahr, also primär die Fehlererkennung und -behebung.

### LocalTalk
LocalTalk wird als Übertragungsprotokoll der OSI-Schicht 2 in Apple-Netzwerken eingesetzt.

### Lost Token
Ein verloren gegangener Token im Token Ring, der mittels Monitor entfernt wird.

### MAC-Adresse
Abkürzung für *Media Access Control Address*, die zur eindeutigen Bezeichnung einer Hardware, z.B. einer Netzwerkkarte, eingesetzt wird.

### MAN
Abkürzung für *Metropolitan Area Network*, ein öffentliches Netzwerk, das auf einen Stadtbereich begrenzt ist.

### Manchester-Kodierung
Ein Signalisierungsverfahren, bei dem die einzelnen Bits mit Hilfe eines Flankenwechsels dargestellt werden.

### Maschennetz
In einem Maschennetz sind die Netzknoten über Punkt-zu-Punkt-Verbindungen miteinander verknüpft. Durch redundante Verbindungsmöglichkeiten ermöglicht sich eine Vermaschung.

### MAU
Abkürzung für *Media Attachment Unit*; eine Komponente, die den physikalischen Anschluß an ein Netzwerkmedium ermöglicht.

### Mbit
Entspricht 1.073.741.824 Bits.

### Mbps
Abkürzung für *Megabits Per Second*; Amerikanische Maßeinheit für Datenübertragungsgeschwindigkeit. In Deutschland: Mbit/s = Megabits pro Sekunde.

### Megabyte
Entspricht 1.073.741.824 Bytes.

### Mode
Lichtstrahl, der mit einem bestimmten Einfallwinkel via Reflexion übertragen wird.

### Multiplexer (MUX)
Eine Art Verteiler, der die Mehrfachnutzung einer Leitung durch mehrere Anwender steuert.

### Multiplexing
Konzept für die Mehrfachnutzung eines Verbindungsweges für mehrere Anwender. Man unterscheidet primär Zeit- und Frequenzmultiplexing.

### Multiprotokoll-Router
Spezieller Router, der die Umsetzung von unterschiedlichen Netzwerkprotokollen (z.B. TCP/IP IPX/SPX) ermöglicht, soweit dies möglich ist.

### Multitasking
Die Fähigkeit eines Betriebsystems, mehrere Prozesse zeitgleich zu bearbeiten.

### NetBEUI
Abkürzung für *NetBIOS Extended User Interface*, stellt ein einfaches LAN-Transportprotokoll dar, das in Microsoft-Netzwerken genutzt wird.

### NetBIOS
Abkürzung für *Network Basic Input Output System*.

### Netzwerk
Zwei oder mehr Computer, die über ein Kommunikationshilfsmittel miteinander verbunden sind.

### Netzwerkkarte
Eine Erweiterungskarte, die es erlaubt, einen Computer mit einem LAN zu verbinden.

### Nukem sublayer
Abkürzung für *Network User Keybased Encoding Mode Sublayer*, ein Protokoll der Präsentationsschicht.

### ODI
Abkürzung für *Open Data Link Interface*; eine Novell-Spezifikation für die Entwicklung von Netzwerkkartentreibern.

### OSI-Referenzmodell
Abkürzung für *Open System Interconnection*; unterteilt ein Kommunikationssystem in insgesamt sieben Schichten, wobei zwei große Gruppen – die transportorientierten (1–4) und die anwendungsorientierten (5–7) – unterschieden werden. Jede Schicht ist mit spezifischen Aufgaben betraut.

### PAD
Ein System, das Daten in Pakete zerlegt und wieder zu Daten zusammensetzt.

### Paketvermittlung
Das Prinzip der Paketvermittlung basiert auf einer Zerlegung der Nachrichten in kleine Datenpakete, die unabhängig voneinander über das Netz geschickt werden können.

### Paritätsprüfung
Ein einfaches Fehlererkennungsverfahren zur Absicherung einer asynchronen Datenübertragung.

### Peer-to-Peer-Netzwerk
Beim Peer-to-Peer-Konzept übernehmen die einzelnen Knoten des Netzwerks sowohl Client- als auch Serverfunktionen.

### Physical Layer
Die Aufgabe des Physical Layer (Bitübertragungsschicht/OSI-Schicht 1) besteht in der Übertragung digitaler Zustände über einen physikalischen Übermittlungsabschnitt (z.B. Kabel).

### Presentation Layer
Der Presentation Layer (Darstellungsschicht/ OSI-Schicht 6) versetzt das System in die Lage, gemeinsame Datendarstellung (z.B. Darstellung von Zeichen, Integer, Floating-Point-Zahlen etc.) und Dateistrukturen festzulegen.

### Protokoll
Unter einem Protokoll versteht man eine Vereinbarung auf allgemein verständliche Vorschriften für eine Kommunikation.

### Punkt-zu-Punkt-Verbindung Point-to-Point
Eine Punkt-zu-Punkt-Verbindung ist eine Einzelverbindung zwischen zwei Datenstationen mit einer Übertragungsleitung.

### Repeater
Ein Repeater ist ein Signalverstärker.

### Requester
Der Requester stellt die Benutzerschnittstelle für Anfragen an das Netzwerk – eine Softwarekomponente.

### Rightsizing
Einbindung des Großrechners in eine Client-Server-Architektur, früher *Downsizing* genannt.

### Ringleitungsverteiler
Zentrale Komponente innerhalb eines sternförmig verkabelten Token Rings zur Steuerung der Kopplung der Netzwerkknoten; auch *MAU* (*Media Accessment Unit*) genannt.

### Ringtopologie
Innerhalb der Ringtopologie hat jeder Netzwerkknoten einen definierten Vorgänger und Nachfolger. Der Datentransport findet in einer bestimmten Richtung von Knoten zu Knoten statt.

### RJ-11
Abkürzung für *Registered Jack*; zu Deutsch „Westernstecker", Bezeichnung für ein vieradriges Twisted-Pair-Verbindungssystem, wie es im Telefonnetz der USA eingesetzt wird.

### RJ-45
Abkürzung für *Registered Jack*; ein achtadriges Twisted-Pair-Verbindungssystem bei ISDN und der tertiären Verkabelung.

### Router
Verbindet zwei möglicherweise unterschiedliche Netzwerke, z.B. ein Ethernet- oder auch ein Token-Ring-LAN.

### SAP
Abkürzung *für Server Advertising Protocol*, dessen Aufgabe die Bekanntmachung von Serverdiensten in einem Novell-Netzwerk ist. Auch Abkürzung für *Service Access Point*, Anknüpfungspunkte, die OSI-konforme Komponenten bilden.

### Session Layer
Der Session Layer (Kommunikationsschicht/ OSI-Schicht 5) ermöglicht den Kommunikationskontakt zweier Anwendungsinstanzen.

### Shielded Twisted-Pair
Ein abgeschirmtes, verdrilltes, mehradriges Kabel.

### SNA
Abkürzung für *Systems Network Architecture*; Teil der IBM-Strategie SAA. Umfasst alle sieben OSI-Schichten.

### Software
Menge der Programme, die auf einem Rechner ablaufen.

### SONET
Abkürzung für *Synchronous Optical Network*; ein ANSI-Standard für den Aufbau von öffentlichen Glasfasernetzen mit Übertragungsraten im Gigabitbereich.

### Spanning Tree Algorithm
Ein Verfahren zur Auffindung und Vermeidung von doppelten Wegen in einem durch Bridges verbundenen Netzwerk.

### Sterntopologie
Innerhalb der Sterntopologie sind die Arbeitsstationen (Knoten) über einen zentralen Knoten verbunden. Als Knoten dient die Datenverarbeitungsanlage oder ein reiner Vermittlungsknoten.

### Synchrone Datenübertragung
Bei der synchronen Datenübertragung wird der Takt aus dem Signal gewonnen.

### Takt
Ein wiederkehrendes Signal.

### TCP/IP
Abkürzung für *Transmission Control Protocol/ Internet Protocol*; bildet als Transportprotokoll die Basis für das Internet.

### Teilstreckennetz
In einem Teilstreckennetz gelangen die Nachrichten über eine oder mehrere Teilstrecken mit Zwischenknoten vom Sender zum Empfänger. Jeder Knoten bildet Anfang bzw. Ende mindestens einer Teilstrecke.

### Terminator
Ein Abschlusswiderstand, der die Signalreflexion an den Kabelenden eines Diffusionsnetzes verhindert.

### Token Bus
Ein LAN, das physikalisch einen Bus, topologisch einen Ring darstellt und mit einem Token-Passing-Zugangsverfahren arbeitet.

### Token Passing
Die Sendeberechtigung wird mittels eines speziellen Bitmusters (Token) vergeben.

### Token Ring
Ein LAN, das physikalisch einen Stern, topologisch einen Ring darstellt und mit einem Token-Passing-Zugangsverfahren arbeitet.

### Topologie
Die Topologie beschreibt den physikalischen Aufbau des Netzes, d.h., die Verbindung der Netzwerkknoten untereinander.

### Transceiver
Sende- und Empfangseinrichtung in Ethernet-LANs für den Zugang zum Übertragungskabel.

### Transportorientierte Schicht
Die transportorientierten Schichten umfassen die OSI-Schichten 1 bis 4.

### Twisted-Pair-Kabel
Beim Twisted-Pair werden jeweils zwei Leiter paarweise miteinander verdrillt.

### Unshielded Twisted-Pair (UTP)
Ein nicht abgeschirmtes, verdrilltes, mehradriges Kabel.

### Vampirklemme
Die Vampirklemme sitzt auf dem Transceiver und hat Dorne, welche die schützende Isolation des Mediums durchstoßen und so den Direktkontakt zu den Leitern herstellen.

### Verbindung
Unter einer Verbindung versteht man die physikalische Verknüpfung zwischen Knoten in einem Netzwerk. Die meisten Knoten sind über Kabel miteinander verbunden. Daneben existieren weitere, drahtlose Verbindungsarten.

### WAN
Abkürzung für *Wide Area Network*, bezeichnet eine Netzkategorie für ein öffentliches Netzwerk, dessen Ausdehnung weltumspannend sein kann.

### X.25
X.25 ist ein Standard der ITU für öffentliche Paketnetze, wie z.B. Datex-P.

### Zeitmultiplexing
Bei dieser Form des Multiplexings wird die Aufteilung einer Verbindung durch ein Zeitverfahren realisiert. Jedem Nutzer steht hier die gesamte Bandbreite der Leitung für einen definierten Zeitabschnitt zur Verfügung.

### Zones
Eine Zone bezeichnet Teilnetze in einem Appletalk-basierten Netzwerk.

# Lösungen

## Modul 1

1. Datenbestände, Peripheriegeräte, Programme
2. Korrekt
3. Drucker, Datenbankserver, CD-ROM-Laufwerk, Kommunikationsserver
4. Nicht korrekt. Die Verarbeitungsgeschwindigkeit für die einzelnen Benutzer soll möglicht hoch gehalten werden.
5. Korrekt
6. Lochkartenleser
7. Bildschirmterminals
8. Verstreute Datenbestände; unterschiedliche Software
9. Heterogene Vernetzung; Internet; integrative Vernetzungstechniken
10. Information ist die zweckgebundene Kenntnis bestimmter Sachverhalte.
11. Zentral
12. Korrekt
13. Fehlertoleranter, billiger, skalierbarer
14. Das Netz hat mehr offene Zugänge, z.B. Diskettenlaufwerke.
15. Mehrfach vorhandene Datenbestände
16. Es können Inkompatibilitäten auftreten.
17. Gute Zugriffsgeschwindigkeit, Zugriff auf wichtige Netzwerkressourcen, Vereinfachung von Arbeitsabläufen
18. Nicht korrekt. Der Verwalter wünscht sich auch Übersichtlichkeit.
19. Wirtschaftlichkeit

## Modul 2

1. Mainframe
2. Server und Client
3. Local, Wide und Metropolitan Area Network
4. In der Regel schon.
5. Ein LAN steht in der Regel unter der Kontrolle des Benutzers, ein WAN dagegen unter der Kontrolle des Betreibers.
6. Server, Arbeitsstation, Verkabelung, Peripherie
7. Drucker, CD-ROM, Streamer
8. Peer-to-Peer
9. Korrekt
10. Druck (Print)-server
11. Telefonnetz, Internet, Satellitenfernsehen
12. Korrekt
13. 2 Mbit/s
14. MAN
15. In einem WAN
16. Die Datenverarbeitung findet in den angeschlossenen Einzelrechnern des **LANs** statt, und nicht im **WAN**.
17. Server
18. Im WAN.
19. Kommunikationsserver
20. a) Back-End
    b) Front-End

# Modul 3

1. OSI
2. Protokoll
3. Interface oder Schnittstelle
4. Technisch-physikalische Ausprägung oder Softwaremodule
5. Transport- und anwendungsorientierte Schichten
6.

| | | |
|---|---|---|
| 7 | Application Layer | Anwendungsschicht |
| 6 | Presentation Layer | Darstellungsschicht |
| 5 | Session Layer | Kommunikationsschicht |
| 4 | Transport Layer | Transportschicht |
| 3 | Network Layer | Vermittlungsschicht |
| 2 | Data Link Layer | Sicherungsschicht |
| 1 | Physical Layer | Bitübertragungsschicht |

7. OSI 1
8. Die physikalische Verbindung
9. Virtuelle Kommunikation
10. Maximal zwei weitere Schichten
11. OSI 1
12. Data Link Layer bzw. Sicherungsschicht
13. Pinbelegungen
14. Datenrahmen (Data Frames)
15. Bei schlechter Übertragungsqualität der Leitungen
16. ARQ (Automatic Repeat Request)
17. Z.B. bei der Übertragung von Bewegtbildern
18. Z.B. Paritätsprüfung
19. Nein; die Reihenfolge ist Header, Daten, Trailer.
20. Wenn die Geschwindigkeit der beteiligten Endgeräte stark voneinander abweicht.
21. MAC-Adressen
22. Routing und Umsetzung von MAC-Adresse auf Netzadresse.
23. siehe Abbildung „Schicht-3-Header“
24. Netzwerkadresse
25. OSI 4
26. Segment
27. Mechanismen zur Erhaltung der Sequenzreihenfolge
28. siehe Abbildung „Aufbau des Schicht-4-Headers“
29. Softwareseitig in Anwendungsprogrammen
30. OSI 5 – Session Layer
31. Datendarstellung, Datenkompression, Datenverschlüsselung
32. Application Layer (OSI 7)
33. API
34. Es wird nur ein Header erstellt.
35. Viele der Anwendungsprotokolle von TCP.
36. Die entsprechenden Begriffe lauten:

| | |
|---|---|
| Anwendungsorientierte Schichten : | Message |
| Transportschicht : | Segment |
| Netzwerkschicht : | Datagramm |
| Sicherungsschicht: | Frame |
| Bitübertragungsschicht : | Bits (keine Pakete !) |

# Modul 4

1. Eine Topologie beschreibt den physikalischen Aufbau des Netzes.
2. Knoten (nodes) und Verbindungen (connections)
3. Ein speziell für die Vermittlung und Übertragung von Daten entwickeltes Datenverarbeitungssystem.
4. Zu Arbeitsstationen, Server, Vermittler und allen Geräten, die Daten senden und/oder empfangen.
5. Die physikalische Verknüpfung zwischen Knoten in einem Netzwerk.
6. Drahtlose Verbindungsarten
7. Die historische Entwicklung der Grundtopologien verlief weitestgehend **parallel**
8. Ringtopologie
9. Der Ausfall eines Knotens oder einer Verbindung legt den kompletten Ring lahm.
10. Token Ring von IBM
11. Ringleitungsverteiler
12. Der IBM-Token Ring ist eine **sternförmige** Auslegung der Ringtopologie.
13. Doppelter Ring
14. Dass bei einer Zerstörung beide Ringe gleichzeitig durchtrennt werden.
15. Erster Ring
16. Der zweite Ring kommt im Falle der Fehlfunktion einer Teilstrecke des ersten Rings als Redundanz zum Einsatz.
17. Als Knoten innerhalb einer Sterntopologie fungieren entweder die **Datenverarbeitungsanlage**, etwa der zentrale Großrechner, oder aber ein reiner **Vermittlungsknoten**, der Sternverteiler.
18. siehe Abbildung „Stern"
19. Ein gravierender Nachteil dieser Lösung ist, dass der Ausfall des Zentralknotens die gesamte Funktionalität des Sterns unterbricht.
20. In Netzen mit hohem Datenaufkommen kann der zentrale Knoten zum **Flaschenhals** werden, seine Leistungsfähigkeit bestimmt die Leistung des gesamten Netzes mit.
21. Immer einen.
22. Hierfür sprechen hauptsächlich ökonomische Gründe.
23. Bus
24. In einer **Bustopologie** liegen alle Knoten über Transceiver oder Steckerverbindungen angeschlossen an einem gemeinsamen Medium.
25. Wegen passiver Knoten.
26. Meist Bus, aber auch Ring und Stern.
27. Ethernet
28. Baumtopologie
29. Die in Frage 28 abgebildete Topologie, im Grunde eine Erweiterung der Sterntopologie, besitzt eine **hierarchische** Struktur.
30. Großrechnernetze sind vielfach als Baum organisiert.
31. Nicht korrekt
32. Über Punkt-zu-Punkt-Verbindungen
33. siehe Abbildung
34. Wenn alle Knoten mit allen anderen direkt verbunden sind.
35. Für öffentliche WANs
36. Innerhalb einer Maschentopologie erreichen Nachrichten normalerweise über eine Reihe von **Zwischenknoten** den Empfänger.
37. Die Erreichung eines optimalen Datenflusses und akzeptable Laufzeiten kristallisieren sich als kritische Punkte dieses Aufbaus heraus.
38. Korrekt
39. Drahtlose Netze
40. Indirekt
41. Über eine Zwischenstation
42. Die Mobilität der Endgeräte

**43.** Kosten

**44.** Diffusions- und Teilstreckennetze

**45.** Gemeinsames Medium; am Medium und nicht „im" Medium

**46.** Passiv

**47.** Bus und drahtlose „Broadcast"-Netze

**48.** In einem Teilstreckennetz gelangen die Nachrichten über eine oder mehrere Teilstrecken vom Sender zum Empfänger, es entstehen **Zwischenknoten.**

**49.** Busnetz und Baumnetz

**50.** Korrekt

# Modul 5

**1.** Das Breitbandsystem teilt das gesamte Frequenzspektrum, das zur Verfügung steht, in kleinere **Frequenzbänder** ein.

**2.** 50 Hz

**3.** Digitalisierung

**4.** Das **Amplituden**modulation-verfahren ist sehr viel anfälliger für Störungen und Dämpfung als das **Frequenzmodulations**verfahren.

**5.** Phasenmodulation

**6.** Bei der Amplitudenmodulation ändern sich die **Amplitude** der Signale.

**7.** Duplex

**8.** Parallel und seriell

**9.** Parallele Datenübertragung

**10.** Delimiter

**11.** Bei der Bitsynchronisation muss im Gegensatz zur Bytesynchronisation der Empfänger die ankommenden Signale nicht mehr als **Oktettsequenz** interpretieren.

**12.** Rahmenaufbau der asynchronen Übertragung.

**13.** Der Takt wird von einem **Taktgenerator** erzeugt.

**14.** Taktdauer

**15.** Baud und Bit/s

**16.** Weder noch

**17.** Bei der Querparität können die Paritätsbits auf **gerade** oder **ungerade** Parität ergänzt werden.

**18.** Verbindungslose

**19.** Verbindungsorientiert

**20.** Der Oberbegriff für die Technik der Mehrfach-Ausnutzung eines Übertragungsmediums lautet: **Multiplexing**.

# Modul 6

**1.** Abschirmung oder Isolation

**2.** STP-Kabel als Standardkabel im Netzwerk und Koxialkabel als Fernkabel.

**3.** Analog

**4.** Nicht korrekt

**5.** Breitband und Basisband

**6.** Hohe Datenraten

**7.** Bidirektional über eine analoge Frequenz

**8.** Dezibel (dB)

**9.** Für den Netzwerkanschluss von Endgeräten an ein Koaxialkabel als Übertragungsmedium ist zunächst für jedes Endgerät eine **Netzwerkkarte** erforderlich.

**10.** Transmitter und Reciever

**11.** Yellow Cable

12. Signale werden über längere Distanzen übertragen, Nachteil: Stärke des Kabels.
13. AUI-Kabel
14. Vampirklemme
15. Thin Ethernet
16. 185 m
17. BNC-Technik
18. T-Stück
19. Um die gestreuten Signale auf dem Buskabel zu absorbieren und so eine Reflektion zu vermeiden, werden **Terminatoren** auf jedes Ende des Mediums gesetzt.
20. Crimpzange, Seitenschneider
21. Keine Lösung
22. EAD-Anschluß
23. Verbindungsstrecke zwischen zwei Knoten
24. 2
25. Kat5 und Kat7
26. 150 Ohm
27. STP-Kabel
28. 8
29. Crossover-Kabel
30. Nicht anfällig für elektromagnetische Störungen.
31. Auf beiden Seiten eines Lichtwellenleiters befindet sich eine Sende- und Empfangseinheit, die die elektrischen Signale in Lichtimpulse umsetzt und umgekehrt. Die Erzeugung der Lichtimpulse im Sender geschieht entweder mittels einer **Leuchtdiode** oder einer **Laserdiode** Im Empfänger befinden sich **Photodioden**, die die Lichtimpulse wieder aufnehmen.
32. Single- und Multimoden
33. Dispersion
34. Mode
35. Splicing
36. Unempfindlichkeit gegen äußere Störungen; hohe Abhörsicherheit; hohe Datenübertragungsraten; Potenzialtrennung
37. UTP/STP-Verkabelung mit 100 Mbit/s
38. WLAN, Funk, Laser
39. Primär-, Sekundär- und Tertiärbereich

# Modul 7

1. PHY-, MAC- und LLC-Sublayer
2. Fehlererkennung und -behebung
3. Encapsulation
4. Die Netzadressen der einzelnen Stationen müssen unbedingt **eindeutig** vergeben werden, damit die Daten die richtigen Adressaten erreichen können.
5. MAC-Adresse
6. Korrekt
7. AUI-Schnittstelle
8. Prinzipiell gibt es zwei Lösungsvarianten des Zugriffverfahrens, **nichtdeterministische** und **deterministische**.
9. Nicht korrekt
10. Bei geringerer Anzahl
11. Token
12. Station C vergleicht die Zieladresse mit der eigenen und setzt das Receive-Bit.
13. Im Ethernet
14. Kollisionserkennung
15. CSMA/CD
16. IEEE 802.2, Ethernet II
17. IEEE 802.2
18. siehe Abbildung „Grundsystem eines Ethernet Frames“
19. Funktionale Adressen
20. Bei zu großer Segmentlänge.
21. Übertragungsdauer eines Frames.

**22.** Die Anzahl der Stationen und Ringleitungsverteiler in einem Token Ring ist auf **12** Ringleitungsverteiler und **96** Stationen begrenzt.

**23.** 3 Bytes

**24.** siehe Abbildung

**25.** T-Bit im 2. Byte

**26.** Individuelle Adressen, funktionelle Adressen, Gruppenadressen

**27.** Token Claiming

**28.** Fehlererkennung und -isolierung

**29.** Alle sieben Sekunden

**30.** Nein nur im Fehlerfall.

**31.** Stationen, die ständig Daten übertragen, ohne einen Freitoken zu erzeugen.

**32.** Die Station mit der höchsten Stationsadresse.

**33.** Der Anschaltvorgang einer Station wird in **sechs** Phasen unterteilt.

**34.** Token Claiming

**35.** 255

**36.** Die Übertragungsrate ist zu gering.

# Modul 8

**1.** Sprache, Internet, Musik/Radio, Datenübertragung

**2.** Burstiness

**3.** S, dem Maximum über eine bestimmte Zeitspanne; durchschnittlicher Wert E[s(t)]. Die Burstiness B ergibt sich aus S/E[s(t)].

**4.** Die optimale Auslegung eines Übertragungsprotokolls liegt in einem gelungenen Verhältnis von geringer verschenkter **Bandbreite** einerseits und möglichst niedrigem kalkulierten **Qualitätsverlust** andererseits.

**5.** High Data Link Control auf OSI 2

**6.** Busnetze und Ringstrukturen

**7.** 16 Bits

**8.** 01111110

**9.** Bitstuffing

**10.** Paketorientierung; Unabhängigkeit von Bitraten

**11.** Die Länge einer Zelle im ATM-Übertragungsprotokoll umfasst nur **53** Bytes.

**12.** GFC (4 Bit), VCI (16 Bit)

**13.** Nicht korrekt

**14.** Endgeräte mit UNI und Vermittler mit NNI.

**15.** OSI 1 und 2

**16.** ATM – Adaption Layer und ATM – Transmission Convergence Sublayer

**17.** Es wird lediglich von einem möglichst fehlerfreien Übertragungsweg ausgegangen.

**18.** Multiplexen und Demultiplexen

**19.** Distributed Queue Dual Bus

**20.** Physical Convergence Layer

**21.** Ausfallsicherheit

**22.** 53 Bytes

**23.** siehe Abbildung

**24.** Pre-Arbitrated (PA) und Queued Arbitrated (QA)

**25.** Das Request-Bit und das Busy-Bit

**26.** Der Knoten will nicht selbst übertragen; Der Knoten will übertragen; Der Knoten überträgt Daten.

**27.** Hierdurch wird der Requestcounter des Busses A heraufgesetzt.

**28.** Immer nur einer.

**29.** Doppelter Ring

**30.** LWL, evtl. STP

**31.** 100 km Ringlänge und max. 500 Stationen

**32.** Betrieb ohne Backup-Ring

**33.** Die optischen Komponenten

**34.** Wrap-Mode

**35.** Bypass-Switch

# Modul 9

**1.** Leitungs- und Paketvermittlung

**2.** Die Leitungsvermittlung basiert auf einer physikalischen **End-to-End**-Verbindung zwischen Sender und Empfänger.

**3.** Korrekt

**4.** Einsatz mehrerer paralleler Leitungen oder über Multiplexing.

**5.** Warten auf einen Verbindungsaufbau.

**6.** Nein

**7.** Store and Forward

**8.** Alle möglich.

**9.** Ja

**10.** Die Knoten, auf denen Nachrichten zwischengelagert werden, benötigen sehr hohe **Speicherkapazitäten**, vor allem dort, wo seltener Verbindungen zum Nachbarn aufgenommen werden.

**11.** Einer Zerlegung der Nachrichten in kleine Datenpakete.

**12.** Laufzeitunterschiede unterschiedlicher Strecken

**13.** Aus dem Datenpaket selbst.

**14.** Nicht korrekt

**15.** Auch unvollständige Pakete werden vermittelt.

**16.** Die Fehlerkorrektur ist einfach.

# Modul 10

**1.** NetBIOS hat auch Funktionen in OSI 5.

**2.** Streams

**3.** Stream-ID, dem Namen des Netzwerks (Domain) und dem Namen der Station.

**4.** Ermöglicht die Suche nach einem Server.

**5.** SPX/IPX

**6.** AppleTalk

**7.** Korrekt

**8.** Die so genannte *TCP/IP Protokollsuite* umfasst Regeln für den Kommunikationsauf- und -abbau innerhalb eines Netzes sowie Regeln für die Kommunikation in unterschiedlichen Netzen, die miteinander verbunden sind.

**9.** FTP, HTTP

**10.** Militärisches Netz

**11.** DoD-Schichtenmodell

**12.** Fehlerkorrektur durch Neuversand

**13.** Keine Datensicherung

**14.** Routing

**15.** Austausch von Servicemeldungen

**16.** ARP

**17.** Anbindung an das Internet

**18.** Hardwareadressen

**19.** 4

**20.** 21

**21.** Host- und Network-Anteil

**22.** Korrekt

**23.** Subclassing

**24.** www.vmi-buch.de

**25.** HOSTS, PROTOCOL, SERVICES, NETWORK

**26.** Korrekte Nutzung von Umbrüchen und Freizeichen

**27.** IP-Adresse des DNS-Servers

**28.** Beliebig

**29.** ISO-Kürzel des Landes

**30.** *.com*; *.gov*; *.org*

**31.** Nicht korrekt

# Modul 11

**1.** TCP/IP

**2.** Datenübertragung im Internet

**3.** Per Konvention bieten viele FTP-Server einen Gastzugang mit dem Benutzernamen *anonymous* an.

**4.** Unix

**5.** SMTP = Simple Mail Transfer Protocol, POP3 = Postoffice Protocol Version 3

**6.** Nutzung der Newsgroups

**7.** Grundlage des WWW

**8.** Übertragung von Daten von einem Webserver an einen Browser

**9.** Verschlüsselte Verbindung

**10.** Chatting

**11.** Korrekt

**12.** UUCP und NFS

**13.** OSI 6

**14.** Nutzung von 7-Bit-Transitsystemen

**15.** Public und Private Key

**16.** Verlustfreie und verlustreiche Kompression

**17.** Verlustfrei

**18.** Wenn der Anspruch an Informationsgehalt und Details sehr gering ist.

# Modul 12

**1.** OSI 2

**2.** MAC-Adresse

**3.** Time Aging

**4.** Transport oder nicht

**5.** WAN-Ports

**6.** Nicht korrekt

**7.** Source Route Bridging

**8.** OSI 3

**9.** Sämtliche

**10.** Leitungskosten, Anzahl der Router im Datenpfad, Fehlerrate

**11.** Korrekt

**12.** Nicht routingfähig, daher nur Übergang durch ein Application Gateway.

**13.** Fehlende Netzadressierung

**14.** Ja

**15.** Um Daten zwischen Netzwerken übertragen zu können, verwenden diese so genannte *Protokolle*. Unterschiedliche Netzwerktypen verwenden dazu verschiedene Protokolle. Bei dieser Art von Gateway werden Daten von einem Netzwerkprotokoll in ein anderes übersetzt.

**16.** Novell for SAA

**17.** Ein Repeater kopiert und wiederholt alle Signale, die er empfängt.

**18.** Erweiterung der Segmentlänge

**19.** Remote Repeater

**20.** Durch das Abblocken von fehlerhaften Signalen

# Stichwortverzeichnis

## A



## B



## C



## D

## N



## O



## P



## Q



## R



## S

bhv Co@ch Compact

PERFEKT TRAINIERT

# Der IT-Tutor

## Leitfaden für EDV-Trainer

Christian Opel
Dagmar Powitz
208 Seiten

## *Das Buch*

Der Bedarf an IT-Schulungen ist ungebrochen. Wer sich dieser Aufgabe stellt, braucht kompetente Anleitung und einen Ratgeber, der leicht verständlich Tipps und Hilfestellung gibt. Dieser *bhv Co@ch Compact* soll sowohl dem Einsteiger die Vorbereitung auf die ersten Kurse erleichtern als auch dem erfahrenen IT-Trainer Möglichkeiten an die Hand geben, sein IT-Training zu reflektieren und sein Methodenrepertoire zu erweitern. Das Buch teilt sich in drei Bereiche – die Vorbereitung, die Durchführung und die Nachbereitung eines Kurses. Im Anhang finden Sie zudem zahlreiche Checklisten.
Die beiden Autoren sind nicht nur selbst erfahrene IT-Trainer, sondern auch seit Jahren im Bereich der Trainerausbildung und -beratung tätig.

## *Das Konzept*

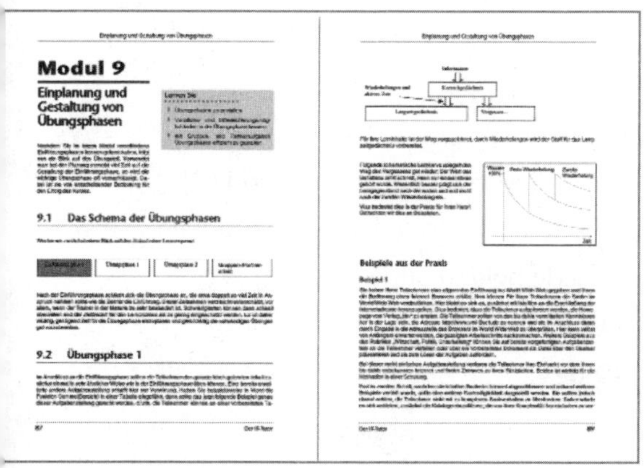


- ausführlicher Einstieg in die Thematik
- strukturierte Unterrichtseinheiten
- klar formulierte Lernziele
- praxisnahe Aufgabenstellung
- zahlreiche Abbildungen
- Zusammenfassungen
- Glossar
- Index

Besuchen Sie uns im Internet:

***www.it-zertifikat.de***

Zu zahlreichen Titeln erhalten Sie hier **kostenlos**
- das Inhaltsverzeichnis
- eine Leseprobe
- Übungs- und Beispieldateien zum Download

## *Der Inhalt*

➧ Fachwissen ➧ Der Schulungsraum und Örtlichkeiten ➧ Kosten einer Schulung ➧ Art der Schulung ➧ Didaktischer Hintergrund ➧ Strukturierung ➧ Visualisierung & Co. ➧ Einführung des Stoffs ➧ Einplanung und Gestaltung von Übungsphasen ➧ Beschaffung von Kursmaterial ➧ Auftreten vor der Gruppe ➧ Grundregeln der Rhetorik ➧ Hilfsmittel ➧ E-Learning ➧ Auftreten von Störungen ➧ Verhalten am Schulungsplatz ➧ Unterrichtsbeispiele aus der Praxis ➧ Vorwissen der Teilnehmer ➧ Auswertungsbögen ➧ Umgang mit Feedback

* unverbindl. Preisempf.

(D) € 12,95 | (A) € 13,40*

**ISBN 3-8266-9373-6**

verlag moderne industrie Buch AG & Co. KG • Königswinterer Straße 418 • 53227 Bonn • Fax: 02 28 / 970 24 21 • http://www.vmi-Buch.de

bhv Co@ch Compact

PERFEKT TRAINIERT

# Übungsbuch C/C++

## *Das Buch*

Das vorliegende Buch ist nicht etwa ein weiteres Lehrbuch in der umfangreichen Palette lieferbarer Titel zu C bzw. C++, sondern ein reines Übungsbuch. Es richtet sich an alle Anwender, die bereits über Grundkenntnisse in C bzw. C++ verfügen und die die erlernte Theorie nun durch „Learning by doing" in die Praxis umsetzen sowie ihren Wissensstand vertiefen und festigen möchten. Es bietet eine Fülle praktischer Fragen und Übungsaufgaben zu C, C++ und der objektorientierten Programmierung. Ausführliche, kommentierte Lösungen folgen direkt im Anschluss an die jeweilige Frage, damit der Lernfortschritt jederzeit sofort überprüft werden kann. In diesem Sinne versteht sich das Übungsbuch als Ihr persönlicher C-/C++-Trainer. Nach der erfolgreichen Bearbeitung der über 330 Übungsaufgaben werden Sie in der Lage sein, komplexe Programmieraufgaben selbstständig zu lösen.

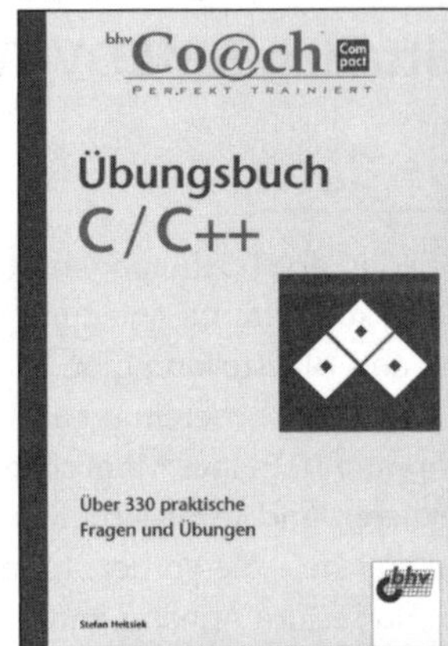


Stefan Heitsiek
208 Seiten

## *Das Konzept*

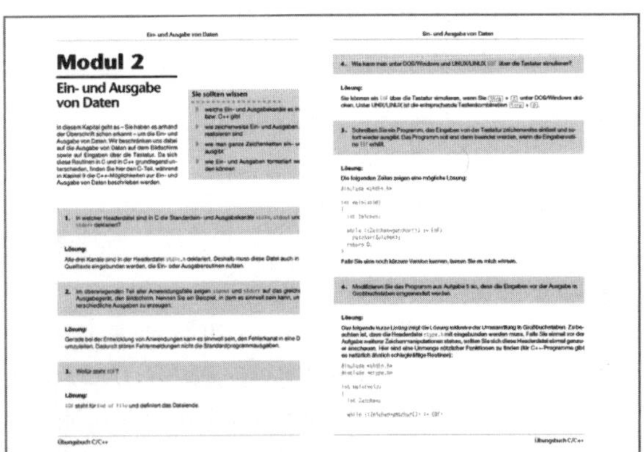
Modul 2

Ein- und Ausgabe von Daten

Sie sollten wissen

- über 330 praktische Fragen und Übungen
- ausführliche, kommentierte Lösungen
- Wiederholung und Vertiefung
- Learning by doing
- Index

Besuchen Sie uns im Internet:

***www.it-zertifikat.de***

Zu zahlreichen Titeln erhalten Sie hier **kostenlos**
- das Inhaltsverzeichnis
- eine Leseprobe
- Übungs- und Beispieldateien zum Download

## *Der Inhalt*

Übungsaufgaben zu folgenden Themen:

- Grundlagen
- Ein- und Ausgabe von Daten
- Operatoren
- Elemente der Programmflusskontrolle
- Zusammengesetzte Datentypen
- Zeiger
- Funktionen
- Dateiverarbeitung
- Von C nach C++
- OOP
- Debugging und Fehlerbehandlung
- Templates

* unverbindl. Preisempf.

(D) € 12,95 | (A) € 13,40*

**ISBN 3-8266-9385-X**

verlag moderne industrie Buch AG & Co. KG • Königswinterer Straße 418 • 53227 Bonn • Fax: 02 28 / 970 24 21 • http://www.vmi-Buch.de